本书系天津市哲学社会科学规划研究项目成果

（项目号 TJFXHQ1406）

Liyong Qianfan Shixian
Jingwai Zhuitao Wenti Yanjiu

南开大学法学院
学术文存

利用遣返实现
境外追逃问题研究

王强军◇著

人民出版社

序

我国境外追逃中所说的"遣返"主要是指移民法遣返,也就是说,把外逃的犯罪嫌疑人、被告人作为非法入境者或者非法移民遣返回国。近几年来,我国一些重大的境外追逃案件往往是通过这种移民法遣返的方式成功实现追逃目的的,例如,赖昌星、曾汉林、杨秀珠、许超凡,以及前些天(2021 年 11 月 14 日)刚刚追回的许国俊,等等。

移民法遣返的最大特点是:理由简单,程序快捷。说移民法遣返的"理由简单"是因为这种遣返表现为一国为维护本国法律秩序和社会安宁所采用的一种单方面驱离措施,就其法律性质而言,并不代表对外国刑事追诉活动的支持,因而不需要像引渡那样适用双重犯罪原则、特定性原则等严格的国际法规则。说移民法遣返的另一特点是"程序快捷"则是因为此种遣返程序基本上属于行政执法程序,只要行政执法机关认为某一外国人不具备在当地居留的条件,即可立即作出遣返决定并在短时间内予以执行,因而它不仅可以作为引渡的替代措施加以采用,也可以在有着良好引渡合作关系情况下作为一种快捷移交手段予以适用。

理由简单和程序快捷,这两大特点并不意味着在境外追逃中移民法遣返的适用不会遇到一些特殊的法律难题,这些特殊的法律难题主要表现为移民法避难制度和遣返目的地的不确定性。由于移民法遣返不是刑事司法合作的手段,《关于难民地位的公约》和《禁止酷刑和其他残忍、不人道或有辱人格的待遇或处罚公约》等国际法律文件规定了一些不得遣返或者不得"推回"的情形,一些外逃人员往往会采用各种悲天悯人的手法把自己打扮成遣返后将面临"迫害"的对象,力图获得外国主管机关的同情和保护。另一方面,移民法遣返通常奉行"从哪来回哪去"或者"送回老家"的原则,而且有时候还允许被遣返者对遣返目的地作出自己的选择,因而,即便在实行遣返的情况下,也不能完全确保将外逃人员遣返到追诉地接受审判。

由于移民法遣返针对的是非法移民或者非法入境者,对于那些已经在当地取得了合法移民身份的外逃人员,为了达到遣返的目的,则需要采取特殊的法律策略,在采用移民法遣返措施之前,先为移民法遣返措施的适用创造必要的前提条件:想办法吊销外逃人员已经取得的合法移民身份或者永久居留权,将其从合法移民变为非法移民。为了达到这样的目的,通常需要向外国移民当局证明有关外逃人员为获取移民身份采用了欺诈或作假手段,或者向有关国家执法机关提供外逃人员触犯该国法律的违法犯罪行为(例如洗钱、移民法犯罪)方面的证据材料,支持该外国执法机关在当地对其开展刑事诉讼,从而在定罪后吊销其合法移民身份,在境外追逃中我们通常称后一种做法为"异地追诉"。

如此看来,境外追逃中的遣返涉及一整套严密的国际法和移民法规则,为了在境外追逃中广泛和正确地适用遣返这一引渡的替代措施,需要认真研究移民法遣返的条件及相关程序,研究外国的移民法避难制度和政治庇护制度,研究挫败外逃人员寻求移民法避难或政治庇护的法律策略,研究确保被遣返人员能够被定点遣送到适当目的地的方法,研究吊销外逃人员已取得的合法移民身份或者永久居留权的手段和措施,研究通过异地追诉方式改变外逃人员法律地位并最终实现递解出境法律后果的实践与经验。

王强军副教授撰写的《利用遣返实现境外追逃问题研究》就是一部系统研究与移民法遣返相关的法律制度的专著,这部专著全面考察了移民法遣返在境外追逃当中的作用以及实现遣返的不同途径和方式,采用比较研究的方法分析、归纳了移民法遣返的条件和相关程序,研究、梳理了妨碍实现移民法遣返的各种情形以及破解相关阻碍因素的法律策略。

强军曾经是我指导的博士研究生,他的博士论文就是以移民法遣返为研究议题。强军是一位研究兴趣广泛、学术敏感度和创新精神较高的青年学者,博士研究生毕业后在刑事法律科学研究领域一展身手,取得了令我本人感到欣慰的学术成果;在取得博士学位后十余年的学术发展进程中,强军仍不忘初心,继续关注其攻读博士期间的研究课题,并且利用出国深造的机会搜集大量更新、更广的资料,在此基础上完成了这部专著。

希望这部专著的出版能够为我国境外追逃工作提供一份智力支援。

黄　风

于太仆寺街

2021 年 12 月 13 日

目　录

导　言

　　犯罪后外逃他国的案件日渐增多,而且呈现"前逃后继"之势,尤其是大量贪腐人员外逃,不仅造成国家形象受损、国有资产流失,还会弱化刑罚的必定性,动摇民众对法律的信仰。为了针对此类犯罪和犯罪人行使我们的刑事管辖权,同时也为了在公众中强化刑罚惩罚的必定性,维护法律的权威,必须通过相应的途径实现对外逃人员的境外追逃,并对其定罪量刑。而对外逃人员定罪量刑的前提是必须将其追逃回国,境外追逃便应运而生。

　　所谓境外追逃,是指通过引渡、遣返、劝返、个案合作等方式将潜逃境外的犯罪嫌疑人、被告人和罪犯缉捕归国的行为。在境外追逃的诸多措施中,引渡是最为传统也是最主要的措施。从理想的状态来讲,只要两个国家签订引渡条约,就完全可以按照引渡条约规定的原则和程序完成境外追逃。我国境外追逃的现状是,外逃人员较多,但和其他国家之间的引渡条约相对较少,"一多一少"的现状决定了我们单单通过引渡实现境外追逃存在一定的困难和障碍。再加上,为了实现人权保障,无论是区域性的引渡公约还是双边的引渡条约,都设定了引渡必须遵循的原则和规则。通过引渡实现境外追逃需要受到条约前置主义、政治犯罪不引渡、本国公民不引渡、双重犯罪、特定性原则、死刑不引渡等诸多原则的制约。受上述原则和规则的制约使得真正通过引渡实现境外追逃相对来讲也比较困难。

在引渡存在诸多约束并困难重重的情形下,国际社会开始探索其他能够实现境外追逃的措施和途径,逐步出现了诸多合法的引渡替代措施,如个案协商、劝返;当然也有些国家探索出非法的境外追逃途径,比如诱捕、绑架等。尽管这些措施和途径能够在一定程度上实现境外追逃的目的,但也都存在各自的缺陷和应当具备的条件。

比如我们国家探索出的引渡替代措施之一——"劝返"。[①] 即通过我们的主管机关对外逃人员的感化说理,同时通过法律制度将自愿回国接受审判的行为认定为自首的制度激励,实现了对部分外逃人员的劝返。但是通过劝返实现境外追逃缺乏明确的法律依据,并且在规范性和透明性方面存在一定的障碍。所以,尽管劝返的效果较好,客观上也实现了对部分外逃人员的劝返,但其目前在国内缺乏法律依据,在国际范围内还需要得到国际社会的广泛认可。再比如,有些国家创设并使用的诱捕和绑架两种引渡替代措施,尽管能够实现境外追逃的目的,但是难以改变其违背国际法和侵犯人权的本质。所以,诱捕和绑架难以成为国际认可的境外追逃措施。

在这种背景下,主权国家将违反本国法律规定的外国人驱逐出境的遣返制度客观上成为对被遣返人有境外追逃需求的国家的境外追逃措施。遣返原本是主权国家为了保护本国的国家安全、公共秩序、公众健康等将进入本国的非法移民或违法犯罪的外国人遣返出境的制度。遣返国的主观目的是将处于本国境内违反移

---

① 张磊:《从胡星案看劝返》,《国家检察官学院学报》2010 年第 2 期;韦洪乾:《劝返:外逃贪官回国新模式》,《中国检察官》2010 年第 3 期。

民法的外国人(尤其是刑事犯罪人)驱逐出境,从而保护本国的国家安全和社会秩序。但对非法移民和违法犯罪的外国人的遣返结果客观上可以实现对上述人员有刑事追诉需求的追逃国境外追逃的目的。对于追逃国来说,可以利用其他主权国家的遣返制度实现本国的境外追逃。

　　利用国外遣返制度实现境外追逃具有引渡以及其他引渡替代措施所不具有的诸多优点。首先,合法性。遣返从本质上讲是主权国家依据本国的移民法或出入境管理法将处于本国的非法移民驱逐出境的内部行政管理或司法行为,是一种依法实施的行政行为或司法行为。追逃国只是利用他国依法实施的内部管理行为或司法行为实现境外追逃目的,具有合法性。其次,国际认同性。遣返是主权国家内部的依法行政行为或司法行为,只是客观上实现了其他国家境外追逃的目的,客观上并不侵犯任何一方的利益,国际社会没有拒绝和反对的理由。最后,双赢性。所谓双赢性是指遣返国和追逃国都可以从遣返制度和遣返程序中获益,遣返国通过遣返可以将处于本国的非法移民或违法犯罪人遣返出境,从而避免本国的国家安全、社会秩序等受到伤害,同时还能避免自己成为"避罪天堂"进而受到国家社会的谴责。对于追逃国来说,其不仅可以实现对被追逃人的定罪量刑,同时也可以免去通过引渡实现境外追逃的种种制约。除此之外,利用遣返实现境外追逃还具有双向性、保障人权性等特点。也正是因为利用遣返实现境外追逃具有上述诸多优点,国际社会逐渐认可并将其作为境外追逃的措施。比如加拿大对赖昌星的遣返、对高山的遣返案件,美国对薛乃印的遣返、对余振东的遣返等。

　　为了充分利用其他国家的遣返制度,应当对国外遣返制度的基本问题进行研究和掌握,比如遣返制度设立的原因、遣返的对象和条件、遣返的程序、阻却遣返的原因、被遣返人有哪些救济抗辩权利、可能需要提供的协助等。只有掌握了遣返的条件、程序、阻碍遣返的原因等基本问题,才能有针对性地采取措施和提供协助。在帮助遣返国对被遣返人顺利遣返的同时,也便利了对被遣返人境外追逃的进程。本书也正是基于以上考虑,尝试对利用遣返实现境外追逃进行研究,从而助力我国境外追逃工作的顺利开展。

第一章　利用遣返实现境外追逃的提出背景

　　本书研究的核心是通过对国外遣返制度的对象、条件、程序的研究，将其构建为我们境外追逃的一种措施，从而实现境外追逃的目的。境外追逃是我国司法实践中一个较为突出的问题，因为，基于犯罪后逃避惩罚的犯罪心理和便利的交通条件，犯罪后潜逃国外的情形比较严重。尤其是国家工作人员实施犯罪后潜逃境外给国家和社会都造成巨大的危害。基于国家司法管辖权、减少人员外逃所造成的巨大危害、强化人们对法律的认同感，必须对外逃人员实施境外追逃。由于涉及国际合作和人权保障，再加上国家之间法律制度的不同，境外追逃的措施非常有限。

　　对于境外追逃来说，国际社会普遍认可的也是常规的境外追逃途径是引渡。劝返和个案协商尽管也能在部分案件中实现境外追逃的目的，但毕竟还是没有完全得到国际社会的广泛认同。由于现存各种境外追逃途径通常也需要具备各种条件，从而导致通过上述追逃途径进行追逃的效果非常有限。境外追逃形势本身的严峻性和现有追逃措施效果的有限性，促使我们迫切需要寻找更为有效、便捷的境外追逃措施。而主权国家基于国家安全、社会安全、公众健康等的需要，对违反本国法律的外国人的遣返出境制度在客观上能够实现我们境外追逃的目的。利用其国家的遣返制度实现境外追逃有着引渡、劝返、绑架、诱捕等引渡替代措施所不具有的优势。故此,我们应当对遣返制度的对象、条件、程序等进行深入系统的研究,以达到对国外遣返制度的系统了解,从而更好地为我们的境外追逃服务。本章主要解决的问题是,境外追逃的现状、必要性和现存境外追逃措施效果的有限性,从而分析利用遣返实现境外追逃的可能性和优势。

第一节　境外追逃的本质

严格说来,境外追逃并不是一个成熟的法律术语,只是在近几年的司法实践中随着部分外逃人员的大量出现而出现的一个非规范的词语。换句话说,境外追逃是随着犯罪形式的多样化和复杂化而出现的一个法律行为和法律概念。

对于境外追逃的具体概念内涵,国内一直致力于境外追逃研究的黄风教授将其界定为:境外追逃是指设法采用引渡或者其他替代手段将潜逃或者藏匿在境外的犯罪嫌疑人、被告人或者被判刑人遣返回国,进而接受法律审判的行为。笔者认为,这一概念完全揭示了境外追逃的内涵和外延。

也有学者认为境外追逃是指为了追诉或者执行刑事判决,采用引渡或者其他法律手段将潜逃到境外的犯罪嫌疑人、被告人或者被判刑人缉捕或遣返回国。[①] 笔者认为,该论者将境外追逃和缉捕联系在一起,有失偏颇。首先,境外追逃通常是基于双边协议或双方协商,通过一定的途径使外逃人员回国并追究其法律责任。

---

① 阿儒汗:《贪污贿赂案件境外追逃程序和证据要求》,《人民检察》2008 年第 12 期。

在这个过程中,我们不能、至少暂时不能在其他国家境内直接对外逃人员实施缉捕。其次,境外追逃是一个总体性的概念。境外追逃是涵盖范围广泛的上位概念,在境外追逃上位概念之下有引渡、遣返、劝返、绑架、诱捕等具体的境外追逃措施,遣返只是境外追逃措施之一。因此如果将境外追逃的结果称为"缉拿或遣返回国"并没有完全概括出境外追逃的内涵和外延,属于是人为地缩小了境外追逃措施的外延。故此,笔者认为将境外追逃界定为"国家主管机关通过一定的制度、途径,实现对潜逃或藏匿境外的本国犯罪嫌疑人、被告人等归国受审的行为"更为合适。

在此需要说明一个问题,之所以称之为"境外追逃"而没有称之为"国外追逃",是由我国特殊的国情决定的。因为,当今的中国正在向着"'一国两制'、三法系、四法域"①的方向发展。中国大陆的犯罪嫌疑人实施犯罪后并不是只潜逃至欧美国家,也有的可能逃往我国的香港、澳门和台湾地区。如果将对外逃人员的追逃限定在"国外",那么无疑忽略了香港、澳门和台湾。为了适应境外追逃的需要,故将追逃的空间范围从"国外"扩展到"境外",并称之为"境外追逃"。

通过对境外追逃内涵和外延的界定,可以总结出境外追逃具有六个方面的特征:

第一,性质的特定性。境外追逃是刑事司法中一个特定的概

---

① "'一国两制'、三法系、四法域"基本内容为:"一国两制"为"一个国家,两种制度",一国即指中国,世界上只有一个中国,"三法系"是指三个法律体系,我国大陆实行的是有中国特色的社会主义法律体系;香港现在还是以"英美法系"为主;另一个法律体系就是我们在学术研究中经常提到的"大陆法系",这个是在台湾、澳门实行的。"四法域"指的是四个法域,即大陆、香港、台湾和澳门,这四个法域共同构成了我们大中华的法律总框架。它的进一步融合,意味着新的中华法系的形成。

念,是随着犯罪嫌疑人、被告人等外逃的出现而出现的一个刑事诉讼活动。行为人实施犯罪后逃亡境外,不单单是行为人本身逃跑,伴随的还有大量的资金外流。我们不仅要对外逃人员实施追逃,而且还有对外流赃款赃物实施境外追赃,这里所说的境外追逃仅指境外追捕逃犯。

第二,对象的特定性。境外追逃的对象主要是指基于我国的刑法规定,有刑事管辖权而潜逃他国的人员。具体包括三类人:(1)国内确定已经实施犯罪后逃往国外的犯罪嫌疑人。(2)行为人出逃时并没有确定为犯罪嫌疑人,只是当其潜逃境外后,才发现其为犯罪嫌疑人。(3)不确定行为人是否实施了犯罪,但行为人的特定身份决定了其不应当出逃。

第三,时空的跨越性。境外追逃的时空跨越性是指境外追逃通常是在不同国家(地区)之间、经过一定程序完成使外逃人员回国追究刑事责任。时空跨越性是指境外追逃不是在一国境内进行,而是需要跨越国界或者边界来进行。境外追逃活动跨越国境是必需的,因为在一国范围内打击跨国犯罪和国际犯罪无疑是荒谬的。①

第四,合作性。鉴于境外追逃的跨越时空性,基于国家主权的要求,任何一个国家都不能在其他主权国家进行对犯罪嫌疑人的逮捕、拘留或者采取其他强制措施,这就需要追逃国和行为人所在地国的司法合作,如果没有国家之间在境外追逃上的共同认识和相互的协作配合,境外追逃将无从开展。

第五,政治法律混合性。境外追逃的时空跨越性决定了境外

---

① ［美］M.谢里夫·巴西奥尼:《国际刑法导论》,赵秉志等译,法律出版社2006年版,第311页。

追逃是在两个国家之间,至少是在两个不同的法律制度的地区之间进行。就目前的客观现实来看,双边之间开展境外追逃工作首先需要双边外交部门同意。国家主权不允许其他国家在自己"一亩三分地"上胡作非为,更不用说进行的还是涉及人权的逃犯追捕问题。因此,基于政治和外交的考虑,主权国家会对这一行为进行审查。其中主要的合作还是法律领域的合作,因此境外追逃表现为法律和政治的犬牙交错,法律因素和政治因素之间会相互影响和制约。

第六,工具性和手段性。境外追逃的工具性和手段性是指进行境外追逃的目的是为了对那些潜逃的犯罪嫌疑人或被告人进行刑事审判或执行刑罚,而不是单纯地将他们追逃回国就大功告成。通过境外追逃实现外逃人员回到国内,只是实现了阶段性的胜利。最终的程度和目的还需要通过法定程序对外逃人员定罪量刑。

第二节　境外追逃的必要性和重要性

一、犯罪人员外逃现状

境外追逃的目的是为了实现对犯罪后潜逃国外人员刑事责任的追究。由于我们早些年对境外追逃的关注不够,导致大量外逃人员逍遥国外,外逃人员的基数较大。同时再加上近些年来,国际交往交通的便利,出现大量新增的外逃人员。外逃人员基数较大再加上新增外逃人员众多,两者的叠加造就了我们目前境外追逃的严峻形势。任何事物的发展都是由内因和外因相互作用的结果,就外逃人员人数众多的原因,具体来说有以下方面:

第一,逃避惩罚的犯罪心理。犯罪三原因学说告诉我们每一个社会都会有其应有的犯罪。只不过犯罪的饱和程度会因为人类学、自然和社会的原因这三种因素的不同而不同。① 犯罪是严重危害社会秩序、给刑法保护的某一方面的社会关系或法益造成相当程度的侵害的行为。"有罪必罚"的理想结果是犯罪行为发生后应当立即遭受刑罚的处罚，但许多犯罪行为并没有随着案件的发生而立刻被追究刑事责任。非但如此，犯罪分子往往还采取各种手段隐匿毁弃证据，转移赃物，以便掩护自己的罪行，从而逃避刑罚制裁。②

犯罪分子逃避惩罚是犯罪分子自然生成的犯罪心理。人们实施犯罪后，首先想到的就是逃跑，而行为人犯罪后逃避惩罚有一个渐进发展的过程。经历了"近距离潜逃"向"远距离潜逃"、"跨地区潜逃"向"跨国界潜逃"两个过程。"近距离潜逃"向"远距离潜逃"是指行为人在犯罪后，最初的形式往往是潜逃至近距离的亲戚朋友家中或附近的山林之中。这一点可以从历史上著名的"亲亲得相首匿"推导得知。由于亲亲得相首匿，亲属之间相互隐匿犯罪可以不定罪，即便是定罪也会从轻处罚。后来"亲亲得相首匿"被取消，国家为了打击犯罪和预防犯罪后的逃避惩罚，在刑法上创设了窝藏包庇罪来打击那些帮着犯罪分子逃避惩罚的人。

窝藏包庇入罪的立法意图在于，通过对窝藏包庇行为的打击来防止犯罪人出逃，惩罚窝藏包庇行为也就断了犯罪分子潜逃的后路，从而更好地打击犯罪和维护社会秩序。而刑法设定窝藏包庇罪的现实迫使犯罪人潜逃由"近距离潜逃"向"远距离潜逃"演化。"远距离潜逃"也可以称之为"跨地区潜逃"。"跨地区潜逃"是指行为人从犯罪地点逃往其他地区或省份。为了应对犯罪人的

---

① ［意］恩里科·菲利:《实证派犯罪学》，郭建安译，中国人民公安大学出版社 2004 年版，第 184 页。

② 刘远:《论刑罚的不可避免性》，《法学家》2003 年第 3 期。

跨地区潜逃,我们创设了警务合作和相互通报机制,各地警方联合办案。在一个国家的疆界以内,不应当有任何一块土地独立于法律之外。① 于是,犯罪分子潜逃再次从"跨地区潜逃"向"跨国界潜逃"演化。

第二,国际交流交往便利。随着技术进步、科技发达、交通便利,世界经济活动超越国界,通过对外贸易、资本流动、技术转移而形成全球范围内有机经济整体日趋成熟,经济全球化趋势加剧。经济全球化带来了人员跨国界流动的增多和便利。有些犯罪嫌疑人就有可能利用人员跨国界交流频繁和便利的条件而实现外逃境外。而且,有部分犯罪嫌疑人为了实现外逃境外,会提前准备出境所需要的相关证件或伪造出境所需的证件。比如 2009 年 3 月 20 日,浙江永康政法委书记试图骗取出境证件以便出逃而被发现。原浙江永康市委常委、政法委书记朱兵用伪造的身份证明,在江西办理护照等出入境证件,办理过程中被江西警方察觉。随即,江西公安厅成立专案组调查,获悉涉案人员朱兵为浙江官员后,告知浙江相关部门处理。②

在内因和外因的共同作用下,犯罪之后外逃他国的案件时有发生,而且呈现竞相仿效之势。按照"天网行动"统一部署,国际刑警组织中国国家中心局近日集中公布了针对 100 名涉嫌犯罪的外逃国家工作人员、重要腐败案件涉案人等人员的红色通缉令,加大全球追缉力度。这次集中公布的 100 人包括外逃国家工作人员和重要腐败案件涉案人,都是涉嫌犯罪、证据确凿的外逃人员,已

---

① ［意］贝卡利亚:《论犯罪与刑罚》,黄风译,中国法制出版社 2003 年版,第 71 页。

② 《浙江永康政法委书记骗取证件试图出逃被双规》,见 https://www.china-court.org/article/detail/2009/03/id/351301.shtml。

经由国际刑警组织发布红色通缉令,正在全球范围追捕。中央反腐败协调小组国际追逃追赃工作办公室负责人表示,全球通缉涉嫌犯罪的外逃国家工作人员和重要腐败案件涉案人是"天网行动"的重要措施,有利于加强国际合作,提高追逃追赃效率。当前,追逃追赃的力度逐步加大、方式不断创新,一张追捕外逃腐败分子的"天网"正在形成。我们将加强与有关国家的执法合作,充分运用各种资源,使腐败分子成为过街老鼠,坚决把他们抓回来绳之以法。①

　　除了贪官外逃造成境外追逃的严峻形势之外,还有一些其他犯罪加剧了境外追逃的严峻形势。比如近些年经常见诸报端的"电信诈骗"。有些电信诈骗犯罪分子在作案时通常选择在东南亚、太平洋岛国甚至非洲、欧洲等地设立诈骗据点,利用网络修改电话号码,冒充公安、检察、法院等机关工作人员向被害人拨打电话,谎称被害人涉嫌刑事案件,让被害人将资金转入诈骗分子指定账户,之后通过洗钱将诈骗所得赃款转移至诈骗集团的组织者手中,而后迅速通过分散取款的方式将赃款取出。这种电信诈骗的主要犯罪分子多数藏匿于国外,比如西班牙②、肯尼亚③、菲律宾④等国将多名涉嫌电信诈骗的犯罪嫌疑人移交给中国。

　　对于此类犯罪分子隐藏在国外的电信诈骗犯罪,由于其犯罪

---

①　《"天网"行动重拳出击全球通缉百名外逃人员》,见 https://www.ccdi.gov.cn/toutiao/201504/t20150422_123986.html。

②　《办案民警揭秘从西班牙抓捕引渡电信诈骗嫌疑人全过程》,见 https://baijiahao.baidu.com/s? id=1635688177876213941&wfr=spider&for=pc。

③　《76 名肯尼亚遣返电信诈骗嫌疑人已被批捕》,见 http://news.sohu.com/20160518/n450103712.shtml。

④　《涉嫌电信诈骗,菲律宾又遣返 300 多名中国人》,见 https://baijiahao.baidu.com/s? id=1650218499914579710&wfr=spider&for=pc。

手段较为隐蔽、受害范围广泛、受害人数众多、涉案金额巨大，所以，犯罪分子对于电信诈骗的模仿较多，从而导致我们国家的电信诈骗经常发生。而对于此类犯罪分子的境外追逃也成为一个较为迫切的问题。

二、人员外逃的巨大危害

犯罪嫌疑人或被告人外逃已经成为严重影响我国刑事司法效能以及社会公正与安全的问题，特别是不少经济犯罪分子有预谋、有计划、有组织的携款外逃，还引发洗钱、欺诈作假等新的违法犯罪，严重地损害了社会经济秩序和执法秩序。[①] 具体来讲，大量人员外逃对国家、社会、公众等造成的危害主要表现为以下四个方面：

第一，国家声誉受损。行为人犯罪后频繁外逃，导致了国际社会对于中国犯罪状况的误解。外逃人员中的绝大多数属于国家工作人员或者以国家工作人员论的人员，他们所实施的犯罪，根据中国刑法的规定在性质上属于贪污贿赂性质的犯罪，这样就导致中国贪污贿赂犯罪好像具有高发趋势，导致国际社会对中国腐败犯罪现状的误解。

第二，资产大量流失。与贪官外逃相伴相生的是资金外流。根据最高人民检察院和公安部提出的数据，截至 2001 年，我国已有超过 4000 名涉嫌贪污和贿赂的犯罪嫌疑人出逃，他们所带走的赃款总额超 50 亿元。[②]

第三，占用大量司法资源。在司法资源本就不充足的现状下，

---

① 黄风：《引渡问题研究》，中国政法大学出版社 2006 年版，第 78 页。

② 阮传胜：《论加入〈联合国反腐败公约〉后我国反腐败法律的调整》，《青海社会科学》2006 年第 2 期。

境外追逃需要大量人力、物力、财力的支持。就赖昌星案件来说，目前已经有 10 多个国家主管机关参与其中，包括公安、检察院、法院、纪委、外交部等，先后经过了作证、谈判、承诺、接受遣返等工作，占用大量的司法资源。

第四，人员外逃的示范效应。犯罪人员的外逃可能导致更多的人效仿，出现更多的外逃人员。因为，当出现人员外逃时，主管机关会对其进行境外追逃，而媒体会对犯罪人外逃和主管机关的境外追逃情况进行报道，而媒体对人员外逃和境外追逃的报道有可能会促使更多的人进行模仿，导致了更多的犯罪的产生。① "对于犯罪最强有力的约束力量不是刑罚的严酷性，而是刑罚的必定性……，因为，即便是最小的恶果，一旦成了确定的，就总令人心悸。"② 同时"犯罪与刑罚之间的时间隔得越短，在人们心中，犯罪与刑罚这两个概念的联系就越突出、越持续，因而，人们就很自然地把犯罪看作起因，把刑罚看作不可缺少的必然结果"。③ 犯罪之后迅速地判处和不可避免的刑罚与逃避惩罚的任何幻想都是不兼容，只要有逃避惩罚的侥幸心理，不畏惧犯罪所带来的惩罚，就会破坏犯罪与刑罚之间的必然联系，削弱刑罚的威慑力，而这应是我们强烈反对的。犯罪破坏了人们赖以生存的自然状态，违背了人类理性，不可避免地要受到刑罚的报复即惩罚。

预防、减少、最后消灭犯罪的重要前提是惩罚犯罪，惩罚犯罪

---

① ［意］龙布罗梭:《犯罪人论》,黄风译,中国法制出版社 2005 年版,第 333 页。

② ［意］贝卡利亚:《论犯罪与刑罚》,黄风译,中国大百科全书出版社 2002 年版,第 59 页。

③ ［意］贝卡利亚:《论犯罪与刑罚》,黄风译,中国大百科全书出版社 2002 年版,第 66 页。

的关键是使刑罚不可避免地降临到犯罪分子身上。一旦对外逃人员不能实现成功的境外追逃，就必然造成刑罚效果上的不公正，而这种刑罚上的不公正就必然会引起一种越普遍反而越被忽略的矛盾，即：刑罚的对象正是它自己造成的犯罪。如果对两种不同程度的侵犯社会的犯罪处以同等的刑罚，那么人们就找不到更有力的手段去制止实施能带来较大好处的较大犯罪了。道德情感就这样被破坏，这种情感是无数事迹和鲜血的成果，它们极为艰难地、缓慢地在人类心灵之中形成；为培养这种情感，人们认为还必须借助最高尚的动力和大量威严的程式。①

三、实现刑事管辖权使然

刑事管辖权是国家主权的一个重要组成部分。一个独立自主的国家，无不在刑法中对刑法的空间效力做出明确规定。我国刑法对管辖权的规定和其他国家大致相同，采取了以属地管辖为主，属人管辖、保护管辖和普遍管辖为辅的管辖原则。

我国刑法第 6 条明确规定了属地管辖原则：凡在中华人民共和国领域内犯罪的，除法律有特别规定的以外，都适用本法。相应的第 2 款和第 3 款又对这一原则作了补充。刑法第 7 条第 1 款规定：中华人民共和国公民在中华人民共和国领域外犯本法规定之罪的，适用本法，但是按本法规定的最高刑为三年以下有期徒刑的，可以不予追究。根据上述规定，我国公民在我国领域外犯罪的，无论按照当地法律是否认为是犯罪，亦无论罪行是轻是重，以及是何种罪行，也不论其所犯罪行侵犯的是何国或何国公民的利

---

①　［意］贝卡利亚：《论犯罪与刑罚》，黄风译，中国大百科全书出版社 2002年版，第 75 页。

益,原则上都适用我国刑法。只是按照我国刑法的规定,该中国公民所犯之罪的法定最高刑为 3 年以下有期徒刑的,可以不予追究。所谓"可以不予追究",不是绝对不追究,而是保留追究的可能性。此外,鉴于国家工作人员和军人在域外犯罪的严重性和对国家形象的破坏性,刑法第 7 条第 2 款规定:中华人民共和国国家工作人员和军人在中华人民共和国领域外犯本法规定之罪的,适用本法。

可见,如果是我国国家工作人员或者军人在域外犯罪,则不论其所犯之罪按照我国刑法的规定法定最高刑是否为 3 年以下有期徒刑,司法机关都要追究其刑事责任。同时刑法第 10 条规定:凡在中华人民共和国领域外犯罪,依照本法应当负刑事责任的,虽然经过外国审判,仍然可以依照本法追究,但是在外国已经受过刑法处罚的,可以免除或者减轻处罚。这条规定表明,我国作为一个独立自主的主权国家,其法律具有独立性,外国的审理和判决对我国没有约束力。但从实际情况及国际合作角度出发,为了使被告人免受过重的双重处罚,又规定对在外国已经受过刑罚处罚的犯罪人,可以免除或者减轻处罚。

行为人在国内实施犯罪后潜逃他国,首先,行为人是中国公民。按照刑法第 7 条的规定应适用中国刑法。因为,法律的力量应当形影不离地跟踪着每一个公民。[①] 其次,犯罪的行为和结果都发生在中国领域内,按照刑法第 6 条也应当适用中国刑法。因为,在一个国家疆界以内,不应当有任何一块土地独立于法律之外。现实是我们应当对其行使刑事管辖权的犯罪嫌疑人或被告人已经逃亡境外,将这种法定管辖权转化为现实管辖权,就需要通过

---

① [意]贝卡利亚:《论犯罪与刑罚》,黄风译,中国大百科全书出版社 2002 年版,第 59 页。

境外追逃措施将外逃人员成功追逃回国。

　　黄风教授在一篇文章中将经济犯罪和腐败犯罪案件的外逃人员分为五类:第一类主体是国家工作人员或公职人员。例如,涉嫌受贿罪并外逃荷兰的原浙江省建设厅副厅长杨秀珠、涉嫌贪污罪并外逃新加坡的江西省鄱阳县财政局经济建设股原股长李华波。第二类主体是国有企业(包括国有资产控股企业)、事业单位的管理人员或工作人员。例如,涉嫌贪污罪并外逃美国的中国银行广东省开平支行前任行长余振东、涉嫌挪用公款罪并外逃日本的辽宁华曦集团医保经贸有限公司原总经理袁同顺。第三类主体是混合所有制企业的管理人员。例如,涉嫌诈骗罪并外逃加拿大的广东飞龙集团原董事长曾汉林、涉嫌侵占罪并外逃澳大利亚的吉林通化金马药业股份有限公司原董事长闫永明。第四类主体是民营企业的企业主或经营人员。例如,涉嫌走私罪并外逃加拿大的原厦门远华集团董事长赖昌星、涉嫌集资诈骗罪并外逃斐济的上海泛鑫保险代理有限公司实际控制人陈怡。第五类主体是从事个体经济活动的个人。例如,涉嫌合同诈骗罪并外逃加拿大的邓心志、涉嫌金融诈骗罪并外逃阿尔巴尼亚的沈磊。①

　　而我们经常谈到的贪官外逃主要是指前两类,这两类主体由于具有相应的职权从而能够利用自己职权为外逃创造诸多的便利条件,同时也造成针对他们的境外追逃工作增加了诸多困难。这些困难主要表现为:第一,行为人选择美国、加拿大、澳大利亚、欧盟成员国为潜逃的目的地。这些国家和中国由于种种原因没有签

---

　　①　黄风:《建立境外追逃追赃长效机制的几个法律问题》,《法学》2015 年第3 期。

订双边引渡条约或刑事司法协助条约,从而不利于境外追逃。第二,经过较长时间和较为周密的策划,外逃前已向境外非法转移了大量资产。一方面导致我们国家的资产受到损失,另一方面利用转移出去的资金聘请所在国的律师提供法律服务,也针对该外逃人员的追逃工作增加了困难。比如,他们利用逃匿地国家的法律制度和人权保障制度对抗我国主管机关的追逃行动及相关的国际合作;以原有的公职人员身份为借口将外逃行为政治化,寻求潜逃国执法机关或司法机关的同情保护;利用非法转移到境外的资金频繁变换躲藏地或者寻求保护,不惜花费重金聘请最好的律师并穷尽一切法律救济手段对抗引渡和遣返;利用在潜逃国已经取得的永久居留权或者国籍对抗移民法遣返或引渡等。①

在党的十九大报告中,习近平总书记明确强调:"当前,反腐败斗争形势依然严峻复杂,巩固压倒性态势、夺取压倒性胜利的决心必须坚如磐石……不管腐败分子逃到哪里,都要缉拿归案、绳之以法。"②这凸显了以习近平同志为核心的党中央对于反腐败追逃追赃工作的高度重视,也为我国的反腐败追逃追赃工作指明了方向。反腐败追逃追赃工作是我国反腐败战略的重要组成部分,是反腐败零容忍的实现途径和重要体现。

近年来,党员干部携款外逃事件时有发生。有的腐败分子先是做"裸官",一有风吹草动,就逃之夭夭;有的跑到国外买豪车豪宅,挥金如土,逍遥法外。这些年,我们追回了一些重要外逃人员,

---

① 黄风:《建立境外追逃追赃长效机制的几个法律问题》,《法学》2015 年第3 期。

② 习近平:《决胜全面建成小康社会　夺取新时代中国特色社会主义伟大胜利》,《人民日报》2017 年 10 月 28 日,第 1 版。

但总体看,还是跑出去的多,抓回来的少,追逃工作还很艰巨。[①]大量贪官外逃的案例表明,犯罪后潜逃境外,并不一定是贪官为逃避打击而选择的退路,而常常是贪官腐败进程的环节之一,是腐败活动实现过程中的一个保障措施。腐败案件外逃人员通常把美国、加拿大、澳大利亚、欧盟成员国等发达国家作为外逃首选目的地,并且想方设法包括采用欺诈手段办理移民手续,为自己和家人获取上述发达国家的合法居留身份。与此同时,他们采用各种洗钱手段向境外非法转移资产,或者将腐败交易的付款地选择在自己的逃匿目的地。

由于腐败案件外逃人员往往在逃匿地已获得移民身份,他们在当地的居留受到所在国法律的保护,甚至可以大摇大摆、冠冕堂皇地从事经贸活动和各种社会活动。这种情况下,不可能像对待非法移民那样对这些手持"绿卡"者实行非法移民遣返,当地执法机关反而会注重对这些人的权利保护。向外逃目的地转移大量非法资产并积累违法所得,使外逃人员具有充足的经济来源。凭借这种经济实力,他们可以到处购置房产,随时变换藏匿地;即使进入引渡、遣返或其他对司法合作的法律程序,也可利用其资金实力聘请所在国的律师为其提供法律服务或者辩护,穷尽逃匿地国家的所有法律程序和救济手段,以对抗引渡和遣返,或者拖延相关程序。[②]

所以,我国反腐败追逃追赃的任务非常艰巨。正是在此背景

---

①　中共中央纪律检查委员会、中共中央文献研究室编:《习近平关于党风廉政建设和反腐败斗争论述摘编》,中央文献出版社、中国方正出版社2015年版,第23页。

②　黄风:《反腐败国际追逃合作:困难、问题与对策》,《人民论坛》2015年9月上。

下,2014 年我国开展了以"天网行动""猎狐行动"等为代表的境外追逃专项行动。按照"天网行动"统一部署,国际刑警组织中国国家中心局集中公布了针对 100 名涉嫌犯罪的外逃国家工作人员、重要腐败案件涉案人等人员的红色通缉令,加大全球追缉力度。

红色通缉令是由国际刑警组织发布的国际通报,其通缉对象是有关国家法律部门已发出逮捕令、要求成员国引渡的在逃犯。国际刑警组织中国国家中心局十分重视同成员国执法机构的合作,多次通过国际刑警组织发布红色通缉令。2015 年集中公布的 100 人包括外逃国家工作人员和重要腐败案件涉案人,都是涉嫌犯罪、证据确凿的外逃人员,已经由国际刑警组织发布红色通缉令,正在全球范围追捕。中方通过国际刑警等渠道提请有关国家执法机构加强合作,协助将有关嫌疑人缉拿归案,并表示这次公布的只是其中一部分,今后对于涉嫌犯罪的外逃人员,依然要发现一起、通缉一起。①

就追逃方式而言,对赖昌星的成功遣返采用的是最常见的引渡替代措施,十二年的追逃历程充分显示了中国政府和司法机关打击刑事犯罪的坚强决心和坚韧信念。虽然赖昌星本人不是公职人员,但他和他的律师在对抗遣返时借题发挥,用尽了各种政治的和法律的借口和手段,使我们积累了职务犯罪追逃实践中应对可能遇到的困难的经验,也使得我国司法机关境外追逃策略以及各主管机关间配合协调趋于成熟。②

---

① 《"天网"行动重拳出击全球通缉百名外逃人员》,见 http://www.ccdi.gov.cn/toutiao/201504/t20150422_123986.html。

② 张敬博:《赖昌星被遣返案的启示与法律影响——访北京师范大学刑事法律科学研究院黄风教授》,《人民检察》2011 年第 17 期。

全面开展反腐败追逃追赃行动,追回逃往境外的腐败分子,追缴转移到境外的赃款,能够对腐败分子形成威慑。习近平指出:"加强追逃追赃工作是向腐败分子发出断其后路的强烈信号,能够对腐败分子形成震慑,遏制腐败现象蔓延势头。"①所以,国际追逃工作要好好抓一抓,各有关部门要加大交涉力度,不能让外国成为一些腐败分子的"避罪天堂",腐败分子即使逃到天涯海角,也要把他们追回来绳之以法,五年、十年、二十年都要追,要切断腐败分子的后路。② 但境外追逃难度越来越大。从"百名红通人员"每年归案的人数来看,2015 年 18 人,2016 年 19 人,2017 年 14 人,2018 年 4 人,每年人数逐年下降,特别是 2018 年后下降幅度较大。这反映出随着时间的推进,"百名红通人员"追逃难度越来越大,也提醒我们以后在开展追逃工作中,应当对于追逃工作的难度有一定认识,对于工作的挑战有足够的心理准备,持之以恒地开展追逃工作。③

第三节　现有境外追逃措施效果的有限性

既然犯罪分子可以利用国家之间交往的便利在国家之间来回逃窜,那么对他们违反犯罪行为具有管辖权的各个国家来说,也应当相互联合、相互合作,对这些构成违法犯罪的人员进行相应的司

---

①　中共中央纪律检查委员会、中共中央文献研究室编:《习近平关于党风廉政建设和反腐败斗争论述摘编》,中央文献出版社、中国方正出版社 2015 年版,第 100 页。

②　赵秉志、张磊:《习近平反腐败追逃追赃思想研究》,《吉林大学社会科学学报》2018 年第 2 期。

③　张磊:《从"百名红通人员"归案看我国境外追逃的最新发展》,《法律适用》2020 年第 10 期。

法合作和惩罚,从而维护各国人民的福祉。这是任何一个国家都必须面对和不得不解决的问题。贝卡利亚早在 1764 年就从两个方面论证了国家之间对于违法犯罪分子开展司法合作的必要性:第一,庇护是否正义? 第二,国家之间达成相互遣返罪犯的协议是否有益?① 在一个国家的疆界以内,不应当有任何一块土地独立于法律之外。法律的力量应该形影不离地跟踪每一个公民,不予处罚和庇护没有多少差别。既然刑罚的效力不在于其严酷性,而在于其必定性。如果国家之间不能就违法犯罪分子的刑事诉讼达成司法合作,那么客观上,境外追逃国的刑罚权就无法得到实现,刑罚的必定性就会受到质疑。故此国家之间应当相互进行司法合作,将逃到本国的他国犯罪嫌疑人通过适当的途径使其回国接受法律的审判。

再加上,任何一个国家都不想成为国际社会所痛恨的犯罪的天堂。加拿大曾被称为"逃亡者的天堂",赖昌星、高山等外逃贪官都选择那里为落脚地。然而,加拿大联邦公共安全部部长戴国卫 2008 年 8 月 22 日发表的声明打破了中国逃犯的"天堂"幻想。当天,涉嫌合同诈骗,被中国公安部通缉、潜逃加拿大 5 年之久的重大经济犯罪嫌疑人邓心志被遣返回国。戴国卫在声明中说,邓心志被遣返"进一步表明了我们政府的承诺,就是加拿大不会成为逃亡者的天堂"。② 不想让本国成为犯罪人逃往的天堂,从而在国际社会中留下不好的国家形象,这一点在中国古代文化和诸侯国之间的交往中也早就已经有所体现。远在周朝时期,相互引渡

---

① [意]贝卡利亚:《论犯罪与刑罚》,黄风译,中国大百科全书出版社 2002 年版,第 72 页。

② 陈雷:《加拿大不再是"逃亡者的天堂"——从邓心志遣返案看中加刑事司法国际合作》,《检察日报》2008 年 9 月 17 日,第 3 版。

逃犯在诸侯国之间就很普遍。当时引渡逃犯(主要是政客)是诸侯国之间的一种政治交易。《左传·鲁襄公十一年》记载,晋侯与12国诸侯于亳北相会,缔结盟约称:"毋保奸,毋留匿。"即国家间不要庇护犯罪者,应驱逐出境。鲁庄公十二年,宋国罪犯猛获逃到卫国,宋国请求卫国引渡猛获。卫国考量"不可,天下之恶一也,恶于宋而保于我,保之何补? 得一夫而失一国,与恶而弃好,非谋也。"①遂将猛获引渡给宋国。这段话如果用通俗的语言表示就是:邪恶在天下都是一样的,猛获在宋国作恶而却在我国受到保护,保他对我国有什么好处? 得到了一个人却失去了一个国家,结交恶人却抛弃友好国家,这不是好谋略。

追逃国为了实现本国的刑事管辖权,并完成对外逃人员刑事责任的追究;外逃人员所在地国为了维护自己在国际社会中的良好形象也应当将其他国家正在追逃的外逃人员驱逐出境。双方之间就外逃人员(遣返人员)去留能够在实质上达成一致,故此,双方之间也就存在开展司法合作的空间和可能。只是双方之间需要建构相应的司法合作机制和程序。为了避免给腐败分子提供安全的避风港,各国应当根据本国法律或国际条约为腐败及相关犯罪的侦查、起诉或者审判提供有效的国际法律合作。②

根据境外追逃措施的合法与否、国际社会接受与否,可以将境外追逃的措施大致分为常规措施和非常规措施。境外追逃的常规措施是指符合国际合作的原则或法律规定,能够被国际社会认可的境外追逃措施,主要包括引渡、遣返、劝返、个案协商。境外追逃的非常规措施是指客观上能够实现境外追逃的效果,但没有被国

---

① 《左传·庄公十二年》。
② 《第17届国际刑法学会大会文献汇编》,中国人民公安大学出版社2005年版,第59页。

际社会所认可的措施,主要包括诱捕、绑架。目前,国内通行的观点认为除引渡外,其他境外追逃的措施都是引渡的替代措施。所谓引渡的替代措施是指在引渡合作遇到法律障碍或困难的情况下所采用的可据以实现遣返逃犯目的的手段。既包括对在逃人员的异地追诉,也包括采用外国移民法手段对非法入境或居留者的遣返;它的目的是实现对在逃人员的境外缉捕或羁押,剥夺他们在躲藏国家的居留权,创造将其遣返回国的条件和可能性。① 一般来说,引渡的替代措施主要表现为移民法替代措施和刑事法替代措施。移民法替代措施是指一国通过遣返非法移民、驱逐出境等方式将外国人遣送至对其进行刑事追诉的国家,无论作出遣返或驱逐决定的国家具有怎样的意愿,这在客观上造成了与引渡相同的结果,因而在理论上有时也被称为"事实引渡"。② 然而,无论是常规的境外追逃措施还是非常规的境外追逃措施,都有其适用的条件以及成功实现境外追逃的先例。同时,各种引渡替代措施也都会因为各种原因,使得追逃效果往往非常有限。

一、引渡

引渡是指一个被控诉或被判罪的人由他当时所在国家交给对他控告犯了罪或判了罪的国家。③ 引渡是世界上最古老的国际刑事司法合作形式。双方之间可以借助引渡这一国际社会认可的途径来实现罪犯的引渡。目前,引渡也成了诸多双边、多边条约的主

---

① 黄风:《引渡问题研究》,中国政法大学出版社 2006 年版,第 117 页。

② 黄风:《论引渡的非常规替代措施——由"袁宏伟案"说起》,《法商研究》2008 年第 2 期。

③ [美]詹宁斯·瓦茨:《奥本海国际法:(第一卷第二分册)》,中国大百科全书出版社 1998 年版,第 338 页。

题,并且签订了诸多国际性引渡公约、地区性引渡公约和双边引渡条约。如《联合国引渡示范条约》(1990 年)、《欧洲引渡公约》(1957 年)、《美洲国家间引渡公约》(1981 年)、《西非国家经济共同体引渡公约》(1994 年)、《英联邦内移交逃犯的安排》(1966 年)等。双边的引渡条约多不胜数,如《法国和比利时引渡专约》(1875 年)、《美利坚合众国和墨西哥合众国引渡条约》(1978 年)、《大不列颠及北爱尔兰联合王国和美利坚合众国引渡条约》(1976 年)、《日本和美利坚合众国引渡条约》(1978 年)、《中华人民共和国和西班牙王国引渡条约》(2005 年)等。据笔者在中华人民共和国外交部网站查询的结果,截至 2021 年 9 月 1 日,中国共与 46 个国家签订引渡条约。通过引渡成功实现境外追逃的案件有中国从日本引渡袁同顺、中国从泰国引渡陈满雄、陈秋园夫妇等。

　　出于保障人权的考虑,国际社会的引渡往往要遵循一些基本原则,比如政治犯不引渡、死刑犯不引渡、国民不引渡等,除此之外有些引渡条约还规定了一系列限制拒绝引渡的情形,这些引渡原则和拒绝引渡情形存在使得通过引渡实现境外追逃具有相当的难度和复杂性。

　　1. 条约前置主义对引渡的限制

　　本着"对犯罪人的审判在犯罪发生国进行是最有效、最适当的"这一传统认识,追逃国应当向外逃人员所在地国提出申请,这样被请求国才有可能准予对被请求引渡人实施引渡。在没有得到被请求国同意的情况下,请求国无法直接进入该国领土实施逮捕和审判。对于被请求国来说,其是基于何种理由、何种义务而同意将处于本国境内的被请求引渡人引渡给请求国呢?在大多数情形下,国家仅以条约上规定的义务作为交付罪犯的前提,并严格遵守,这样就出现了限制引渡的"条约前置主义"。坚持请求国与被请求国之间应当存在引渡条约为引渡的必要条件的观点为"条约前置主义";反之,不以相互之间的引渡条约的存在为必要条件的观点为"非条约前置主义"。条约前置主义在明确请求国与被请求国家的权利和义务关系、保障被请求引渡人的人权方面具有优势,因为双方会在引渡条约中对于引渡对象、引渡程序、拒绝引渡情形等进行明确的约定,英美法系国家的传统引渡法多采用此制度。1840 年,美国最高法院在审理霍姆斯诉尼森案件中宣告,除条约赋予的引渡义务外,不存在引渡义务。这一判例在美国创设了没有条约不予引渡的先例。受美国的影响,许多国家的国内立法把引渡条约作为引渡的重要依据。[1]

在条约前置主义和互惠主义的影响下,目前世界上许多国家和地区通过签订双边或者多边引渡条约等形式来确定和开展引渡的司法合作,如欧洲委员会成员国于 1957 年在巴黎签订了《欧洲引渡公约》,美洲国家之间于 1981 年在加拉加斯签订了《美洲国家间引渡公约》等,联合国也于 1990 年第 68 次全体会议通过了《联合国引渡示范条约》。但是由于政治、经济、文化尤其是法律传统和法律文化的差异,这些因素有的有利于国家间开展引渡合作,有的则不利于国家间的引渡工作。关于影响引渡合作的具体因素,有学者归纳出了五点,即地理、历史和文化传统、法律传统、政府政策、司法机关的效能。一般来说,地理相邻或相近的国家基于维护各自国内秩序、建立良好的睦邻友好关系的愿望而乐于开展刑事司法合作,具有相同或相类似历史和文化传统的国家之间容易开展刑事司法合作。法律传统对司法合作的影响主要体现在,不同法律传统的国家对于引渡等刑事司法协助有着不同的要

---

[1] 贾宇:《国际刑法学》,中国政法大学出版社 2004 年版,第 399 页。

求,如大陆法系对于本国公民的引渡是禁止的,而美国并不限制引渡本国公民。政府政策层面是指刑事司法合作会受到国家之间政治关系冷热的影响,政府政策和司法协助的目标是一致的,任何背离政府政策的司法协助都是有违司法协助的目标的。司法机关的效能层面,在司法合作过程中,司法机关的工作态度、工作效能、整体质量都会影响到司法合作的进程。司法合作的过程非常烦琐,任何一个环节出现问题,都有可能导致整个司法合作活动的失败。①

实际上,任何一个国家都难以或者不可能与所有外国缔结双边引渡条约。实行条约前置主义的国家不仅只能向数目有限的伙伴提供引渡合作,而且他们向外国提出引渡请求也往往因不符合互惠原则而遭到拒绝。这样就出现"条约前置主义"严重限制通过引渡实现境外追逃的可能。制约我国引渡措施广泛适用的主要原因是,我国同大多数外逃目的地国没有正式签订双边引渡条约,尤其是发达国家。以美国、加拿大、澳大利亚为例,仅此三国的外逃人员就占"百名红通人员"的 80% ;而我国与这三个国家都未签署引渡条约。② 比如由于中国和美国之间没有双边引渡条约或引渡协定,当余振东等案件发生后,我们就受制于条约前置主义而不能通过引渡程序将余振东等人引渡回国受审,最终我们是通过美国的遣返制度将余振东遣返回国进而受审。

2. 本国人不引渡原则对引渡的限制

本国国民不引渡曾经是国际引渡合作中的一项基本原则,尤

---

① 赵永琛:《国际刑事司法协助研究》,中国检察出版社 1997 年版,第 17—23 页。

② 王秀梅、宋玥婵:《新时代我国反腐败追逃的经验与完善——聚焦于"百名红通"》,《北京师范大学学报(社会科学版)》2018 年第 5 期。

其是对于大陆法系的国家来说,是一种刚性的宪法原则,在许多双边引渡条约中是位列第一位的、引渡的强制性拒绝理由。① 历史上,被引渡者通常是请求国或第三国的国民,很少是被请求国本国的国民。这一原则产生的最根本原因在于向外国引渡本国国民,即使并不意味着本国国民的死亡,但也会产生把本国国民排除在本国法律保护之外的结果。具体来说,本国国民不引渡的理由主要集中在四点:第一,根据国际法承认的属人管辖权原则,本国人应当接受本国法律和本国司法机关的审判;第二,国家有义务以其本国法律来保护本国公民;第三,对外国法院审判的独立性和公正性表示怀疑;第四,应当维护包含司法权独立权的国家主权。尽管随着时间的推移,本国人不引渡原则有了一定的发展和动摇,本国人是否能够被引渡也逐渐引起国际社会的关注和争论,因为按照保护管辖原则,对于侵犯本国国家和国民利益的犯罪行为,国家具有刑事管辖权,如果从法律上绝对采纳本国人不引渡,也会导致刑法中的保护管辖原则流于形式。即便如此,由于对外国裁判的不信任和对本国公民的保护,在具体引渡实践中,国家之间依然坚持本国国民不引渡的原则。根据《中华人民共和国引渡法》(2000年)第 8 条的规定,当被请求引渡人具有中华人民共和国国籍的,应当拒绝引渡。《联合国引渡示范条约》第 4 条第 a 项规定:被要求引渡者是被请求国国民时,被请求国可以拒绝引渡。《欧洲引渡公约》第 6 条第 1 项规定:缔约方有权拒绝引渡其本国国民等。在双边引渡公约中也有类似的规定,如《中华人民共和国和俄罗斯联邦引渡条约》(1995 年)第 3 条规定:被请求引渡人系被请求的缔约一方国民时,拒绝引渡。

① 黄风:《引渡问题研究》,中国政法大学出版社 2006 年版,第 29 页。

在各国的引渡法中也有诸如本国公民不引渡的规定,如《大韩民国罪犯引渡法》(1988年)第8条规定:罪犯系大韩民国国民,属于任意拒绝引渡的事由。当被引渡人具有引渡被请求国的国籍时,根据本国人不引渡原则,那么尽管有可能被引渡人的罪刑极其严重,也不会从引渡被请求国引渡。尽管后来出现了对"本国人不引渡原则"变通的"或引渡或起诉",但这依然难以改变因行为人具有被请求国国籍而拒绝引渡的局面。可以说,本国人不引渡原则加剧了针对被请求引渡人是请求国本国国民引渡的难度。

比如前秘鲁总统藤森引渡案。藤森于1990年当选秘鲁总统,2000年11月17日藤森参见亚太经合会议结束后突然抵达日本,两天后,藤森在日本提出辞去秘鲁总统,并加入日本国籍。当秘鲁向日本提出引渡藤森时,日本就以藤森为本国国民而拒绝引渡。直到2005年11月,流亡日本5年之久的藤森在造访秘鲁邻国智利时被智利警方逮捕。此后,秘鲁以藤森在国内面临腐败、违宪等20多项指控为理由,要求智利将藤森引渡回秘鲁接受审判。2007年9月21日,智利最高法院宣布,秘鲁前总统藤森将被引渡回秘鲁受审。

3. 双重犯罪原则对引渡的限制

双重犯罪原则也有称之为双罚原则,是指请求国引渡请求所指的行为,应当是依照引渡请求国和被请求国的法律均构成犯罪的行为,而不能是仅依照请求国的法律构成犯罪的行为。双重犯罪原则等于是在请求国和被请求国之间寻求一种行为定性上的统一性,从而更好地保护被请求引渡人的权利,双重犯罪原则是引渡合作的一项重要原则。

《中华人民共和国引渡法》第7条规定:外国向中华人民共和国提出的引渡请求必须同时符合下列条件,才能准予引渡:(1)引渡请求所指的行为,依照中华人民共和国法律和请求国法律均构成犯罪;(2)为了提起刑事诉讼而请求引渡的,根据中华人民共和国法律和请求国法律,对于引渡请求所指的犯罪均可判处一年以上有期徒刑或者其他更重的刑罚。为了执行刑罚而请求引渡的,在提出引渡请求时,被请求引渡人尚未服完的刑期至少为六个月。《大韩民国罪犯引渡法》第6条规定:引渡犯罪只适用于相当于死刑、无期徒刑、一年以上长期徒刑的罪犯。不仅一国的引渡法对双重犯罪原则有规定,双边引渡条约中也通常会规定双重犯罪原则,比如《中华人民共和国和俄罗斯联邦引渡条约》第2条规定:只有根据缔约双方法律均构成犯罪,且(1)依照中华人民共和国法律,可处一年以上有期徒刑或者其他更为严重刑罚;(2)依照俄罗斯联邦法律,可处一年以上剥夺自由的刑罚或者其他更重刑罚。国际公约和地区性公约也通常会规定双重犯罪原则,比如《欧洲引渡公约》第2条规定:对于根据请求方和被请求方法律可受到最长期限至少为一年的剥夺自由刑或羁押令或更重刑罚处罚的犯罪,才准予引渡。《联合国引渡示范条约》第2条规定:可予引渡之犯罪行为系指按照缔约国双方法律规定可予监禁或其他方式剥夺其自由最长不少于(一/二)年,或应受到更为严厉惩罚的人和犯罪行为。

　　通过上述引渡法或引渡条约对双重犯罪的规定,可以看出,双重犯罪原则在有的情况下,不仅对行为是否在请求国和被请求国双方均构成犯罪,而且对于引渡所涉及犯罪应当判处的刑罚轻重也有相应的规定。同时在某些国家的引渡法中对双重犯罪的"双重"可能会做出"宽松解释",也有可能做出"严格解释"。如果对双重犯罪进行宽松解释的话,双重犯罪就是指请求国所指控的被请求引渡人所实施的行为在请求国和被请求国都构成犯罪,但并不追求犯罪在罪质和罪名上完全一致；如果对双重犯罪作严格解释，被请求引渡人所实施的行为，不仅要在请求国和被请求国都构成犯罪，而且罪的性质也必须相同。比如都是侵犯人身权利的故意杀人罪、都是侵犯财产权利的盗窃罪等。即便是现在双边的引渡条约大多对双重犯罪采取宽松的解释，但由于请求国和被请求国之间的政治状况、经济状况、社会背景、人文基础的不同，对于犯罪观的认识也有所不同，对犯罪圈的划定也有一定的区别。因此，被请求引渡人的行为在请求国和被请求国同时构成犯罪的情形也是非常有限。

4. 政治犯罪不引渡原则对引渡的限制

"政治犯罪不引渡原则"有较长的历史，几乎与近现代引渡制度同时产生。世界上第·部引渡法，于 1833 年制定的《比利时引渡法》，就规定了"政治犯罪不引渡原则"，之后被世界各国广泛采纳。国内引渡法和引渡条约中规定"政治犯罪不引渡原则"的主要原因有两点：第一，各国愿意在打击普通刑事犯罪方面开展引渡合作。第二，各国的历史传统、文化背景、社会制度等方面存在不同，对于涉及他国的政治性质的犯罪，一般不愿提供引渡合作。从各国实践看，即使是文化背景和社会制度基本相同的国家，出于国家利益等方面的考虑，一般也要求在引渡过程中遵守"政治犯罪不引渡原则"。《中华人民共和国引渡法》第 8 条第 3 项规定，因政治犯罪而请求引渡的，或者中华人民共和国已经给予被请求引渡者庇护权利的，应当拒绝引渡。

《联合国引渡示范条约》第 3 条第 a 项规定，被请求国认为作为请求引渡原因的犯罪行为属政治性罪行，不得准予引渡。《中华人民共和国和大韩民国引渡条约》第 3 条第 1 项规定，被请求方认为引渡请求所针对的犯罪是政治犯罪的，不应当准予引渡。因政治犯罪而请求引渡的,或者中华人民共和国已经给予被请求引渡人受庇护权利的,应当拒绝引渡。由于"政治犯罪"是引渡法的一个特有概念,是一个法律上的概念,不涉及一国是否存在所谓"政治犯罪"的问题。当今世界上绝大多数国家的法律均无关于"政治犯罪"的规定,也不承认本国有"政治犯罪"的存在,但这些国家的引渡法几乎都规定了"政治犯罪不引渡原则",并采用了"政治犯罪"的措辞。

我国同其他国家签订的双边引渡条约中,也有"政治犯罪"或者"政治性质的犯罪"拒绝引渡的规定。尽管随着国际社会打击跨国有组织犯罪、恐怖主义犯罪、腐败犯罪以及各种危害人类基本权利和生存的犯罪的重视以及认识的一致,政治犯罪不引渡原则的"安全阀"作用越来越低,人们更加关注不要让这一原则成为犯罪分子躲避惩罚的护身符。① 尽管如此,在引渡的具体实践中,还是会将诸多案件以政治犯不引渡原则为由而拒绝引渡。

5. 特定性原则对引渡的限制

特定性原则是指引渡的请求国在提出引渡时必须保证,只会追究针对被请求引渡人的引渡请求中所指明的犯罪行为的刑事责任,请求国不得以引渡请求中列明的犯罪之外的罪行对被引渡者进行审判或者惩处。引渡合作中的特定性原则既是对引渡请求罪名和实际追诉罪名一致的要求,也是对请求国国家信义的考验。请求国应当遵守自己的承诺,针对 A 罪提出引渡请求,就不能在引渡之后以 B 罪追究被请求引渡人的刑事责任。因为,如果不遵守特定性原则,那么"双重犯罪原则"就失去了应有的限制约束引渡的作用。所以,特定性原则产生的根本原因是在引渡过程中对

---

① 黄风:《引渡问题研究》,中国政法大学出版社 2006 年版,第 13 页。

请求国的诚信的一种约束。具体来讲又可以细分为两种情况:第一,防止请求国规避政治犯不引渡原则;第二,防止请求国将被请求引渡人再引渡给其他第三国(再引渡)。

"政治犯不引渡"是一项古老而确定不移的国际法原则。但是请求国为了实现境外追逃的目的,有时会采用一些措施来规避政治犯不引渡原则。也即,请求国首先对被请求引渡人以政治犯罪之外的罪行提出引渡请求,待被请求引渡人实际引渡回国之后,再以其他罪刑对其进行审判和定罪判刑。这样就较为巧妙地规避了政治犯不引渡原则。为了防止国家对政治犯不引渡原则性的规避,就产生了特定性原则。特定性原则在防止再引渡方面的作用表现在,如果被请求国发现请求国有可能将被请求引渡人再引渡给其他第三国,被请求国可以拒绝请求国的引渡请求。

最初对特定性原则做出规定的是 1833 年《比利时引渡法》,其第 6 条规定:在这些条约中,要明文规定对外国人,不管其在引渡前犯了怎样的政治犯罪以及与政治犯罪相关的犯罪,或在该法律上没有确定为(引渡犯罪)任何重罪或轻罪,都不能追诉或处罚。如果不是这样,任何引渡和逮捕都被禁止。这时还是将政治犯罪限定在政治犯罪或与政治犯罪相关的犯罪。政治犯罪的范围较为狭窄,其引渡的限制相对来说还较小。后来,法国在 1950 年以后缔结的引渡中对其作了修正,采用了纯粹特定性原则。规定:"被引渡者,对作为引渡理由的犯罪以外的犯罪,不受审判"。和先前的比利时法案相比,可以明显看出,这种特定性原则除了适用于政治犯罪外,还适用于所有的犯罪。正是由于这一规定较完全地体现了特定性原则的真实含义和内涵,很大程度上实现了对被引渡人人权的保障和被请求国主权的尊重,而被随后的许多引渡条约所采用。

《联合国引渡示范条约》第 14 条第 1 款规定,请求引渡国除对请求人准予引渡所依据的犯罪行为采取措施外,在未征得被请求国同意的情况下,不得因将其移交之前该人所犯的任何罪行,在请求国领土对他进行诉讼程序、判刑、扣押、再次引渡到第三国,或对他施加任何其他的人身自由限制。《欧洲引渡公约》、中国和外国签署的第一个引渡条约——《中华人民共和国和泰王国引渡条约》以及最新签订的《中国和纳米比亚引渡条约》都采用了此种意义上的特定性原则。根据特定性原则,如果被请求国有理由认为请求国可能对被请求引渡人判处引渡请求之外的罪名,或者将被请求引渡人交给其他司法机关处理,将拒绝引渡。这样就大大降低了引渡请求得到成功答复的可能性。

6.一事不再理原则对引渡的限制

一事不再理,在英美法系也将其称为"禁止双重危险原则",是指对不论同一行为人做出的是有罪还是无罪判决,做出产生法律效力的判决后不允许对同一行为再启动新的程序的诉讼原则。在德国,一事不再理原则只是禁止联邦德国法院对同一案件重复进行审判。外国的判决与联邦德国因同一犯罪所为之刑事诉讼是不相矛盾的。为了使行为人不因再次裁判而受到不公正对待,受审判人因同一行为在外国已得到的刑罚或已执行的刑罚或其他剥夺自由刑,必须算入在国内所判处的刑罚之中。①

在国际刑事司法合作过程中,随着人权保障概念的深入,"一事不再理原则"也因其在保障被请求引渡人权利方面具有特殊意义而被关注,并被国内法和国际法所认可和接受。如 1966 年《公

---

① ［德］汉斯·海因理希·耶赛克、托马斯·魏根特:《德国刑法教科书》,许久生译,中国法制出版社 2001 年版,第 217 页。

民权利和政治权利国际公约》第 14 条第 7 款规定:任何人已依一国法律及刑事程序被最后定罪或宣告无罪者,不得就同一罪名再予审判或者惩罚。可以认为,《公民权利和政治权利国际公约》已经将"一事不再理原则"作为刑事司法的一项基本的国际准则,国家间的国际刑事司法协助也必须遵循这一原则。此外,一些地区性公约或国家之间的刑事司法协助协定,如《联合国引渡示范条约》《欧洲引渡公约》等也有类似的规定。

应该说,既然"一事不再理"已经成为国际刑事领域一项普遍接受的原则,就应该将其视为国际刑事司法协助应该遵守的准则,并贯彻到国际刑事司法实践中去。《联合国引渡示范条约》第 3 条第 d 项规定,在被请求国已因作为请求引渡原因的罪行对被要求引渡者做出终审判决,不得准予引渡。《中华人民共和国和罗马尼亚引渡条约》第 3 条第 6 项规定,在收到引渡请求前,被请求方已对被请求引渡人就同一犯罪提起诉讼、做出终审判决或终止诉讼,应当拒绝引渡。

7. 死刑不引渡原则对引渡的限制

死刑不引渡原则就是死刑犯不引渡原则,是指根据请求方法律,被请求引渡人可能因引渡请求所针对的犯罪被判处死刑,除非请求国做出被请求国认为足够的保证不判处死刑,或者在判处死刑的情况下不执行死刑,否则,被请求国有权拒绝引渡。简言之,就是要求请求国对被请求引渡人不得判处或者至少不得执行死刑,否则,被请求国将不予引渡。近 20 年来各国缔结的引渡条约,死刑不引渡条款已经普遍存在。

而且,死刑不引渡原则的采纳已经不再与开展引渡合作的国家是否依然保留死刑问题存在必然联系,那些已经废除了死刑的国家在相互缔结引渡条约时同样会重申死刑不引渡原则,那些仍然保留死刑的国家在相互缔结引渡条约时也可能要求确立这一原则。例如,澳大利亚和荷兰均已废除了死刑,但这两个国家于1988 年缔结的双边引渡条约第 3 条第 2 款第 3 项依然规定:当请求引渡人受到指控的犯罪涉及死刑时,可以拒绝引渡,除非请求国保证将不判处死刑,或者如果已判处,但不执行死刑。①

《欧洲引渡公约》第 11 条规定:死刑,如果按照请求方法律,引渡请求所针对的犯罪可能受到死刑处罚,并且就该项犯罪而言,被请求方法律未规定死刑或通常不执行死刑,则可拒绝引渡,除非请求方做出能够让请求方认为足够的有关不执行死刑的保证。《美洲国家间引渡公约》(1981 年)第 9 条规定了被排方应拒绝引渡,除非是先经外交途径得到请求国充分的保证,不对被请求引渡人处以上述刑罚,或即使这样判处,也不予执行。

《中国和西班牙引渡条约》中也明确规定了死刑不引渡的条款,其第 3 条应当拒绝引渡的理由中的第 8 项规定:根据请求方的法律,被请求引渡人可能因引渡请求所针对的犯罪被判处死刑,除非请求方做出被请求方认为足够的保证不判处死刑,或者在判处死刑的情况下不执行死刑。出于对人权保护的考量,我们在双边的引渡条约中也规定了死刑不引渡条款。

1993 年,在意大利有一个引渡案件,是美国政府向意大利政府请求引渡一位在美国佛罗里达州犯下一级谋杀罪行的犯罪分子,但是意大利司法部向美国提出要求承诺不对被请求引渡人判处死刑,美国也依据与意大利订立的双边引渡条约做出了不判处死刑的承诺,但在意大利司法部部长做出引渡的决定后,被请求引渡人向意大利宪法法院提出了上诉,他认为,美国做出这样的保证

---

① 黄风:《引渡问题研究》,中国政法大学出版社 2006 年版,第 25 页。

并不能确保其被引渡到美国后不被判处死刑,因为美国联邦政府的承诺可能不被州法院所遵守,后来意大利宪法法院做出判决,美国联邦政府所做出的保证是一种可能性而非绝对性的保证,在有可能判处被引渡人死刑的情况下,不能引渡。最后,意大利宪法法院宣布,意大利关于与美国签订的不判处死刑的条款违宪。再比如,2003 年 3 月 26 日捷克布尔诺州法院以被请求引渡人在引渡后可能被判处死刑为由拒绝了中国提出的引渡张某某的请求。2005 年 5 月 11 日意大利佛罗伦萨上诉法院以被请求引渡人在引渡后可能被判处死刑为主要理由之一做出裁决,拒绝中国主管机关针对高某某提出的引渡请求,并且决定立即释放被请求引渡人。①

8. 禁止特殊追诉对引渡的限制

引渡的目的是为了实现国家的刑事管辖权,而根据引渡目的的不同,可以将引渡细分为诉讼引渡和执行引渡。诉讼引渡是为了对被请求人提起诉讼而向被请求国提出引渡请求;执行引渡是为了对被请求人执行刑罚而向被请求国提出引渡请求。如果请求国是出于其他特定目的对被请求引渡人向被请求国提出引渡请求的,被请求国当拒绝该引渡请求。引渡请求所针对的犯罪应当是依照请求国的国内法律构成犯罪的行为,而不是因为被请求引渡人特有的种族、宗教、国籍、性别等因素。故如果被请求国有合理的理由认为被请求引渡人可能因其种族、宗教、国籍、性别、政治见解或者身份等方面的原因而被提起刑事诉讼或者执行刑罚,或者被请求引渡人在司法程序中可能由于上述原因受到不公正待遇的,应当拒绝引渡。

---

① 黄风:《引渡问题研究》,中国政法大学出版社 2006 年版,第 100 页。

　　《中华人民共和国引渡法》第 8 条第 4 项规定：被请求引渡人可能因其种族、宗教、国籍、性别、政治见解或者身份等方面的原因而被提起刑事诉讼或者执行刑罚，或者被请求引渡人在司法程序中可能由于上述原因受到不公正待遇的，应当拒绝引渡。《联合国引渡示范条约》第 8 条拒绝引渡之强制理由第（b）项规定：被请求国有充分理由确信，提出引渡请求是因为某人的种族、宗教、国籍、族裔本源、政治见解、性别或身份等原因而欲对其进行起诉或惩处，或确信该人的地位会因其中任何一原因而受到损害。《中华人民共和国和罗马尼亚引渡条约》第 3 条第 3 项规定：被请求方有充分理由认为请求方提出的引渡请求旨在对被请求引渡人因其种族、宗教、国籍、政治见解等原因而提起刑事诉讼或者执行刑罚，或者被请求引渡人在司法过程中的地位将会因上述原因受到损害，应当拒绝引渡。

　　在国家之间引渡实践中，无论被请求引渡人实施的犯罪行为是不是因为政治见解、政治团体、宗教等原因，被请求引渡人也往往会基于避免被引渡的不利后果而向被请求国提出，如果将其引渡回国将有可能遭受特别诉讼，无论这种请求是否有足够的证据证明，客观上都会阻碍引渡的顺利进行。而且，对于哪些行为可以认定为特殊追诉原因也在不断变化。如 2003 年《英国引渡法》第 81 条和 1999 年《加拿大引渡法》第 44 条都禁止因被请求人"性取向"的原因而对其进行追诉或惩罚，这反映了一些国家法律对人的性别选择权利的尊重。1999 年《加拿大引渡法》还将"智力或身体残疾状况"列为可能导致不正当追诉的情形。①

---

① 黄风：《引渡问题研究》，中国政法大学出版社 2006 年版，第 19 页。

9.酷刑不引渡对引渡的限制

被请求引渡人在请求国曾经遭受或者可能遭受酷刑或者其他残忍、不人道或者有辱人格的待遇或者处罚的,应当拒绝引渡。《联合国引渡示范条约》第3条规定:遇下述任一情况,不得准予引渡:……被要求引渡者在请求国内曾受到或将会受到酷刑或其他残忍、不人道或有辱人格的待遇或处罚,或者没有得到或不会得到《公民权利和政治权利国际公约》第14条所载的刑事诉讼程序中的最低限度保障。各国跟随国际禁止酷刑的趋势在国内引渡条约中也对酷刑做出了规定。如根据我国2000年《引渡法》第8条第(七)项规定:被请求引渡人在请求国曾经遭受或者可能遭受酷刑或其他残忍、不人道或者有辱人格的待遇或者处罚的,应当拒绝引渡。1999年《加拿大引渡法》第44条规定:(1)司法部部长应该拒绝做出引渡命令,如果司法部部长认为:(a)考虑到有关情形,引渡是不公正或者被强迫的;(b)引渡请求对有关人员因其种族、宗教、国籍、出身、语言、肤色、政治见解、性别、性取向、年龄、智力或身体残疾或身份进行追诉或者惩罚而提出的,或者有关人员的地位可能因这样的原因而受到损害。(2)如果司法部部长认为适用引渡请求国的法律,引渡请求所针对的行为可能被判处死刑,司法部部长可以拒绝做出引渡命令。但是正常刑罚措施所带来的痛苦并不能被认定为酷刑。而现实情形时,酷刑是一个不明确的概念,至于何种刑罚才是酷刑以及残忍不人道的,不一而论。所以,被请求引渡人往往会基于酷刑的不确定而提出其回国后可能会遭受酷刑。在死刑逐步废除的未来,酷刑将成为主要的阻碍引渡顺利进行的因素。

引渡的七项原则加上两条拒绝引渡的情形,使得通过引渡实现境外追逃具有一定的困难,通过引渡实现境外追逃的案例不是很多。在通过引渡实现境外追逃存在诸多限制的情形下,就需要寻找和探索其他能够实现境外追逃的措施,从而来替代引渡。梳理一下国际社会的引渡替代措施,主要有以下几种模式:

二、劝返

劝返是我国主管机关结合境外追逃的实际情况而探索出的一种境外追逃措施。笔者通过几个成功的劝返案例,来论述以下利用劝返实现境外追逃模式的特征。(1)胡星劝返案。被告人胡星于1995年至2004年担任国家工作人员期间,利用职务便利,通过其他国家工作人员职务上的行为,为请托人谋取不正当利益达数千万。案发后,胡星为逃避国家法律的打击,于2007年1月19日持假护照越境潜逃国外,其间被中国警方通缉追捕,后在专案组办案人员的规劝下,逃至新加坡的胡星表示愿意回国接受刑事调查,回国后如实交代了自己的犯罪事实,并将上述赃款赃物及孳息退清。① (2)李敏劝返案。2007年9月,涉嫌私分130万元国有资产的原燕山石化公司下属公司经理李敏,在外逃6年后接受中国检察机关的劝说主动回国投案,被房山区人民法院认定为自首,从宽判处有期徒刑2年缓刑2年。(3)杨秀珠劝返案。作为"百名红通人员"的头号嫌犯,杨秀珠归案具有重要意义。案中,我国不仅确定了"劝返、遣返、异地追诉"三管齐下、以劝返为主的追逃策略,先将外围那些与杨秀珠同流合污的官员杨胜华(杨秀珠的司机)和杨进军(杨秀珠的弟弟)拿下,然后逐步压迫杨秀珠在境外的生存空间,一步步推动其放弃正在美国进行的非法移民遣返程

---

① 《云南交通厅原副厅长胡星一审被判无期徒刑》,见 http://kmzy.chinacourt.gov.cn/article/detail/2007/08/id/913335.shtml。

序,自愿回国自首,为我国境外追逃积累了非常珍贵的经验。[①]

　　通过上述劝返案例,可以总结出劝返模式的基本特征。劝返,顾名思义,"劝"就是规劝、劝说;"返"就是返回。劝返就是指通过劝说使其返回到一个地方。在境外追逃过程中,劝返是指由我国国家机关对外逃人员进行规劝,以实现外逃人员自愿返回国内受审的行为。简单地说,就是设法借助刑事政策的力量,采用各种方式和途径对外逃人员进行法律的解读和政策的引导,说服他们自愿回国接受法律审判。利用劝返实现境外追逃对于外逃人员和追逃国都是有利的。对于追逃国而言,如果严格要求按照国家的主权原则、司法主权、司法独立来开展司法合作的话,那么将会受到引渡原则和拒绝引渡情形的限制,从而无法实现本国的境外追逃目的。对于外逃人员来说,当其潜逃至境外后,其将面临双重的压力,一方面是来自自己内心的孤独和对家乡、对家庭的思念;另一方面就是外逃人员并不是过着一种非常舒服、无忧无虑的生活,他们需要隐姓埋名,处处谨小慎微,以免触犯所在国的法律,否则将会受到法律的惩罚而被指控和关押。因此,劝返对外逃人员来说,也是给他们这种茫茫无边的苦海生活搭了一座回国的"黄金桥"。比如,在听了检察机关工作人员的劝说后,胡星说了一句意味深长的话"你是我的救命恩人! 我信任你"。[②]

　　尽管利用劝返实现境外追逃能够实现追逃国和外逃人员的双赢,但是其弊端也非常突出,主要表现在三个方面:

　　第一,劝返可能会导致民众对刑法公正性的误解。法律面前

---

　　① 张磊:《从百名红通人员归案看我国境外追逃的发展》,《北京师范大学学报(社会科学版)》2017 年第 3 期。
　　② 《胡星听劝回国归案》,见 http://news. sina. com. cn/o/2007 – 04 – 29/102811739621s.shtml。

人人平等,但犯罪之后外逃从而逃脱法律的惩罚使得人们对法律面前人人平等的原则产生一定的质疑,而这种担心是可以理解的。因为,如果 A 和 B 实施同样严重的犯罪行为,只是由于 A 在犯罪后通过各种非法途径出境,而后通过与国内主管机关联系而自愿回国接受审判;而 B 没有实施上述行为,只是国内众多刑事案件中的一个。那么,如果对 A 的量刑轻于 B 的话,表面上看确有违背法律的公平正义观念之嫌。

第二,劝返尚没有得到国际社会的广泛认同。劝返是我国主管机关在司法实践中探索出的一种全新境外追逃措施。通过主管机关与外逃人员的联系,通过法律、政策上的讲解,从而让外逃人员自愿回国接受审判。该措施能够在客观上较为便捷地实现境外追逃的目的,而且不需要相对国提供过多的帮助。但劝返由于没有明确和具体的法律依据,因此尚未得到国际社会对该措施的广泛认同。就笔者掌握的情况,国际社会暂时还没有通行的利用劝返实现境外追逃的公约和条约。在没有法律根据及第三方参与的情形下,国际社会对利用劝返实现境外追逃的合法性、劝返过程中被劝返人回国受审的自愿性、劝返回国后是否会受到酷刑、死刑等产生怀疑。

第三,劝返没有明确的法律根据,不具有规范性。劝返完全是依靠追逃国和外逃人员之间的协商来进行,目前还没有具体的法律来调整这个问题,究竟外逃人员接受劝返自愿回国接受审判是不是应当认定为自首,这些问题在刑法理论界尚没有统一的认识,也没有得到刑法或司法解释的肯定,在法律依据并不明确的情形下,容易存在实践中的随意性,不能保证对被劝返人权利保障。同时,由于利用劝返实现境外追逃过程中没有第三方(被请求国)参与,对于被劝返人的权利,包括劝返过程中辩护的权利、得到律师帮助的权利、回国后要求公检法机关兑现承诺的权利、受到不公正对待提起诉讼的权利等都没有法律依据,整个劝返过程不能得到有效的监督和制约,而且具有相当的不透明性。由于每个劝返案例中存在个体差异,劝返措施很难形成统一的规范程序,但是,对于追逃人员在劝返中做出的承诺,有必要进行限制和规范。为使得劝返成功的案例能对在逃人员起到感召作用,我国在后续的相关程序中往往会考虑兑现之前做出的承诺。为避免追逃人员给予承诺后我国司法机关不能兑现,应对司法机关追逃人员给予外逃人员的承诺制约加以规定。①

所以,虽然利用劝返实现境外追逃具有经济、快捷等优点,但在最根本的法律依据上存在缺乏,从而导致其难以得到国际社会的广泛认可。尽管"1010 通告"宣布了关于在逃人员投案自首的一些政策标准,但是,对于逃往境外人员所处的一些特殊境况以及劝返的特殊作用明显考虑不够,不足以为境外追逃中的劝返提供明确、有效和稳定的法律和政策依据。"1010 通告"简单地套用以往敦促国内在逃人员投案自首公告的模式,没有充分考虑到逃往境外人员可能面临的一些特殊境遇。对于国内在逃人员来说,投案的前提条件是犯罪嫌疑人尚处于行动自由状态,尚未被司法机关采取强制措施。然而,对于逃往境外的人员来说劝返也可能发生在上述人员已受到外国执法机关拘捕、羁押或者被限制人身自由的情况。例如,原中国银行哈尔滨河松街支行行长高山,就是在受到加拿大皇家骑警拘捕和长期羁押后,自愿回国投案自首的。因金融诈骗犯罪而逃往阿尔巴尼亚的沈磊,是在被当地司法机关

---

① 王秀梅、宋玥婵:《新时代我国反腐败追逃的经验与完善——聚焦于"百名红通"》,《北京师范大学学报(社会科学版)》2018 年第 5 期。

逮捕并提起引渡诉讼后,出具自愿接受引渡的书面声明,从而顺利过境意大利被引渡回国的。"1010 通告"没有提及被当地执法机关或司法机关采取限制人身自由措施的在逃人员是否有可能争取投案自首的问题。①

---

① 黄风:《建立境外追逃追赃长效机制的几个法律问题》,《法学》2015 年第 3 期。

第二章　利用遣返实现境外追逃的概念范畴

第一节　遣返概说

随着科技发展、技术进步,交通变得更加便利,国家之间的交往更加快捷频繁。国际之间相互依存、相互联系的程度加深,经济全球化日趋加剧,进而带动了贸易自由化、生产国际化、金融全球化、科技全球化。这些行业和领域的全球化带来了人员的跨国界流动增多和便利。各种出国离境的手续相对非常简单,观光、考察、探亲访友等各种机会纷至沓来。然而全球化带来经济巨大发展、文化巨大繁荣的同时,也带来了一些问题。比如非法移民的猖獗、跨国犯罪的激增、犯罪嫌疑人外逃的增多。这些人有可能给当事国的安全、秩序、公众健康等带来威胁或危险。例如恐怖分子、间谍分子、反政府分子等有可能实施自杀式爆炸、绑架等犯罪行为。身体患有某种传染性疾病的非法入境者将会给所在国的公共卫生系统造成威胁和风险。没有经济来源的非法入境者可能对所在国的社会救济事业带来压力。在出入境者证件和过去身份的描述方面存在虚伪陈述对于所在国来说无疑是潜在的巨大危险,等等。而国家职能要求每一个主权国家都应当对于本国境内的上述危险因素和违法人员进行处理。

　　于是各个主权国家都通过法律手段对具有危害本国的国家安全、公共安全、卫生安全等国家利益的非法入境人员和永久居民进行管制。其中最主要的管制措施就是通过移民法或出入境管理法将符合一定的条件的人员驱逐出境。各个国家和地区基于自己特有的政治、经济、文化背景,规定遣返的法律名称存在一定的差异,综合起来可以分为三类:

　　第一种情形,将遣返制度规定在移民法之中,作为移民法中一个非常重要的制度。如加拿大2001年通过的《加拿大移民与难民保护法》、南非2002年通过的《南非移民法》等,其中都规定了针对违反移民法的外国人或无国籍人进行遣返。

　　第二种情形,将遣返规定在出入境管理法之中,如我国2012年通过的《中华人民共和国出境入境管理法》、日本1951年通过的《出入境管理及难民认定法》、韩国1993年通过的《韩国出入境管理法》等,此种情形主要认为,由于外国人或无国籍人侵犯了本国的出入境管理制度本身,从而将其驱逐出境。

　　第三种情形,用专门的遣返法来规范遣返行为。如斐济1971年通过的《斐济遣返法》、毛里求斯1968年通过的《毛里求斯遣返法》等。此种立法模式是通过遣返法对遣返的对象、程序、救济措施等进行详细的规定,从而更为准确地进行遣返制度的操作。

　　无论规范遣返的法律名称如何改变和不同,共同的本质是通过将违反本国法律的外国人或无国籍人驱逐出境从而实现维护所在国的国家安全、社会秩序和公共健康。鉴于各国规定遣返法律的名称不是完全统一,为了行文的方便,本书将其通称为广义的遣返法。如果没有特别指明,书中所说的规定遣返的法律均是指界定后的广义的遣返法。

一、遣返的概念

遣返,是指主权国家或地区将符合一定条件的外国人遣返出境的行为,遣返是指除了引渡之外任何迫使符合一定条件的人离开某国领土的措施,在性质上来说属于是联邦政府的一种行政管理活动。① 对于遣返制度,学术上也有不同的称呼和界定,如 Removal、Deportation、Exclusion、Departure。笔者主张,作为制度层面的遣返,Removal 最为准确。因为,Deportation、Exclusion、Departure 分别表示的是一种措施,它们是在遣返制度之下的下位概念。笔者认为,Exclusion 是指禁止入境,Departure 是指限期离境,Deportation 是指强制驱逐出境。限期离境和驱逐出境共同组成遣返制度。因为在 1996 年之前,美国法律中同时存在禁止入境(Inadmissibility)、限期离境(Departure)和驱逐出境(Deportation),但是后来 1996 年 9 月 30 日,美国国会将限期离境和驱逐出境统一起来规定为"遣返"。②

在笔者看来,遣返称谓具有一定的相对性。之所以说遣返具有相对性是因为,遣是指派遣、遣送;返是指返回。将二者联系起来就是通过遣送使行为人返回到某个地方。故此,站在遣返国的立场看,遣返具有更多的遣送出境的意思,因为其主观上对被遣返人的目的就是禁止其入境或命令其限期离境,以及驱逐出境。客观上只是将遣返嫌疑人"扫地出门",只是有一个"遣出去"的意思,最多是"遣送出境"并没有"返回去"的意思。因为是不是遣返,还会由于遣返目的地不同而有所不同。站在目的地国的立场

① Wendy Chan, Crime, Deportation and the Regulation of Immigrants in Canada, Crime, *Law & Social Change*, 2005, 44.153.

② Deportation, Exclusion and Removal Proceedings, http://www.vkblaw.com/law/depproc.htm.

看,遣返具有更多的遣返回国的意思。简单地说就是,对于遣返国来说是"遣出去",对于追逃国来说就是"遣回来"。为了行文的方便,我们将其通称为"遣返"。

根据该定义,可以看出遣返制度有四个方面的特征:第一,遣返的法定性。遣返的法定性是指行为人是否应当遣返、应当如何遣返、应当采取何种方式遣返都应有法律明确规定。具体来讲遣返的法定性包括:遣返依据法定,遣返原因法定,遣返手段法定,遣返程序法定。第二,遣返对象的限定性。无论规范遣返的法律名称是移民法、遣返法还是出入境管理法,对于遣返对象和遣返原因的规定都是明确的。即将遣返对象限定为非法移民或构成刑事犯罪的外国人或无国籍人。尽管在美国《国籍和移民法》中规定了针对永久居民的遣返,这里的永久居民在法律身份上还不是真正意义的美国公民,其在特定条件下也会被遣返。第三,遣返原因的法定性。遣返原因法定一方面是国家对于遣返的理由进行明确的规定,可以是出于国家安全的考虑(如被遣返人实施了危害国家安全的行为),也可以是出于公共安全的考虑(如被遣返人实施了犯罪行为),或者是出于对公众健康的考虑(如被遣返人患有某种传染性的疾病),或者是出于经济原因的考虑(如被遣返人没有充足的资金维持自己的生活),等等。这些遣返原因是国家启动遣返的依据,当然也从另一个方面赋予了被遣返人相应的抗辩遣返的权利。如果被遣返人认为自己不符合法定的遣返原因,就可以提出抗辩从而拒绝被遣返。第四,遣返的两面性。遣返的两面性是结合遣返的性质和遣返的结果来说的。就遣返的性质来说,遣返是遣返国主管机关依照本国法律实施的行政行为或司法行为,应当依法独立进行,不受其他国家和个人的干涉。就遣返的结果来说,遣返在实现将本国境内的非法外国人遣返出境的同时,如果该被遣返人刚好也是其他国家的境外追逃对象,那么,也就实现了其他国家对被遣返人的境外追逃。况且在遣返国进行遣返程序的过程中,可能还需要追逃国提供相应的信息或证据予以协助。这样一来,原本是一国内部的行政管理活动或司法活动,也就加入了国际司法合作的因素,从而使其呈现出国际司法合作的性质。

二、遣返制度的设立原因

遣返是涉及"一个对象、两个国家、多个程序"的制度。"一个对象"是指遣返的对象是特定的,限定为处于遣返国境内违反法律的外国人。"两个国家"是指实施遣返的国家和接收被遣返人的国家,也就是遣返国和遣返目的地国。"多个程序"是指在遣返过程中,为了保护被遣返人的权利,实行流水线审查和制约的行政、司法和风险评估等多个程序的组合。而利用遣返制度实现境外追逃,是在通过引渡及其替代措施实现境外追逃效果有限的背景下的一种新路径。

在逃避刑罚惩罚的心理和国家之间交往便利的共同作用下,犯罪嫌疑人犯罪后潜逃他国的现象时有发生。犯罪嫌疑人外逃他国在国内外都造成了极其恶劣的影响。基于预防犯罪嫌疑人外逃、行使司法管辖权以及强化人们对法律的认同,应当积极开展对这些外逃人员的境外追逃工作,以便将他们缉拿归国受审,实现法律的公平公正。然而现有的境外追逃措施非常有限,而且通过现有追逃措施的追逃效果也非常有限。外逃人员的大量增加、现有追逃措施效果的有限的双重压力迫使我们寻求新的境外追逃方式。在这一过程中,国际社会发现,主权国家为了维护本国的国家安全、公共安全、公众健康等将违反本国法律的外国人遣返出境的遣返制度在客观上可以实现境外追逃的目的,而且相对现有境外追逃措施有诸多优点。作为外逃人员数量较大的国家,我们应当加强对国外遣返制度的研究,从而利用遣返制度来促进我们的境外追逃。

对于遣返国和追逃国来说,遣返可谓是一个双赢的制度。追逃国在遣返制度中可能获益会更大,因为其可以不经过诸多周折而实现对外逃人员的境外追逃。因此有必要在理念、制度、操作等层面重视对遣返制度的研究,进而推动我国境外追逃工作的顺利开展。

通过外国的遣返制度实现我国境外追逃的目的,首先需解决的问题就是,境外追逃的外逃人员是不是遣返国的被遣返对象。在我们国家实施的犯罪能否构成遣返的理由,如何才能使我们国家的犯罪嫌疑人成功转化为遣返国的遣返对象。就需要了解国外遣返制度中的遣返对象以及应当遣返的条件。国外的遣返制度中,既有有利于遣返的条件,也有不利于遣返的因素。笔者将其称为积极的遣返条件和消极的遣返条件。所谓积极的遣返条件就是构成遣返、促使遣返顺利进行的条件;消极的遣返条件就是否定遣返的构成、阻碍遣返顺利进行的条件。只有通过对促使遣返顺利进行和阻碍遣返顺利进行的条件进行分析和比较,才能在具体操作中有针对性地给予协助。

在研究积极的遣返要件和消极的遣返要件之前,需要了解外国之所以对非法入境的外国人进行遣返,他们是出于什么样的考虑? 遣返制度背后的价值追求是什么? 笔者认为,简单地说,遣返制度的价值追求是通过将来自国外的不安定因素排除出本国,从而维护本国的安全、秩序和公众健康等正常的国家情势。《欧盟人权公约》第7议定书第1条规定:一个合法地居住于某国领土内的外国人不应被从该领土驱逐,除非依据一项按照法律规定的命令,并且该外国人应当被允许:(1)提出反对驱逐他的一些理由;(2)使他的情况得到审查;(3)有代表代其出于上述目的而在有权能的部门或者该部门指定的人那里提出异议。当然,一个外国人也可以在行使其在本条第 1 款规定的权利之前被驱逐,只要此种驱逐是出于公共秩序等利益所必需的,或者是以国家安全这一理由为根据的。① 从过去的数年里,尤其是西欧,已经出现了许多非常著名的和备受关注驱逐外国人和限制移民政策的政治运动。②

就遣返的原因来说,笔者认为,一个主权国家将违反移民法的外国人进行驱逐出境,总体来说,是为了维护国家的社会秩序、公共秩序、公众健康和安全、国家安全、领土完整。对于一个国家来说,领土完整、国家主权不受侵犯、公共秩序良好、公众健康,是一个国家和人民的共同福祉。即便是这种福祉受到轻微的威胁,作为对外拥有独立权、对内拥有最高统治权的国家都应当将这种危险因素消失在萌芽之中。具体来讲,一个国家将非法入境者遣返出境是基于以下考虑:

第一,政治层面。主权国家对非法移民和非法入境者的态度,往往会受到国家政治层面的影响。移民法律的制定和出台都显示了主权国家在特定时期的政治需要。对于部分国家,当其人口数量基数小、出生率低、死亡率高的情形下,为了增加本国的劳动力,将会采取宽松的移民政策,大量吸收外来移民,以推动和保持本国经济的平稳较快发展。但是当社会稳定、经济平稳较快发展、国内秩序良好时,则会采取相对严格的移民政策,对于非法入境者以严厉的打击。尤其是对于刑事犯罪嫌疑人的态度。当今国际社会是一个爱好和平、共创共荣的国际秩序。国家之间对于共同维护国

---

① [英]克莱尔·奥维、罗宾·怀特:《欧洲人权法:原则与判例》,何志鹏、孙璐译,北京大学出版社 2006 年版,第 472 页。

② Alldred, No borders, No nations, no Deportations, *Feminist Review*, 2003,(73):pp.152-157.

际秩序有着共同的追求。对于既是追逃国所正在境外追逃的被追逃人，同时有存在危及本国安全、社会秩序可能的遣返嫌疑人，各国在政治决策层面都是采取遣返。

第二，经济层面。从国家经济社会发展来看，对于人口较少的西方国家来说，从国家的角度看，确实需要大量廉价劳动力。但从民众的角度看，非法移民的涌入，在一定程度上是造成本国民众失业的一个原因。事实上，非法移民从事的工作都是遣返国民众不愿从事的劳动密集型工作，但遣返国同样存在失业问题，非法移民对遣返国公民就业机会的抢占也构成了遣返国实施遣返的原因。当以吃苦耐劳著称的非法移民踏上这些国家的土地时，这些国家民众从心理上更愿意认为是非法移民抢了他们的工作机会。非法移民的存在引起本地居民排外心理的强化，对外国移民采取排斥态度。由此影响到本地居民和移民的和谐相处，容易诱发其他矛盾。尤其是在全球经济危机的今天，移民问题尤其是违反移民法的外国人更加增加了遣返国严格执行遣返法的决心。

第三，秩序层面。在国家管理问题上，由于大量非法移民涌入，凸显社会秩序问题，移民犯罪问题在世界各国都是一个主要议题，尤其是各国都把非法移民认为是犯罪的关联主体，要么是被害人，要么是犯罪人。一般来说，关于移民犯罪问题有抢劫、偷窃、杀人、偷渡、偷税漏税、家庭暴力、非法打工、黑社会组织等。而且这些犯罪多形成犯罪团伙或犯罪组织，团伙内部结构复杂，与国外势力有千丝万缕的联系，为自己的利益不断争斗，导致非法移民犯罪率不断上升，严重威胁到社会稳定。[1] 非法移民还带来了就业、医

---

① 傅义强：《欧盟国家的移民问题与移民政策》，《世界民族》2008 年第1 期。

疗保健等方面的社会负担。20 世纪 90 年代以来，欧盟国家经济波动，福利水平下降，失业率上升，欧盟各国民众普遍认为是移民抢走了他们的工作，享受了他们的高福利制度并且威胁着他们的生活方式，因此与移民的矛盾冲突加剧。①

第四，安全层面。安全是遣返国实施遣返政策时主要考虑的因素。因为，自美国"9·11"事件之后，人员流动的现象成为防范恐怖主义入侵的死角。恐怖主义的兴起不只是突袭性、不定性的出现，更令人感到畏惧的是它的潜在性，恐怖主义分子可以利用各种人员流动之便，以不同的身份轻易入侵其他国家，再着手进行恐怖活动。为了预防犯罪的发生、防止危及本国民众的公众健康，美国于 1798 年订立了《外国人法案》，先后又通过了 1907 年的《移民法案》，1952 年的《移民与国籍法》，1976 年与 1981 年先后对《移民与国籍法》做出修订。1990 年推出《1990 年移民法》，1996 年在此对移民法做出修改，通过了《1996 年非法移民改革和移民责任法》。数次修改逐步紧缩入境人员的范围，加大对非法入境者的遣返和打击力度。比如：(1)加强边境控制，阻止非法移民。(2)改变及取消某些听证程序，快速遣返非法入境者。(3)加重对偷渡非法移民及伪造移民证件的刑事处罚，其中包括对移民申请提交假材料的刑事处罚。(4)增加了不可入境的类别，包括：在美国非法居留超过 180 天的，3 年内不得再次入境；超过 1 年的，10 年内不得再次入境；如果违反法律规定，5 年内不得入境。同时从社会经济压力和社会福利的角度拒绝可能成为国家负担的人员入境，其具体要求是任何移民必须获得有法律制约力的经济担保或

——————

① 傅义强：《欧盟国家的移民问题及其移民政策的建构》，《世界经济与政治论坛》2006 年第 3 期。

者经济来源证明,方可入境;未接受过防疫接种者不可入境,即任何人申请移民必须提供其接受过防疫接种的证明;不按规定到场参加听证,移民法官可缺席下达递解令,被递解出境者10年内不得再次入境;伪称为美国公民者被归入不可入境类;为逃避税赋而放弃美国公民身份者被归入不可入境类;家庭暴力犯被归入不可入境类。(5)限制并惩罚雇主雇用非法移民。(6)将因抗拒强迫性人口政策而受迫害者归入政治庇护类,但每年配额不超过1000人。(7)削减合法移民的社会福利。(8)禁止逾期居留者赴第三国使领馆申请签证。

三、遣返制度中相关术语界定

1. 遣返嫌疑人

根据各国遣返法的规定,遣返的对象在法律身份上是外国人。但是由于遣返将会经过移民局和移民上诉局听证、联邦法院司法审查等阶段,在各个阶段所处的程序不一样,相应的称谓也会有一定的变化。换句话说,遣返的行为对象会因为遣返程序的不同阶段而有所不同。本书认为可以借鉴刑事诉讼法中对追诉对象的界定。刑事诉讼法规定,在行为人没有被人民检察院提起公诉之前应当称之为犯罪嫌疑人。当被检察机关向法院提起公诉后,犯罪嫌疑人被称为被告人。在遣返过程中,遣返对象首先是"非法入境人员"或者"非法入境者",而后如果被边境警察局发现,怀疑其有违反遣返法的行为发生,对其开展违法调查,或者永久居民被公安机关发现实施了违法犯罪行为,将会被公安机关逮捕。这时非法入境者和永久居民就转变为具有遣返嫌疑的非法入境者,本书将其界定为"遣返嫌疑人"。

关于"遣返嫌疑人"的称呼,也可以在《日本出入境管理及难民认定法》中得到印证。《日本出入境管理及难民认定法》第27

条有关违法事件的调查规定中指明,如有外国人可能符合强制出境的情形时,入境警备官可对该外国人(以下称为"嫌疑人")进行违法事件调查。[①] 之所以将其称为"遣返嫌疑人",是因为在这个阶段边境警察只是发现该遣返嫌疑人有违反移民法的可能,还没有经过移民局或者出入境管理局经过听证的最终认定,尚不能成为被遣返的对象。

2. 被遣返人

当边境警察向嫌疑人发出遣返出庭听证通知后,遣返嫌疑人到移民局参加由移民局官员主持的听证审查,由移民法官对遣返嫌疑人的可遣返性进行决定。在进入移民局遣返听证程序之后,遣返嫌疑人便成为被遣返人。如果经过移民局官员的听证审查,认定被遣返人违反移民法的事实成立,并且没有阻却遣返事由的存在,或被遣返人没有提出阻却遣返的事由,或者提出了阻却遣返的事由但没有获得移民局认可,综合支持遣返和阻却遣返两方面的证据被遣返人都应当被遣返,这时移民局针对遣返嫌疑人做出予以遣返的决定。被遣返人在随后的遣返程序中,可以向移民上诉局提出上诉,可以向法院提请司法审查,针对法院的判决可以向上一级法院提起上诉。根据违反遣返法的外国人在遣返程序所处的阶段不同,分别称之为遣返嫌疑人和被遣返人,体现了现今司法合作过程中对人权的保护。[②] 尽管联邦法院持续地认为遣返程序

---

①　《日本出入境管理及难民认定法》(1951 年)第 27 条。

②　现今司法合作过程中,非常注重对人权的保护。现代引渡制度的一个基本特征就是,不再把引渡合作的对象作为国家间政治交易的筹码,不再把他当作国际合作的被动对象,而是把他确定为一个权利主体,他的权益同样得到法律的保护。在我国同外国缔结的引渡条约和我国的《引渡法》中,从来没有将引渡的对象称之为"逃犯"或者"罪犯",而是称之为"被请求引渡人"或者"被引渡人"。黄风:《引渡问题研究》,中国政法大学出版社 2006 年版,第 68 页。

在性质上属于民事或行政听证程序,但是会赋予被遣返人如同刑事诉讼中被告人一样的享有正当程序的权利。[①]

3.遣返国

一个完整的遣返过程将会涉及两个国家,一是将违法的被遣返人驱逐出境的国家,二是接受被遣返人的国家。前者出于保护本国国家安全、社会秩序、公众健康等目的,将违反本国遣返法的外国人,经过法定程序认定事实,从而确定违法的外国人具备应当遣返的条件和情形,而后通过禁止入境、限期离境或者驱逐出境将非法入境者驱逐出境的国家,笔者将其称之为"遣返国"。遣返国是遣返制度的创设者和遣返违法外国人范围的设定者,是整个遣返程序的主导者。为了顺利完成对应当遣返的外国人的遣返,遣返国会有多个机构参与其中,如警察局、移民局、移民法庭、移民上诉局、法院等。从遣返的本质来说,其属于是遣返国主管机关执行本国移民法的行政行为或司法行为。在遣返过程中,遣返国拥有主导权,是否遣返、如何遣返、遣返至何地,都由其在法律框架内决定,他国无权干涉。其他国家所能提供的协助多是集中在信息提供、证据提供以及对被遣返人的接收等方面。

4.遣返目的地国(接收国)

对于遣返国来说,遣返的目标是将违反本国遣返法的外国人驱逐出境,当其将外国人遣返出境时,自然就需要有接收被遣返人的国家和地区。这个国家和地区就是遣返目的地,笔者将其简称为"遣返目的地国"。在遣返过程中,目的地国的角色处于被动,但是其作用和地位依然不可小觑。因为遣返目的地国的选择和确

---

① Morawetz, Nancy, "Rethinking retroactive deportation laws and the due process clause", *NYUL Rev.* 73(1998):p.397.

定,直接决定着遣返国的遣返命令能否最终真正执行。因为,根据各国遣返法的规定,如果被遣返人提出,其在被遣返至某国后将有可能会受到死刑、酷刑以及残忍的和不人道的刑罚处遇,那么遣返国的司法机关就需要在遣返前进行风险评估,有些国家称之为"遣返前风险评估"。如果最终认定这一理由成立,那么遣返命令将会被取消。所以,遣返目的地国的选择和确定会对遣返程序是否顺利进行起到非常重要的制约作用。

在遣返过程中,遣返目的地国的作用还表现在向遣返国提供被遣返人的相关信息和违法犯罪的事实及相关的证据,从而可以协助遣返国的遣返程序顺利进行。目的地国具备促进和阻碍遣返进行的"正负"双重功能。所以,目的地国的选择是遣返国重点考虑的问题。也正因如此,各国在遣返法中对遣返目的地国的选择和确定都做出了灵活的规定。一般首选的是被遣返者入境之前的国籍国、入境前停留的国家或原居留国,当然也可以是被遣返者自己选择的愿意前往的目的地国。

比如根据《韩国出入境管理法》第 64 条有关"送还国"的规定,以下各国都可以作为遣返的送还国,也即"目的地国":(1)非法入境者拥有国籍或市民权的国家。(2)进入大韩民国前居住的国家。(3)出生地所在国家。(4)为进入大韩民国搭乘的船舶所属国家。(5)其他本人希望被送还的国家。① 这种多个目的地国供遣返国选择的规定还可以在《日本出入境管理及难民认定法》得到印证。《日本出入境管理及难民认定法》第 53 条对于遣送地进行了规定,该法第 53 条规定:被强制离境者应被遣送至其国籍或市民权的所属国家。如无法遣送至前项国家,可根据本人希望,

---

① 《韩国出入境管理法》(1993 年)第 64 条。

遣送至下列国家之一：来日本前居住的国家，来日本前曾居住的国家，乘船来日本前乘船的港口所属国家，出生地所属国家，出生时其出生地所属国家，其他国家。① 遣返国之所以对遣返目的地国规定有多种选择，主要是为了实现对被遣返人的遣返程序的顺利进行，从而维护遣返国的国家利益。遣返国对遣返目的地国多种选择的追求，客观上也有利于追逃国通过积极的努力将自己设定成符合遣返国要求的遣返目的地国。

5. 追逃国

追逃和遣返原本是两个没有关联的概念，追逃是一个国家基于本国的法律对具有犯罪嫌疑的人追究其刑事责任。当犯罪嫌疑人归案之前，国家需要对犯罪嫌疑人进行追逃，包括境内追逃和境外追逃。境外追逃和遣返联系在一起的原因是遣返国的遣返制度客观上能够实现遣返目的国境外追逃的目的。尤其是在遣返国对实施刑事犯罪的外国人遣返出境的同时，在客观上也实现了他国对外逃人员的追逃工作。这样追逃和遣返之间就产生了"一个过程、两种结果"的内在关联。本书探讨的主旨是利用遣返实现境外追逃。追逃是一个主动词，也就是在境外追逃过程中应当采取积极的行为。追逃是指主权国家通过引渡或其他措施将本国逃往境外的人员追回本国受审的行为。所谓追逃国就是为了行使刑事管辖权，惩罚刑事犯罪，对于逃亡境外的本国刑事犯罪嫌疑人通过各种措施追回受审的国家。在遣返过程中，追逃国往往是非法入境的外国人的国籍所属国或者犯罪地所属国，因此其具有较高的概率成为被遣返人的遣返目的地国。尽管通过国外的遣返制度能够实现境外追逃的目的，但积极作为的空间并不是很大，主要集中

---

① 《日本出入境管理及难民认定法》第 53 条。

在提供被遣返人的个人信息、犯罪事实及相关证据等。

6.外逃人员

之所以界定外逃人员,是因为这些在其他国家实施犯罪后潜逃至遣返国后,一旦被遣返国发现,他们将会被以违反遣返法为由而被遣返出境。外逃人员是相对于追逃国而言,属于境外追逃活动的对象,被遣返人是相对于遣返国来说,属于遣返行为的对象,二者在遣返程序中实现了被遣返人和外逃人员的一致。所以,在追逃国的外逃人员也是遣返国的主要被遣返对象,而且是占遣返数量绝大部分的一类人。因为,在被遣返的对象中,基于刑事犯罪嫌疑而被遣返是主要的类型。外逃人员具体是指在某一主权国家实施犯罪后逃往他国的犯罪嫌疑人、被告人或罪犯。本书研究的主要问题就是如何将这些外逃人员通过国外的遣返制度成功地追回本国受审。

第二节 遣返的形式、原因与分类

一、遣返的形式

在遣返法律体系内,遣返属于一个具有较多涵盖内容的上位概念。也就是说,在大多国家的遣返法中"遣返"是一个总称,是指对违反遣返法的外国人的通过禁止入境、限期离境、驱逐出境。所以,遣返是禁止入境、限期离境和驱逐出境的总称。遣返有三种具体形式:禁止入境、限期离境、驱逐出境,并且三种遣返形式都具有各自的特点。

1.禁止入境

禁止入境是指主权国家为了维护国家安全、公共秩序、公众健康等的需要,对不符合本国法律确定的入境条件的外国人禁止其入境的行为。禁止入境是排除对本国有危险的外国人的第一道保护屏障。禁止入境通常采取的手段是对于可能具有禁止入境条件的外国人拒绝给予其签证。在他国国民申请进入某一主权国家时,主权国家便可以通过签证制度,在国家安全、公共安全、公众健康、社会秩序、经济状况等方面对申请签证人进行全面的衡量,从而决定是否给予申请人签证。签证结果中的"拒签"实际上就是禁止入境的形式之一,也即对国家可能造成危险的人直接拒之国门之外。

如果外国人已经通过各种手段进入本国,通常的手段是命令其乘坐来时的交通工具返回,有些国家称之为"快速遣返程序"。常见的就是,入关时移民局的官员会对申请入境人员的信息进行核查,包括入境目的、入境之后的行程、回程安排、经济基础等。如果认为申请入关人员存在某些不确定的情形,移民局官员不能得出行为人入境对遣返国绝对安全时,就可以禁止其入关,从而命令申请入关人员乘坐入境的交通工具回国。所以,该程序通常是针对刚来到本国港口、机场、码头、边境等地的外国人。《中华人民共和国外国人入境出境管理法实施细则》第7条规定了六种禁止外国人入境的情形:(1)被中国政府驱逐出境,未满不准入境年限的。(2)被认为入境后可能进行恐怖、暴力、颠覆活动的。(3)被认为入境后可能进行走私、贩毒、卖淫活动的。(4)患有精神病和麻风病、艾滋病、性病、开放性肺结核病等传染病的。(5)不能保障其在中国期间所需费用的。(6)被认为入境后可能进行危害我国国家安全和利益的其他活动的。①

《俄罗斯联邦进出境秩序法》第26条、27条规定了7种禁止

---

① 《中华人民共和国外国人入境出境管理法实施细则》第7条。

入境的情形:(1)根据俄罗斯联邦政府决议的程序,在办理俄罗斯签证时,不能出示在俄罗斯联邦领土生活以及离开的资金或者无法表明能提供这笔资金。(2)在俄罗斯联邦国境线的通过点违反了俄罗斯联邦通过国界的规定、海关规定、卫生条例。(3)提供关于自己或者关于访俄目的明显虚假的资料。(4)必须为了国家安全。(5)以前在俄罗斯联邦期间,根据俄罗斯联邦法律曾有重大或者极其重大的犯罪,或者以前在俄罗斯联邦期间,曾经被强制驱逐出境。(6)没有提供根据俄罗斯联邦法律办理俄罗斯签证所必需的文件。(7)申请三个月以上的俄罗斯签证,但无法出示没有传染病的证明书。①

2.限期离境

限期离境是指为了维护国家安全、公共秩序和公众健康的需要,对于违反遣返法的外国人限定其在规定的时间内离开遣返国的行为。限期出境是由边境警察责令违反限期离境的被遣返人在规定的时限内离开遣返国。限期离境相对来说较为文明、含蓄,属于责令自行离境,但负责执行的边境警察可以监督其离开。如果被遣返人没有在特定的时间内离开,边境警察将强制性地将其遣返出境。

《俄罗斯联邦进出境秩序法》第28条规定了4种限期离境的情形:(1)根据俄罗斯联邦法律,被怀疑犯罪或者被指控犯罪。(2)被指控在俄罗斯联邦领土内犯罪。(3)逃避法定义务。(4)没有完成俄罗斯联邦法律规定的缴税义务。② 根据我国《外国人入境出境管理法》第29条、第30条的规定,对于违反外国人入境

① 《俄罗斯联邦进出境秩序法》(1996年)第26条、27条。
② 《俄罗斯联邦进出境秩序法》(1996年)第28条。

出境管理法的规定,非法入境、出境的,在中国境内非法居留或者停留的,未持有效旅行证件前往不对外国人开放的地区旅行的,伪造、涂改、冒用、转让入境、出境证件的,情节严重的,公安部可以处以限期出境或驱逐出境的处罚。①《外国人入境出境管理法实施细则》第 44 条规定:对未经中华人民共和国劳动部或者其授权的部门批准私自谋职的外国人,在终止其任职或者就业的同时,可以处 1000 元以下的罚款;情节严重的,并处限期出境。

3. 驱逐出境

驱逐出境是各国遣返制度中最主要的措施,各国的遣返法均有明确规定。驱逐出境是指对于符合法定条件的非法入境者,强制性地将其遣返出境的行为。驱逐出境是遣返中最为常见的形式,也是最为复杂的一种。因为,禁止入境直接是通过签证将遣返嫌疑人拒之国门之外,并不存在诸多程序的限制。限期离境通常是行为人已经在移民局或公安机关的控制之下,所以遣返的程序也相对较为简单。驱逐出境则不同,此时被遣返人已经处于遣返国国内,对其遣返就需要按照遣返法所规定的程序进行。因为,此时的遣返就会受到国际社会所关注的人权保障的制约。如果说限期离境比较温和的话,那么驱逐出境就属于相对比较"强硬",需要由负责执行的公安机关将其强制押解出境。结合我国出入境管

---

① 《中华人民共和国外国人入境出境管理法》第 29 条规定,对违反本法规定,非法入境、出境的,在中国境内非法居留或者停留的,未持有效旅行证件前往不对外国人开放的地区旅行的,伪造、涂改、冒用、转让入境、出境证件的,县级以上公安机关可以处以警告、罚款或者十日以下拘留处罚;情节严重,构成犯罪的,依法追究刑事责任。受公安机关罚款或者拘留处罚的外国人,对处罚不服的,在接到通知之日起十五日内,可以向上一级公安机关提出申诉,由上一级公安机关做出最后裁决,也可以直接向当地人民法院提起诉讼。第 30 条规定,有本法第二十九条所列行为情节严重的,公安部可以处以限期出境或者驱逐出境处罚。

理法第 29 条、第 30 条的规定,对于违反出入境管理法,非法入境、出境的,在中国境内非法居留或者停留的,未持有效旅行证件前往不对外国人开放的地区旅行的,伪造、涂改、冒用、转让入境、出境证件的,情节严重的,公安部可以处以限期出境或者驱逐出境处罚。

二、遣返的原因

主权国家可以基于本国的国家安全、公共安全和公众健康等考虑,对违反本国遣返法的外国人实施遣返,但必须提出证据证明该外国人具有应当被遣返的原因和条件。如果没有原因而强制性地将处于本国的外国人驱逐出境,将有可能侵犯被遣返人的合法权益。《公民权利和政治权利国际公约》第 13 条规定,合法处在本公约缔约国领土内的外侨,只有按照依法做出的决定才可以被驱逐出境,并且,除非在国家安全的紧迫原因另有要求的情况下,应准予提出反对驱逐出境的理由和使他的案件得到合格当局或由合格当局特别指定的一人或数人的复审,并为此目的而请人作代表。

从《公民权利和政治权利国际公约》的规定可以看出,如果一个国家确立了遣返制度,那么就应当明确可以遣返、应当遣返的法定类型,同时应当允许被遣返人提出反对遣返或驱逐的理由,以及在做出是否遣返的程序中,保障被遣返人的权利救济,即应当让被遣返人的遣返案件得到遣返国合格当局复审或审查的权利,并且应当允许被遣返人提出阻碍遣返的理由和抗辩。

国外的遣返制度中,既存在有利于遣返的条件,也存在阻碍遣返的因素。大体上讲,在具备以下条件时,可以做出遣返的命令并执行遣返:第一,遣返对象适格。根据各国遣返法的规定,遣返的对象为外国人,具体包括三类:非法入境者、合法入境者、永久居民。第二,有违反移民法的客观事实。具体包括五种情形:(1)刑事犯罪。(2)入境证件虚假、伪造。(3)虚伪陈述。(4)经济状况恶劣。(5)健康状况。第三,经过法定程序。一个完整的遣返程序通常会经过七个环节:违法事件调查、拘留审查、移民局听证、移民上诉局听证、司法审查、执行遣返、风险评估。第四,不存在阻碍遣返的抗辩事由。阻碍遣返的抗辩理由,各个国家的遣返法规定不尽相同,但通过对各国遣返制度的比较,以下八种情形可以成为阻碍遣返的理由:(1)死刑,(2)酷刑,(3)不公正对待或特别诉讼,(4)申请自愿离境,(5)同情和人道,(6)改过自新,(7)取消遣返命令,(8)难民保护。其中第(4)种情形,被遣返人申请自愿离境在性质上讲并不是阻碍遣返进行,只是中断了国家主导的强制遣返程序。但被遣返人选择自愿离境,此种情形下反而更利于追逃国实现境外追逃。如潜逃美国的余振东,就是在美国司法机关的压力之下而选择自愿离境,但从性质上讲,依然可以称之为利用遣返实现的境外追逃。

遣返在本质上属于国家主管机关依法行使行政权力或司法权力的行为,是对违反遣返法的外国人实施的行政行为和司法行为。无论是行政行为还是司法行为都需要遵循法定的程序,以保障国家权力的正确行使和对被遣返人权利的保护。遣返的程序是指主权遣返的机关在对违反移民法者做出遣返决定和执行遣返决定过程中所要遵循的步骤与方式。遣返程序在遣返制度中占有极重要的地位,具体包括遣返决定程序和遣返执行程序。各国的遣返程序大致相同,但因各国国情也有所差异。以美国为例,遣返程序根据程序环节的多少,可以分为普通遣返和快速遣返。普通遣返就是经历违法事件调查、移民局听证、做出遣返决定、移民上诉局听证审查、司法审查、遣返前风险评估、执行遣返等完整的过程。而快速遣返是指对于符合法定条件的遣返嫌疑人,由边境警察直接将其拘留,并且不经过移民局法官,将遣返嫌疑人在边境将其遣返出境的程序,中间省去了移民局听证这样一个过程,所以也称之为"不过庭遣返"。

三、遣返的分类

遣返是将违法的外国人驱逐出境的总称,所以在总的遣返概念之下,会存在出于不同的目的需要的遣返形式和种类。结合不同的遣返形式在程序等方面的不同,可将遣返作如下分类:

1.普通遣返和快速遣返

普通遣返和快速遣返是根据遣返程序进行的快慢、简易与否而作的分类。普通遣返就是将遣返法所设定的程序逐一走完的遣返类型。多数国家普通遣返的大致程序是:发现被遣返人违法的事实,对被遣返人采取强制措施,发出出庭听证通知,移民局进行听证,做出遣返与否的决定,被遣返人向移民上诉局提出上诉,被遣返人向法院提请司法审查,被遣返人申请风险评估,对被遣返人执行遣返。而快速遣返是指不经过移民法官听证环节的直接遣返。即当边境警察发现了违反遣返法的外国人后,在符合法定条件的情形下,直接让其搭乘原交通工具返回遣返目的地国的行为,有些国家也称之为"不过庭遣返"。

本节以美国移民和国籍法的规定来说明快速遣返的特点。根据该法规定,当外国人缺乏适当的证件或实施欺诈或主动掩盖事实以获得进入美国的机会是不被允许的,并且会被从美国遣返,而且不会经过听证或复审。除非该被遣返人提出了难民保护或担心回到遣返国会受到迫害。但被遣返人这种"回国后受到酷刑或不公正对待的抗辩理由"如果得到认可,移民局的官员应当复审该案件。被实施快速遣返的人必须被逮捕直到他们被遣返,唯一可能被释放的理由就是因为突发的疾病或为了法律规定的强制措施的目的。通过快速遣返程序遣返的被遣返人将通过原搭载工具被遣返回目的地国,同时,通过快速遣返程序被驱逐出境的被遣返人5年内不能再进入美国。执法官员会向被遣返人解释清楚,包括其有会见律师的权利。按照美国学者的观点,快速遣返程序不仅节省了政府在程序方面的开支,也使得那些终究会被遣返的被遣返人免受牢狱之苦。

但也有移民法官、律师认为,快速遣返程序可能使没有取得合法身份的被遣返人在没有得到告知的情况下即被驱逐出境。斯坦福大学法学院移民权益诊所分析师斯里堪蒂亚对《洛杉矶时报》说,一些在押非法移民被迫签署遣返令,虽然有些人知道自己可以抗辩或者符合庇护或绿卡的条件。"协议遣返"是国会授权使用的执法手段,但直到2004年才开始大规模实施,当时负责移民执法局的前国安部助理部长迈尔斯认为,这个方法没有得到有效利用。① 我国也曾有过快速遣返的相关规定,1985年公安部、外交部、交通部联合做出了《对外籍船舶携带偷渡人员来我港口的处理规定》(以下简称《处理规定》)。《处理规定》初步构建了我国的快速遣返程序。即如果我们的边防海关警察在港口处发现,外国籍船只携带有偷渡人员或者进口的船只上藏匿有偷渡人员,边防人员应当禁止或者限制其登陆上岸,或者尽管允许其登陆上岸,但需要在港口对其实施一定的强制措施,而后让其搭乘入境的船只将其遣返回原国籍国或原居留国。根据《处理规定》的规定,可

---

① 余东晖:《不过庭遣返非法移民引担忧》,《侨报》2009年3月3日。

以实施快速遣返的对象主要包括两类:第一类,外国籍船舶承载有其他国家的偷渡人员;第二类,我国进口的废旧船只上携带的偷渡人员。具体的快速遣返程序体现在《处理规定》第 4 条:1. 偷渡人员需从陆地或乘飞机遣返回国的,一般应首先由有关国家驻华使馆领馆对接纳上述偷渡者回国予以确认,经公安部边防局同意后,由边防检查站负责按非法越镜的偷渡犯押送出境,免办我国签证。前往国的证件手续,由船方或其代理向有关国家驻华使领馆申请办理。2. 遣返偷渡人员的具体事宜,由外轮代理部门负责联系办理。包括联系有关单位、入出境手续、安排交通工具、洽谈所需经费等;遣返偷渡人员所需的各项费用,均由船方支付。

可见,普通遣返将会经过移民法官审理和复核,移民法赋予了遣返嫌疑人听证、复审的权利,而快速遣返程序则没有赋予遣返嫌疑人会见移民法官的权利,但为了保障遣返嫌疑人的权利不受侵犯,各国遣返法往往会对快速遣返的对象和条件做出限定性规定。

2. 强制遣返和自愿离境

强制遣返和自愿离境是根据行为人对遣返的认识和主观是否自愿离开为标准而作的分类。所谓强制遣返是指通过正常的遣返程序将违反移民法的外国人遣返出境。强制遣返一般也都是普通遣返,即被遣返人将有可能走完遣返的全部程序。而之所以称之为强制遣返是指被遣返人主观上并不认为自己应当被遣返,从而对于主管机关针对其进行的遣返程序通过各种法律赋予的权利给予抗辩。

自愿离境是指非法入境的外国人在认识自己具有可遣返性应当被遣返时,从而申请自愿离境的行为。通过对比可以看出,强制遣返是在主管机关的主导、被遣返人被动抗辩的情形下进行的,而自愿离境是被遣返人主导的基于自愿离境而实现国家的遣返目标。

以美国的法律规定为例来分析强制遣返和自愿离境。在美国,通常在被遣返人咨询律师时,律师就会告诉被遣返人,如果你没有足够的能力生活在美国,就应当认真考虑自愿离境。自愿遣返的最大优点在于被遣返人不会获得强制驱逐的命令。如果行为人还想回到美国的话,这一点非常重要,也即自愿离境的被遣返人以后还具备重新进入美国的可能。

当然被遣返人应当考虑清楚自愿离境程序不具有可诉性,换句话说,被遣返人是自愿接受了遣返这样一个行为,不具有反悔的可能和前提,并进而提出诉讼或上诉的可能。所以应当认真考虑,根据自身的情况,通过法律赋予自己的权利抗辩或阻碍遣返命令签发执行的几率有多大。为了能够顺利自愿遣返,行为人可以向法官提供有效的旅行证件、足够的财产。如果法官准许了行为人的自愿离境申请,法官会给自愿离境的被遣返人设定一个离开的时间,行为人应当在此限定的时间内离开美国,否则自愿离境命令将会自动转化为强制遣返命令。

但下列人员不能请求自愿离境:第一,刚到的外国人;第二,被证实实施了重罪的外国人;第三,针对被遣返人主管机关先前已经签发了一个强制遣返的命令。如果被遣返人没有在法院设定的期限内自愿离境,自愿离境将会自动生成强制遣返命令。如果被遣返人被边境警察官抓获,将会直接被强制遣返出境。自愿离境的申请人没有权利向法院提出听证。日本法律也有自愿离境的规定。《日本出入境管理及难民认定法》规定,接到强制离境命令的人员,如愿自己负责自己的离境,那么入境人员收容所所长或主任审查官可根据其申请予以同意。①

---

① 《日本出入境管理及难民认定法》第 52 条第 4 项。

可见,自愿离境和强制遣返的相同之处为:第一,结果相同。对于遣返国来说,无论是自愿离境还是强制遣返,客观上都能实现将违反本国移民法的外国人驱逐出境。第二,自愿离境命令有可能会转化为强制遣返命令。如果选择自愿离境的行为人在规定的时间内没有离开,自愿离境将会直接转化为强制遣返。

二者的主要区别主要体现在:第一,离境的主观心态不同。自愿离境的行为人离开遣返国是自愿的,不考虑这种自愿是否是被遣返人已经认识到自己被强制遣返的概率,也不考虑被遣返人选择自愿离境的动机和目的是什么,只要被遣返人提出自愿离境申请,并且符合自愿离境的条件,就可以自愿离境。而强制遣返,从主观心态上来说,是和被遣返人的认识相违背的,属于被遣返人不想离开而被强制离开。第二,被遣返人在两个程序中享有的权利不同。在强制遣返程序中,因为被遣返人认为自己不应当被遣返,所以可以根据法律规定的程序和法律赋予的权利抗辩和阻碍遣返命令的签发和执行。而自愿离境在本质上来说,属于行为人个人自愿离境,因此就不会享有刑事法律所赋予的抗辩权。第三,离境的时间不同。自愿离境一般是被遣返人在 120 天之内离境即可,被遣返人还可以向法官提出延期。强制遣返则是强制性离境,不存在申请延期的可能性。第四,法律后果不同。选择自愿离境的被遣返人还有重新返回遣返国的可能,而通过强制遣返命令驱逐出境的人将在很长一段时间内没有重新返回遣返国的可能。

3. 对永久居民的遣返和未取得移民身份者的遣返

根据被遣返人是不是已经获得永久居民身份,可以将遣返分为针对已经取得移民身份者的遣返和未取得移民身份者的遣返。以美国的永久居民制度为例来说明针对永久居民的遣返。永久居民是指已经获得美国许可居住权的人。从永久居民的概念就可以看出,永久居民在法律身份上依然属于是外国人,并不是真正意义上的美国人。永久居民在美国也就是持有绿卡的外国人,行为人已经得到美国政府的授权,并且能够得到移民利益,包括允许居住、参加工作等。永久居民在没有转变自己身份成为正式的美国公民之前可以一直拥有永久居民身份,但如果永久居民没有遵守相关的规定,也有可能会被驱逐出境。一般情形下,针对永久居民被遣返的主要原因是在遣返国境内或境外实施了刑事犯罪。

未取得移民身份者的遣返也即是本书所重点研究的内容,其中的各种程序和权利保障将在后文中详细论述。之所以区分针对永久居民的遣返和未取得移民身份者的遣返,是因为对于永久居民的遣返在程序上比较特殊。永久居民相对于未取得移民身份者拥有更多的权利。比如永久居民可以提出自己已经改过自新的证据来对抗遣返命令,或者提出如果将自己遣返,已经成为美国公民或永久居民的子女或配偶生活将会极其困难来对抗遣返。简而言之,就是永久居民拥有更多的阻碍遣返的机会。

第三节　遣返和相关概念的区别

一、遣返和收容遣送

遣返是将违反遣返法的外国人驱逐出境的行为,收容遣送是将符合一定条件的本国公民遣送回原居住地的行为。从行为方式上来说,遣返和收容遣送具有一定的相似性。只不过遣返是将违反法律的外国人遣返出境,从一国遣返至另一国,在空间范围上属于"跨国境遣返"。收容遣送是将违反法律的本国公民遣返回原居住地,属于是从国内的一个地方遣返到另外一个地方,在空间范围上属于"境内的跨地区转移"。通过对我国收容遣送制度的"跨地区遣返"解析,可以帮助我们更加深入地理解跨国境遣返。

2003 年之前《城市流浪乞讨人员收容遣送办法》(1982 — 2003 年)一直都在履行着将特定群体"跨地区遣返"的功能。尽管收容遣送制度已经废止,但对其运作模式的分析有利于我们理解国外的遣返制度。收容遣送制度源于新中国成立初期,是在特定的历史条件下形成的计划经济时期的产物,从最初对游民的收容发展到对外流灾民、流浪乞讨人员的救助、教育、安置和遣返。该制度设定的初衷是为了救济、教育和安置城市中的流浪者,最初是用来对涌入城市的无业人员和灾民进行收容救济的带有社会福利性质的措施,是一种社会救助和维护城市形象的行为。随着《关于收容遣送工作改革问题的意见》(1991 年)的出台,收容对象被扩大到"三无"人员(无合法证件、无固定住所、无稳定收入),即无身份证、暂住证和务工证的流动人员。要求居住 3 天以上的非本地户口公民办理暂住证,否则视为非法居留,须被收容遣送。

通过以上分析我们可以看出遣返和收容遣送既有一定的相类似之处,也有一定的区别。二者的相似之处表现为:都是根据事先设定的条件将符合条件的行为人从一个地方遣送到另一个地方。二者的区别主要表现为以下三个方面:第一,时空范围不同。遣返发生在两个国家之间,是从一个主权国家向另一个主权国家遣返。而收容遣送是在一个主权国家领域内部不同地区之间实施遣送。第二,针对的对象不同。遣返针对的是违反遣返法的外国人,对象限定为"外国人(Alien)"。收容遣送针对的是符合条件的本国公民,对象被限定为本国公民。根据《城市流浪乞讨人员收容遣送办法》第 2 条规定,对下列人员予以收容、遣送:(1)家居农村流入城市乞讨的;(2)城市居民中流浪街头乞讨的;(3)其他露宿街头生活无着的。第三,制度的目的不同。遣返是为了维护遣返国的国家安全、社会秩序和公众的健康等。遣送是为了救济、教育和安置城市流浪乞讨人员，以维护城市社会秩序和安定团结。①

二、遣返和接返

接返是一种彰显本国政府对本国国民关心关怀的行为，具体是指当本国公民在国外处于困难情势后，政府通过适当措施将处于困难情势的本国公民接回国内的行为。比如，当出现中国公民在国外遇到困难时，往往是多个部门相互协调，积极采取措施保护我国公民的合法权益。2008 年 11 月 25 日晚，泰国曼谷机场因遇示威活动被迫宣布关闭，包括中国内地及港、澳、台的大量游客滞留。中国外交部高度重视，指示中国驻泰国使领馆采取有效措施切实保护被困中国公民的人身及财产安全。11 月 28 日，根据国务院领导指示精神，外交部召开了部门之间的协调会议，启动应急预案，会同有关部门研究决定尽快派飞机接回中国公民。先后派出 11 架次飞机，共接回我国滞留泰国公民 3100 余名。12 月 2 日，中国政府增派的又一架东航班机赴泰，接回剩下的滞留泰国公民。12 月 3 日滞留泰国的中国公民全部回国。2006 年我们曾经对住在汤加的部分中国公民实施过接返。2006 年 11 月汤加发生骚乱，汤加的华人华侨生命安全受到连续不断的暴力抢劫事件威胁，且生活陷入极度困难之中，无法维系。2006 年 11 月 22 日下午，中国国际航空公司派出飞机远赴斐济，撤出汤加受骚乱影响的华侨华人。当地时间 22 日晚间，大使馆将大约 200 名侨胞撤离至汤加邻国斐济。②

---

① 《城市流浪乞讨人员收容遣送办法》(1982 年) 第 1 条。
② 《汤加华侨今返厦门》，《文汇报》2006 年 11 月 22 日。

通过对接返的描述,可以看出遣返和接返在有相似性的同时,也具有一定的差异。二者的相同之处表现在:第一,行为方式相似,都是跨越国境的人员转移。第二,最终结果相似,都是使本国公民回到其原国籍国。二者的区别主要表现在三个方面:第一,目的不同。遣返是为了维护本国的国家主权、安全和公共秩序;接返是出于国家的职责,保障本国公民的人身权利和财产权利等。第二,对象不同。遣返针对的是位于本国境内违反移民法的外国人,而接返针对的是位于外国境内的遭受困难和伤害的本国公民。第三,原因不同。遣返是因为位于本国境内的外国人实施了违反移民法的行为;接返是因为本国公民在外国受到了不公正的待遇或遭受难以克服的困难。

三、遣返和作为刑罚措施的驱逐出境

此处的驱逐出境是刑罚措施中的驱逐出境,而非行政处罚措施。我国刑法第 35 条规定:对于犯罪的外国人,可以独立适用或者附加适用驱逐出境。这说明驱逐出境是一种刑罚措施。根据《中华人民共和国外国人入境出境管理法》第 81 条规定:外国人从事与停留居留事由不相符的活动,或者有其他违反中国法律、法规规定,不适应在中国境内继续停留居留情形的,可以处限期出境。外国人违反本法规定,情节严重,尚不构成犯罪的,公安部可以处驱逐出境。公安部的处罚决定为最终决定。被驱逐出境的外国人,自被驱逐出境之日起 10 年内不准入境。此处规定的"情节严重,尚不构成犯罪的,公安部可以处驱逐出境"中的"驱逐出境"应当不是刑法等 35 条规定的刑罚,其应当是一种行政处罚。驱逐外国人是一个主权国家固有的权力,被驱逐出境的外国人接到指令后,必须在规定期限内离境。一般而言,没有将来再返回的可

能。联合国人权委员会认为,一个国家有权根据国内法驱逐外国人,除非有证据显示该国滥用了权力,或者明显是出于恶意行使权力。否则,委员会不会评估该国主管部门是否正确解释并应用了法律。①

当驱逐出境针对已经被证实是实施犯罪的外国人时,属于刑罚措施。当驱逐出境适用于轻微违法但尚不构成犯罪的外国人时,属于行政处罚措施。作为刑罚手段的驱逐出境在许多国家的刑法中都有规定。如意大利刑法第235条规定,除法律另有明文规定外,外国人受十年以上徒刑之宣告时,法官应命令驱逐出境。瑞士刑法第55条规定,外国人受重惩或轻惩自由刑之宣告者,法官将其驱逐出瑞士国境三年至十五年,累犯者得终身驱逐出境。

作为刑罚措施的驱逐出境不是一般的附加刑,而是一种特殊的附加刑,其只适用于犯罪的外国人。就中国刑法来说,作为刑罚措施的驱逐出境是指强迫犯罪的外国人离开中国国(边)境的刑罚方法。② 作为行政处罚措施的驱逐出境是指主权国家为维护本国安全利益或社会公共秩序,有权将违反本国法律的外国人或外交人员驱逐离境。

通过对作为刑罚措施的驱逐出境的分析,可以看到遣返法上的遣返和驱逐出境具有共同之处,也有诸多不同点。二者的共同点主要表现为两点:第一,目的大体相同。遣返是为了保障国家主权、安全和公共秩序,而对犯罪的外国人驱逐出境的原因就在于行为人实施的犯罪行为危害了所在地国的国家主权、安全或公共秩

① 刘国福:《出入境权研究》,中国经济出版社2006年版,第537页。
② 高铭暄、马克昌主编:《刑法学》(第七版),北京大学出版社、高等教育出版社2016年版,第246页。

序。第二,针对的对象相同。二者针对的都是处于本国境内的外国人。

　　二者的不同点主要有五个方面:第一,法律性质不同。遣返属于行政处罚,而驱逐出境属于刑罚措施。第二,决定主体不同。遣返一般是由作为主管机关的移民局决定并由边境警察执行。刑罚措施的驱逐出境一般是由作为审判机关的法院依法判决,而后按照刑事诉讼法的规定执行。第三,法律依据不同。遣返的依据多是本国的遣返法或出入境管理法,而驱逐出境的依据是刑法。第四,后果不同。遣返回国之后不受"一事不再理原则"的影响和制约,如果被遣返人构成犯罪,目的地国可以依照本国法律对其进行审判,进而定罪判刑,不受遣返国国内遣返制度的影响。作为刑罚措施的驱逐出境则要受"一事不再理原则"的影响和制约。当然这一点也可能会由于国家法律规定不同而有所差异,比如在是否承认外国判决书问题上,就有积极承认说、消极承认说和完全否定说三种见解。我国刑法第 10 条规定,凡在中华人民共和国领域外犯罪,依照本法应当负刑事责任的,虽然经过外国审判,仍然可以依据本法追究,但是在外国已经受过刑罚处罚的,可以免除或者减轻处罚。大致采取的是消极承认说。第五,两种程序的证据标准要求不同。相较来说,遣返所要求证据标准较低一些,一方面是因为按照行政处罚的证据标准来要求,另一方面也是遣返制度设置的初衷使然,遣返是为了维护国家的安全、秩序和健康等将具有危险嫌疑的外国人遣送出境,这样的出发点决定了在对证据的要求方面不会过于苛刻。而作为刑罚措施的驱逐出境适用的前提是外国人构成刑事犯罪,而构成犯罪的证据标准是要达到案件事实清楚、证据确实充分。

四、遣返和引渡

引渡是指一国应外国的请求,将在其境内被有关国家指控或判刑的人移交给请求国审判或执行刑罚的一种国际司法协助行为,是国家之间刑事司法协助的一种形式,这种制度主要用于防止罪犯因跨境犯罪而逃避法律的追究。通过引渡,请求国能够对被指控的罪犯行使刑事管辖权,追究该罪犯的刑事责任或对其执行刑罚。

引渡与遣返是完全不同的两种法律制度。二者的共同之处表现为:第一,对象具有相同性,都是处于本国的外国人。第二,目的具有共同性,都是为了维护本国的国家安全、社会秩序和公共健康等。第三,程序具有共同性,无论是遣返还是引渡,最终目的和结果都是将处于本国的外国人送出本国国境。

二者的区别表现为五个方面:第一,行为性质不同。引渡是国家间的国际刑事司法合作活动,属于刑事司法合作的一种。具体是指被请求国应请求国的引渡请求,通过对引渡请求的司法审查和行政审查,进而决定将处于本国的引渡请求人引渡给请求国,由请求国进行审判或执行刑罚的行为。遣返是一国国内的主管机关依法对违反本国移民法的外国人遣返出境的行为。

第二,法律依据不同。引渡主要依靠国家的引渡法或双方之间的引渡条约或协定,或者双方之间就个案进行引渡合作。遣返的法律依据是本国的遣返法或出入境管理法,并不需要双方之间存在遣返协议或条约,是主权国家的国内行为,只是在遣返目的地国提供遣返的协助之后,双方之间在信息互通或证据提供方面具有司法合作的性质。

第三,法律程序不同。引渡的程序一般是请求国向被请求国提出引渡请求,被请求国经过审查,从而做出将被请求引渡人引渡给请求国,双方之间再进行被请求引渡人的交接合作。遣返程序的启动并不需要请求国的请求,遣返国完全是基于自己国情的判断而决定是否对被遣返人进行遣返。而且遣返程序更多是依据遣返国的国内法律,是一个国家的内部行政行为,并不涉及司法合作。只是在被遣返人的个人信息或违法犯罪事实的证明方面需要遣返目的地国的协助,只是在这一点上才涉及司法合作。遣返非法移民与引渡是两种不同的法律程序。在加拿大,对非法移民的甄别和遣返是由加拿大移民部及其下属的移民管理机关决定,而引渡则是由加拿大司法部和联邦法院共同决定。就法律性质而言,引渡是一种国际刑事司法合作,其是根据一国的请求而开展的,引渡的目的就是把逃犯送回请求国接受刑事追诉或处罚。而一国对非法移民的遣返则是本国为了自己的安全和秩序而单方做出的决定,不以外国提出请求为条件,也不是为了迎合外国的刑事追诉或处罚的需要。①

　　第四,行为对象存在一定差异。引渡的对象是被请求国提出请求的被请求引渡人,而被请求引渡人既可以是请求国的国民,也可以是被请求国的国民,也可能是第三国的国民。而被遣返人只能是外国人,而不可能是本国公民。而且引渡所针对的被请求引渡人通常是涉嫌刑事犯罪的人或已经被判处刑罚的人,因为按照引渡的基本原则之一的"双重犯罪原则",只有当被请求引渡人的行为在请求国和被请求国都构成犯罪时,被请求国才会同意请求国的引渡请求。而对被遣返人遣返的原因既可以是因为刑事犯罪,也可以是因为其他事由,比如健康原因、经济原因或者在入境

---

　　① 张敬博:《赖昌星被遣返案的启示与法律影响——访北京师范大学刑事法律科学研究院黄风教授》,《人民检察》2011 年第 17 期。

过程中虚假信息申报等。

第五,难易程度不同。由于引渡是两个主权国家之间的刑事司法合作,而刑事司法合作的目的是对被请求引渡人进行刑事追诉或执行刑罚,无论哪一种引渡目的,都会对被请求引渡人的权利造成一定的侵犯,因此在引渡过程中限定性因素较多,再加上在合作过程中可能出现的信息传递、证据传递等脱节和误解。所以,尽管引渡是最常规的引渡措施,但是通过引渡实现境外追逃成功的案例并不是很多。而遣返是一个主权国家内部的独立行政行为或司法行为,不需要遣返目的地国的协助也可完成,即便是需要遣返目的地国的协助,也只是停留在信息和证据的提供,整个遣返程序的主导权在遣返国。而且,从遣返程序上来说,其在性质上更多属于行政行为,对于证据的要求以及程序的保障相对来说较低。因此,利用遣返实现境外追逃相对较为容易一些,也正是基于这一特征,本书才对利用遣返实现境外追逃进行全面深入的研究。

第三章　遣返的事由

　　根据美国公民和移民局的资料,自从 1996 年移民法通过之后,先后有 672593 名移民因为犯罪而被驱逐出境。在 1997 年至 2005 年间,平均每年有 74000 余人被驱逐出境。而且每年的数字都在增加。根据 2005 年公布的资料显示,到 2006 年底,有 64.6% 的移民因为非暴力犯罪被驱逐,20.9% 的移民因为包括暴力犯罪在内的犯罪而被驱逐,14.7% 因为不明确的其他犯罪被驱逐。和公众认识不一样的是,美国的遣返制度不单针对没有证件的移民,也针对长期合法居住的永久居民(绿卡持有者)。原本适用于犯罪人的遣返现在也向达不到犯罪程度的人适用。根据美国移民法的规定,遣返的对象大体可以分为三类:非法入境者、合法入境者、永久居民。

　　在适用驱逐出境时,究竟有哪些人可以被驱逐是由各国自行决定的。从国际上的司法实践看,主要有三类:(1)违反所在国法律法规的一般外国人。没有外交特权或豁免权的外国人,如果违反了所在国的法律法规,可能会被驱逐出境。(2)具有特殊身份且从事与身份不相符行为的外国人。这主要是指那些享有外交特权或豁免权的外国人,如果他们从事一些与其身份不相符的行为,如间谍、特务活动,则可能被所在国驱逐出境。(3)可能对所在国公共秩序造成危害的外国人。有些外国人如艾滋病患者、精神病

人等,他们的存在可能会给所在国造成混乱,严重危害所在国的公
共秩序。出于维护公共安宁的需要,所在国当局可能将此类外国
人驱逐出境。①

　　根据美国移民和国籍法的规定,美国驱逐的对象有:(1)禁止
入境的外国人、在转变身份时违法。② 具体是指,行为人符合了移
民法所规定的条件而禁止入境,或者在入境后其旅游签证已经过
期。所谓的转变身份是指行为人进入美国后,从游客身份转到附
条件永久居民、由附条件永久居民到永久居民的身份转变。如果
行为人在这一过程中违反了法律规定,也将会成为遣返的对象。
比如行为人因为配偶子女的关系而临时成为永久居民的,当这种
关系终止时,行为人就不具有临时永久居民的前提,此时,行为人
就有可能成为被遣返的对象。③ 如果行为人是通过走私
(smuggling)或婚姻欺诈(marriage fraud)进入美国也是被遣返的对
象。④ (2)刑事犯罪。关于刑事犯罪,第一类是一般的犯罪。比
如,行为人实施了道德卑劣的犯罪、实施了数个犯罪、重罪、高速驾
驶、被登记为性犯罪者等。第二类,特殊的犯罪。比如吸食毒品和
滥用、军火犯罪、法律规定的其他犯罪、家庭暴力类的犯罪等。⑤
(3)没有及时登记,或提供虚假证件。比如行为人更换了自己的
住址但是没有告知移民部门,无论是在移民过程中还是移民之后
的任何时间,只要行为人被证实没有如实登记或伪造了文件,都将
会被遣返。文件欺诈,一旦行为人用虚假的文件进行登记,也将会

---

① 张景:《国际刑法综述》,人民法院出版社 2004 年版,第 275 页。
② 《美国移民和国籍法》sec. 237.1。
③ 《美国移民和国籍法》sec. 237.1D(i)。
④ 《美国移民和国籍法》sec. 237.1(e)(f)。
⑤ 《美国移民和国籍法》sec. 237.2。

被遣返。① （4）安全因素。如果行为人被证实准备实施或已经参与了间谍犯罪、违反法律将物品、技术、敏感信息送出美国；危及公众安全和国家安全的犯罪；企图暴力、武力推翻美国政府的犯罪；其中安全因素也包括国家的外交政策，如果对行为人的庇护将会导致美国的外交政策受损时，行为人将会成为遣返的对象。② （5）行为人成为公共救济的对象。也就是如果行为人在进入美国的 5 年内成为政府公共救济的对象，并且这种致贫原因并不是在入境时就非常明确的。③ （6）非法选举。如果行为人在选举过程中破坏了联邦政府、州或地区的法律法规或规章制度。④ （7）遗弃或家庭暴力。如果行为人对家庭成员实施了遗弃或家庭暴力，也会成为被遣返的对象。⑤

　　在这些人员之中，对已经成为遣返国永久居民的外国人的遣返较为特殊。永久居民是指外国人获得一个国家的许可，居住在该国并且准备在该国生活工作的外国人。以美国为例，永久居民在美国也就是持有绿卡的外国人，永久居民也就是说通过移民程序成了永久居民。永久居民一般是已经得到美国政府的授权，并且能够得到移民利益，包括允许居住、参加工作等。从永久居民的概念就可以看出，永久居民在性质上依然是外国人。永久居民必须长期持有永久居民身份，如果行为人没有遵守相关的规定，也有可能会被驱逐出境。绿卡是由隶属于美国国土安全部（DHS：department of homeland security）的美国公民和移民部（CIS：citizenship

---

① 《美国移民和国籍法》sec. 237. 3。
② 《美国移民和国籍法》sec. 237. 4。
③ 《美国移民和国籍法》sec. 237. 5。
④ 《美国移民和国籍法》sec. 237. 6。
⑤ 《美国移民和国籍法》sec. 237. 7。

and immigration services）颁发。得到永久居留身份的外国人可以得到两个重要的许可，第一是暂时的工作，第二是临时的旅行证件。永久居民在连续居住 5 年后可以通过申请成为美国公民，如果行为人嫁给了美国人可以缩短为 3 年。如果行为人通过政治难民申请可以通过 5 年获得公民身份。公民身份要比永久居民身份拥有的权利更多一些。永久居民一般没有选举权和被选举权，没有能力将家庭成员带到美国来，没有资格担当联邦政府的一些工作。有一些情形可能会导致永久居民驱逐出境，但是对美国公民却没有这种效果。

加拿大关于永久居民的规定和美国相似，但也有其特殊之处。在加拿大，申请永久居民应当有在加拿大永久居住的意思。签证官将会承担审查所有的因素以确定行为人是不是有长期居留的意思。永久居民并不是说永远不能离开，行为人也可以在随后离开加拿大。现在出现很多"信使父母"，移民官员发现这些申请者并不是出于永久居留的意思而来到加拿大，行为人在提出申请时说其抚养的孩子在加拿大，但是其真正目的是在加拿大待一段时间后再回去，行为人的这种永久居留的意思是对移民法的一种蔑视。另外一个考虑的因素是行为人的家庭在原国籍国的生活基础和保留的财产等。相关的事情是行为人是不是有真正的永久居留的意思。

永久居民在很多情形下有可能会失去永久居民的身份，但最主要的一个原因就是犯罪。比如被发现实施犯罪或被证实实施了一些种类的犯罪。当永久居民完成他们的在遣返国对其所犯的罪的刑罚执行完毕后将会被驱逐出境。主权国家可以对违反移民法的外国人进行遣返，但是必须提出证据证明该外国人具有可以遣返的原因。如果没有原因而强制性地将外国人遣返，将有可能会侵犯他们的合法权益。《公民权利和政治权利国际公约》第 13 条规定：合法处在本公约缔约国领土内的外侨，只有按照依法做出的决定才可以被驱逐出境，并且，除非在国家安全的紧迫原因另有要求的情况下，应准予提出反对驱逐出境的理由和使他的案件得到合格当局或由合格当局特别指定的一人或数人的复审，并为此目的而请人作代表。

从《公民权利和政治权利国际公约》的规定可以看出，任何一个国家如果确立了遣返制度，那么就应当明确可以遣返、应当遣返的法定类型，同时应当允许被遣返人提出反对遣返或驱逐的理由，以及当遣返命令发出后，应当设立对被遣返人的权利救济机制，即应当让被遣返人的遣返案件得到遣返国合格当局复审或审查的权利。因此，国外的遣返制度中，既有有利于遣返的条件，也有不利于遣返的因素；既有法定的遣返类型，也有法定的阻却遣返的理由。笔者将其称为积极的遣返条件和消极的遣返条件。所谓积极的遣返条件就是构成遣返、促使遣返顺利进行的条件。消极的遣返条件就是否定遣返的构成、阻碍遣返顺利进行的条件。

遣返的初衷是什么？通俗地说，遣返的价值追求就是将违反本国法律规定的外国人遣送出去，以维护本国的公共秩序、公众健康和国家安全的行为。因此，在认定一个外国人是不是应当遣返时，首先应当有一个标准或构成遣返的条件。以遣返事由的性质不同，可以将遣返分为以下五种类型，第一，因刑事犯罪而被遣返。第二，因出入境证件而被遣返。第三，因虚伪陈述而被遣返。第四，因经济状况而被遣返。第五，因健康状况而被遣返。

一、因刑事犯罪而被遣返

对于刑事犯罪嫌疑人或已经被证实实施犯罪的犯罪人，在大多数国家都被视为遣返的对象,刑事犯罪也就被称为公认的遣返事由而且是最主要的遣返事由,在各个国家对非法入境者的遣返总量中都占有绝对的数量。各国尽管都将刑事犯罪作为遣返事由,但对具体犯罪的规定有所不同,通常有两种模式:一种为"列举罪质的模式",主要是对犯罪的性质进行规定,比如侵犯人身权利的犯罪、扰乱社会秩序的犯罪等。另一种是"列举罪名的模式",主要对可能导致遣返的具体罪名进行明确的规定,比如杀人罪、抢劫罪、非法持有毒品罪等。列举罪质的模式会让移民局官员拥有很大的自由裁量权,因为他们可以对罪质所反映出的罪名进行扩张解释。而列举罪名的模式相对来说对移民局官员的自由裁量权有较强的限制,但列举罪名的模式会导致随着时间的推移经常需要发生修改情形。两种模式各有利弊,在各国的实际立法过程中,两种模式也都被广泛采用。

1. 加拿大

刑事犯罪是外国人从加拿大被遣返的主要原因。在加拿大导致外国人被遣返的绝大多数犯罪是攻击性的犯罪,包括所有种类的麻醉品犯罪、性攻击犯罪和抢劫。在加拿大境外实施的犯罪而被遣返的,其实施的犯罪非常普遍的是欺诈、过失杀人和攻击性犯罪。① 加拿大和美国一样对于作为遣返事由的刑事犯罪规定较为详细,具体包括三类犯罪:

第一类是侵犯国家安全的犯罪。有足够的理由相信永久居民或者外国人有下列 6 种行为之一的,将会被遣返:(1)参与了间谍、颠覆政权的活动。(2)企图暴力颠覆政权。(3)参与恐怖活

---

① Wendy Chan,Crime,Deportation and the Regulation of Immigrants in Canada? *Crime,Law & Social Change*,2005,(44):p.163.

动。(4)对加拿大安全造成危险的行为。(5)参与可能危及加拿大国内公众生命或者安全的暴力行为。(6)一个有足够的理由相信参与推翻政府、颠覆政权或者恐怖活动的组织的成员的。①

第二类主要是侵犯人权或国际权利。具体包括:(1)在加拿大境外实施了违反人道罪和战争罪的行为。(2)一个机构的首脑,在其指挥或参与下实施了恐怖活动,系统地或大规模地侵犯人权行为,或实施了种族屠杀、战争罪或者违反人道罪的行为。(3)根据加拿大是缔约国或参加国的国际组织或国家联合组织向加拿大提供了禁止该外国人进入加拿大的决定、建议。②

第三类没有指出具体罪质和罪名,只是对犯罪的实施和刑罚的严厉程度做出了规定,这样就涵盖了许多犯罪。而且对于在加拿大境外和加拿大境内实施的犯罪采取不同的标准,在证据问题上采取相对宽松的证据标准,这样就使得犯罪非常容易成立。具体包括以下情形:(1)被证实在加拿大实施了违反议会制定的法律的行为,并应当被判处最高刑至少10年监禁,或者已经被判处6个月监禁的实际刑期。(2)被证实在加拿大境外实施了犯罪,这种犯罪如果发生在加拿大将构成违反议会制定的法律最高刑至少10年。(3)在加拿大境外实施了犯罪,如果在加拿大实施的话将会构成违反议会制定法律的犯罪,并且刑罚的最高刑至少是10年。(4)被证实在加拿大实施了构成议会制定的法律规定的犯罪。(5)被证实在加拿大境外实施了犯罪行为,这种犯罪如果在加拿大实施的话将会构成议会法律可以起诉犯罪。(6)在加拿大境外实施了犯罪,在实施犯罪的国家是一种可以起诉的犯罪,如果

---

① 《加拿大移民及难民保护法》第34条。
② 《加拿大移民及难民保护法》第35条。

在加拿大将构成议会法律所规定的可以起诉的犯罪。(7)在进入加拿大时,实施了议会制定的法律所规定的犯罪。(8)一个犯罪组织的成员,有充分的理由可以证明该组织已经或者准备参与有一定模式的犯罪,或者说有人领导的实施跟进一步的犯罪,根据议会制定的法律将会构成可以公诉的犯罪。或者准备在加拿大境外实施犯罪,但这种犯罪如果发生在加拿大的话就会构成一种犯罪。(9)参与实施了跨境犯罪,如走私、贩卖人口或洗钱。①

2. 美国

美国对于作为遣返事由的刑事犯罪规定的类型非常之多,明确规定的犯罪集中在重大危害国家安全罪,还有部分没有明确规定,是在遣返实践中逐步形成的。具体而言,可以分为两大类,第一类是普通刑事犯罪,具体分为三种情况:触犯某些法律者;领事或移民官知悉或有理由相信该外籍人士曾犯贩毒或协助贩毒者;入境系以卖淫为主,或于申请签证的前 10 年内从事卖淫,或其他非法的商业行为者。第二类是与国家安全有关的刑事犯罪,具体包括两种情形:从事间谍或破坏活动,反对或企图控制或推翻美国政府者;领事或司法部知悉或有理由相信可能在美国从事恐怖行动者。

对于普通刑事犯罪中的"触犯某些法律者"可以包括很多。具体而言,在遣返实践中,如果外国人实施了下述犯罪将被遣返:侵略性的重罪,道德败坏的犯罪,入境后实施了两起道德败坏的犯罪,可控的实体犯罪,军火犯罪,家庭暴力。

重罪包括证实实施了重罪、试图实施重罪和预谋实施重罪。重罪将会阻碍申请假释,并且导致拘留。当然这里的重罪和刑法

---

① 《加拿大移民及难民保护法》第 36 条、37 条。

典中的重罪不一样,即便是过失犯罪,也可认定为重罪。

道德败坏犯罪一般是指:第一,偷盗和欺诈是主要元素;第二,导致身体伤害或威胁;第三,性犯罪。一种涉及道德品质的犯罪,比如说偷东西或商业欺诈,有的犯罪看起来好像不涉及道德品质,如家庭暴力或者拥有毒品,但是也可能被视为道德品质方面的犯罪。如果在入境美国五年之内,犯了两次涉及道德品质的罪,就要被递解出境。还有一种是重罪,例如谋杀、强奸或严重的人口和毒品走私,或者犯罪行为给受害人造成超过一万美元的损失等,犯了这些重罪类型的外国人,也要被递解出境。

3. 南非

《南非移民法》对作为遣返事由的刑事犯罪采取原则性的规定,根据《南非移民法》第 30 条规定,不受欢迎的外国人包括:(1)被或可能被提起公诉的人。(2)逃避司法审判之人。(3)有犯罪前科,又在南非国内实施了不允许以罚金代替的严重罪行的人,但犯有某些规定的罪行除外。①

4. 日本

《日本出入境管理及难民认定法》对作为遣返事由的刑事犯罪规定较为具体,根据《日本出入境管理及难民认定法》的规定,当外国人具有下列情形之一的,禁止入境:(1)违反日本或日本以外国家的法律,被处以 1 年以上徒刑或监禁或受相当于这些刑罚处罚的人。(2)违反日本或日本以外国家有关取缔麻醉剂、大麻、鸦片、兴奋剂及神经类药物的法律而被判刑者。(3)非法持有麻药及神经类限制法中规定的麻药及神经类药,大麻限制法中规定的大麻,鸦片法中规定的罂粟、鸦片或罂粟壳,兴奋剂限制法中规

---

① 《南非移民法》第 30 条。

定的兴奋剂或兴奋剂原料,以及吸食鸦片的器具者。(4)曾从事卖淫及介绍、劝诱卖淫,提供卖淫场所及其他与卖淫直接有关的行为者。(5)非法持有枪支刀具类等管制法律中规定的枪支及刀具以及炸药管制法中规定的炸药类物品者。①

5. 俄罗斯

1996 年《俄罗斯联邦进出境秩序法》对遣返事由的刑事犯罪范围做出了规定,也是采用了概括的方式,只指出了犯罪侵犯的犯罪客体,而不是直接指明罪名。《俄罗斯联邦进出境秩序法》区分了禁止入境和限期离境的情形,禁止外国人入境的情形包括 7 种,分别规定在第 26 条和第 27 条,其中第 27 条规定:(1)以前在俄罗斯联邦期间,根据俄罗斯联邦法律曾有重大或者极其重大的犯罪,或者以前在俄罗斯联邦期间,曾经被强制驱逐出境。(2)根据俄罗斯联邦法律,被怀疑犯罪或者被指控犯罪。(3)被指控在俄罗斯联邦领土内犯罪。

6. 中国

我国对于作为遣返事由的刑事犯罪主要集中在重罪,而且多数是有关国家安全的犯罪。比如恐怖活动犯罪,走私、贩毒性质的犯罪以及其他危害国家安全的犯罪。《中华人民共和国外国人入境出境管理法实施细则》用了两个条文专门对于应当遣返的刑事犯罪事由做出了明确规定,具体包括 4 种情形:(1)被认为入境后可能进行恐怖、暴力、颠覆活动的。(2)被认为入境后可能进行走私、贩毒、卖淫活动的。(3)被认为入境后可能进行危害我国国家安全和利益的其他活动的。②(4)公安部或者国家安全部通知不

---

① 《日本出入境管理及难民认定法》第 5 条。
② 《中华人民共和国外国人入境出境管理法实施细则》第 7 条。

准入境、出境的。①

　　其中第(4)项,结合 1989 年公安部印发《关于通报不准外籍人入境者名单的具体办法》的通知,具体包括 4 类:(1)曾在我国进行过恐怖、暴力、颠覆活动,或有在我国从事过这类活动嫌疑的,或有情报表明将来我国从事这类活动的。(2)曾在我国进行过危害我国国家安全和利益的其他活动的(如进行危害社会政治安定、民族地区社会稳定等活动)或有情报表明将来我国从事这类活动的。(3)曾在我国进行过走私、贩毒活动,或有情报表明可能来我国从事这类活动的。(4)曾来我国进行过卖淫活动的。②

　　通过对上述国家和地区作为遣返事由的刑事犯罪的比较,可以得出四点:第一,刑事犯罪既包括在遣返国境内实施的犯罪,也包括在遣返国境外实施的犯罪。比如余振东在中国境内实施有贪污罪,他在美国还涉嫌洗钱罪。第二,既包括已经被证实的犯罪,也包括仅有犯罪嫌疑的犯罪。另外,根据加拿大的规定,对于发生在加拿大境外的犯罪,移民法官在衡量时,应当将国外法律对该罪的规定与加拿大法律对该罪的规定进行比照,如果两个国家对本罪的规定相同,自不再言。当外国的法律不能查明时,应当通过法律的精神来确定。如果加拿大的犯罪范围较窄,有必要确定行为人实施犯罪行为侵害的法益。这时就应当超越字面意思来决定这一行为在加拿大应当构成何罪,以便能够与国外的犯罪对应起来。第三,既包括犯罪既遂,也包括犯罪未遂、犯罪预备、犯罪中止等犯罪形态。第四,既包括重罪,也包括轻罪。但是应当明确的是,移民法中的重罪和刑法典中的重罪有所不同,移民法中的标准相对

---

①　《中华人民共和国外国人入境出境管理法实施细则》第 12 条。
②　《关于通报不准外籍人入境者名单的具体办法》第 1 条。

较低,也就是说,在刑法典中原本属于轻罪的,在移民法中有可能
是重罪。

二、因出入境证件而被遣返

1. 美国

美国针对出入境证件方面的规定相对来说要简单一些,只规
定了两种情形:(1)使用假证件者。(2)偷渡者。

2. 日本

日本的规定也相对简单,在《日本出入境管理及难民认定法》
中概括性地规定为:(1)无有效护照。(2)没有得到入境审查官登
陆许可印鉴或登陆许可者。①

3. 中国

出入境证件是所有人员出入每一个国家国(边)境时必须出
示的,能够证明行为人身份和入境的许可的所有文件。因此,国家
国(边)境检查机关对出入境证件的查验是发现非法入境者的第
一道关口。出入境证件、证照不全或虚假、伪造等在多数国家都是
作为遣返事由从而导致启动遣返程序。

中国大陆对有关出入境证件而被遣返的情形,区分中国人和
外国人两种情况,对中国公民规定了四种禁止入境的情形:(1)未
持有中华人民共和国护照或者其他出境入境证件的。(2)持无效
护照或者其他无效出境入境证件的。(3)持用伪造、涂改的护照、
证件或者冒用他人护照、证件的。(4)拒绝交验证件的。② 制定出
入境管理法的目的就是为了维护国家主权、公共秩序和公众健康,

---

① 《日本出入境管理及难民认定法》。
② 《中华人民共和国公民出境入境管理法实施细则》第 15 条。

中国公民从国外回国也应当遵守我国法律的规定。中国公民应当从对外开放的或者指定的口岸出境、入境,向边防检查站出示中华人民共和国护照或者其他出境入境证件,填写并提交出境、入境登记卡,接受查验。① 对外国人规定了三种遣返的情形:(1)未持有效护照、证件或者签证的。(2)持伪造、涂改或者他人护照、证件的。(3)拒绝接受查验证件的。

通过上述列举,可以看出,将出入境证件作为遣返事由的规定存在四个方面的共性:第一,关于证件的类型。既可以是护照,也可以是签证,还可以是其他证明被遣返人身份的证件。第二,虚假的形式。既可以是无效的证件,也可以是伪造的证件。第三,既可以是持有涂改的自己的证件,也可以是持他人的证件。第四,虚假的新形式。虚假的新形式是指行为人的护照和签证都是真的,但是该护照和签证的真人并不存在。一般来说,外逃腐败犯罪分子往往采用虚假证明文件取得他国身份或办理出入境手续,这为追逃中适用遣返措施提供了可能性。遣返措施依据的是逃犯藏匿国的国内法,虽不需要存在双边合作条约,但是,因各国的移民法律规定不尽相同,对不同国家的有关法律有所研究是适用遣返措施的必要前提。② 这一点在我国国内已经出现,行为人在 A 地原本有一个身份,但是以该身份难以出逃。行为人就到 B 地,通过假报户口的途径重新给自己上一个户口,而后以新的身份申请护照和签证。形式上来说,这种护照和签证都是真的,但是实质上来说,第二本护照和签证的真实主体并不存在。对于这种形式的证件虚假,应当提供证据证明其证件的虚假性。

---

① 《中华人民共和国公民出境入境管理法实施细则》第 14 条。

② 王秀梅、宋玥婵:《新时代我国反腐败追逃的经验与完善——聚焦于"百名红通"》,《北京师范大学学报(社会科学版)》2018 年第 5 期。

三、因虚伪陈述而被遣返

虚伪陈述,要么表现为隐瞒,要么表现为虚构,无论是哪一种行为方式,行为人在主观上都具有欺骗的故意,在客观上行为人具有不符合入境条件的情形存在,因此一旦发现外国人在入境的有关信息或证件问题上有虚伪陈述情形,大多会将其作为遣返事由。

1. 加拿大

加拿大对于虚伪陈述非常关注,专门将虚伪陈述作为了一类遣返原因。虚伪的陈述具体包括以下情形:(1)直接或间接地虚伪陈述,或者持有某些资料与导致或者可能导致移民法上不被许可的事实。(2)正在或曾经受到某人的保证,但是保证人却因为虚伪陈述没有被许可。(3)在最后的决定形成是否允许其进行难民保护时有虚伪陈述。(4)根据公民法案在中止一个公民资格时,行为人有虚伪陈述。①

2. 俄罗斯

《俄罗斯联邦进出境秩序法》对因虚伪陈述而遣返的规定是:(1)提供关于自己或者关于访俄目的明显虚假的资料。(2)没有提供根据俄罗斯联邦法律办理俄罗斯签证所必需的文件。

3. 中国澳门

我国澳门地区根据 2003 年通过的《入境、逗留及居留许可制度的一般原则》,对于因虚伪陈述而被遣返的规定是:试图规避逗留及居留的规定而经常短暂进出澳门特别行政区且未能适当说明理由,应当禁止入境,如果已经入境则应当依法遣返。②

通过对上述国家和地区因虚伪陈述而遣返的比较,可以得出:

---

① 《加拿大移民及难民保护法》第 40 条。
② 《入境、逗留及居留许可制度的一般原则》(2003 年)第 4 条。

第一,虚伪陈述已经成为一种主要的遣返原因,而且具有较高的使用率;第二,虚伪陈述既可以是虚构,也可以是隐瞒;第三,虚伪陈述既可以是故意,也可以是过失;第四,既可以是由于被遣返人自己的虚伪陈述,也可以是因为保证人的虚伪陈述;第五,既可以是直接的虚伪陈述,也可以是间接的虚伪陈述;第六,既可以是言语形式的虚伪陈述,也可以是实物形式的虚伪陈述,比如所持有的材料之间存在相互矛盾。

四、因经济状况而被遣返

许多国家积极接收外国移民,希望移民对象都是能够给本国带来经济、文化等某一方面利益的,相反如果外国人的到来非但不能带来经济、文化上的利益,反而造成了本国经济的负担,需要该国社会救济的支持,则不被欢迎。因此,经济状况非常糟糕,不能支撑自己和家人生活的外国人将会被遣返。

1. 加拿大

加拿大对于因经济困难而应当被遣返的规定是:行为人正在或将不能或者不愿意支撑他自己或者其他需要他抚养的人,除了社会资助外没有能够让官员充分信任的足够的资金来照顾和支持他们。[①]

2. 日本

《日本出入境管理及难民认定法》对因经济困难而遣返的规定是,贫困者、流浪者等生活上有可能成为地方公共团体负担者,禁止入境,已经入境的应当被遣返。[②]

---

① 《加拿大移民及难民保护法》第39条。
② 《日本出入境管理及难民认定法》。

3. 俄罗斯

《俄罗斯联邦进出境秩序法》对因经济状况而遣返的规定是,根据俄罗斯联邦政府决议的程序,在办理俄罗斯签证时,不能出示在俄罗斯联邦领土生活以及离开的资金或者无法表明能提供这笔资金,可以不同意外国公民或者无国籍人员进入俄罗斯联邦。

4. 南非

《南非移民法》对因经济状况而遣返规定了有两种情形:第一,经司法程序被宣称为无行为能力之人。第二,未恢复的破产者。①

5. 中国大陆

我国对因经济状况而遣返情形的规定是,行为人不能保障其在中国期间所需费用的。②

6. 中国澳门

我国澳门地区在 2003 年通过的《入境、逗留及居留许可制度的一般原则》中规定:不能保证返回所来自的地方或有充分理由怀疑其旅行证件的正确性,或者不拥有在预定的逗留期间所需的维生资源,或无返回来自的地方所需的运输凭证的,应当遣返。③

通过对上述国家和地区因经济状况而遣返的立法比较,因经济困难而导致遣返的规定可以得出三点结论:第一,经济困难既可以是已经陷入经济困难,也可以是有证据证明行为人没有足够的财产;第二,认定经济困难与否的标准是否能够维持自己及自己抚养的人的生活;第三,对于因经济困难而遣返的,移民官会有较大的自由裁量权。移民官可以根据行为人是否可能构成遣返国公共

---

① 《南非移民法》第 30 条。
② 《中华人民共和国外国人入境出境管理法实施细则》第 7 条。
③ 《入境、逗留及居留许可制度的一般原则》(2003 年)第 4 条。

救济或社会福利的负担来确定。

五、因健康状况而被遣返

如果行为人具有某种可能危及公众健康的疾病,就有可能会被遣返出境。

1. 加拿大

加拿大将健康问题作为独立的一类遣返事由,具体包括:(1)有可能对公众健康造成危险。(2)有可能对公众安全造成危险。(3)有埋由相信会导致大量的对健康和社会服务的需求。①

2. 美国

美国对于因健康原因而遣返的规定相对来说较为详细,而且将因健康原因而被遣返作为独立的遣返事由,具体包括三种情况:(1)卫生与社会福利部长认为该外籍人士所患的疾病具有严重危及公共健康的传染性。(2)卫生与社会福利部长认为该外籍人士生理或心理异常,其异常行为曾经或可能对其本人或他人的财产、安全、福利等造成威胁。(3)卫生与福利部长认为该外籍人士具有毒瘾或为毒品滥用者。当然因健康或携带病菌而禁止入境的人员范围也在逐渐变化。例如,艾滋病患者以及 HIV 携带者,并不一定会严重危及公共健康,此种疾病之传染有其特定的渠道,一般人只要自己小心便不太可能感染,而且其他国家并无禁止艾滋病患者入境的规定,因此美国国会希望增加卫生部的职权,从而决定某些健康有问题的外籍人士是否可获准入境。

3. 日本

《日本出入境管理及难民认定法》对因健康问题而被遣返的

---

① 《加拿大移民及难民保护法》第 38 条。

规定较为详细:当外国人具有下列情形之一的禁止入境:(1)有关传染病预防及传染病患者医疗的法律(1998 年法律第 114 号)所规定的一类传染病、二类传染病或指定传染病(仅限于根据该法第 7 条规定、根据政令规定,适用该法第 19 条或第 20 条规定者)的患者(包含该法第 8 条规定的一类传染病、二类传染病或指定传染病患者)及有新的传染症状者。(2)精神保健及精神障碍者福利相关法律(1950 年法律第 122 号)规定的精神障碍者。①

4. 南非

《南非移民法》对于因健康状况而遣返只规定了一种情形,即患有规定的传染性疾病的人,应当被遣返。② 但对于疾病的具体类型并没有做明确规定。

5. 中国

中国对于因健康状况而遣返的规定是,如果外国人患有精神病和麻风病、艾滋病、性病、开放性肺结核病等传染病的,应当被遣返。③

通过对上述各国因健康状况而遣返的立法比较,可以得出三点结论:第一,因健康问题可能给遣返国带来危险,这种危险是一种尚未发生的危险,是一种抽象的危险。第二,对于被遣返人具体所患疾病的性质和名称没有明确规定,移民法官有较大的自由裁量权。第三,因健康问题而被拒绝入境或被遣返出境,会随着国家对公共健康的重视而强化。

通过对典型国家遣返法规定的遣返事由的分析,可以看出国

---

① 《日本出入境管理及难民认定法》。
② 《南非移民法》第 29 条。
③ 《中华人民共和国外国人入境出境管理法实施细则》第 7 条。

家在设定遣返事由时的考虑大致相同,这也给我们指明了提供被追逃人员信息或犯罪事实以及证据的框架范围。总体上看,遣返事由的确定还是要充分考虑国家的政治、经济、秩序等。政治层面:严格恐怖分子、间谍等人员的入境,这些人员可能会对国家的政权、安全造成威胁。经济层面:对没有经济能力,不能为遣返国经济发展做出贡献的将会禁止入境或遣返出境。秩序层面:对于被证实实施了犯罪、有犯罪嫌疑、准备实施犯罪的人,由于他们会危及社会的安全和秩序,各国都将其作为禁止入境和驱逐出境的对象。同时,对于身体患有某种疾病,可能危及遣返国公共健康的,也是遣返的理由。由此,我们大体明白了国家设定遣返事由的原则性考虑,就可以根据该原则向遣返国提供外逃人员所可能具有的某种遣返事由,从而推动遣返国对被遣返人的遣返,进而实现境外追逃的目的。

第四章　遣返的阻却事由

　　遣返是通过国家权力的运用,将可能危及本国安全、秩序和公众健康的非法入境者驱逐出境。故此国家主管遣返的机关应当证明外国人符合遣返的条件,相应地遣返嫌疑人也可以提出阻却遣返的条件。法律规范并非仅仅由禁止性规范构成,在一定条件下允许抗辩此类禁止规范。当存在合法化事由时,不法构成要件中所包含的禁止规范作为义务不适用于具体的案件。比如,对夜间入侵者施加暴力以防卫自身者,属于合法行为。① 这也就是刑法中的阻却违法事由。

　　阻却遣返事由是笔者借鉴刑法中的阻却违法事由理论。② 所谓阻却遣返事由是指被遣返人通过提出证据证明自己不具有遣返法等所规定的遣返事由,依法不应当被遣返。在加拿大,对于普通公民来说,遣返并不为人们所过多关注,只有当被遣返人或被遣返的群体提出阻却遣返的事由时,才会引起国内民众的关注。结合各国规范遣返法律的规定,笔者发现阻却遣返事由主要有以下几种情形:

---

　　① ［德］汉斯·海因理希·耶赛克、托马斯·魏根特:《德国刑法教科书》,许久生译,中国法制出版社 2001 年版,第 387 页。

　　② 刑法中的阻却违法事由理论的基础是,一般情形下,一个构成要件该当的、违法并有责的行为就是刑事可罚的,但是,当行为具有了某些条件时,就会导致排除行为的可罚性。

一、不公正对待或特别诉讼

遣返的原因有很多种,但是结果却只有两种:被遣返出境和继续居留在遣返国。而一旦被遣返人遣返出境后,就面临着一个问题,遣返回到目的地国将会受到什么样的对待? 被遣返人如果是因刑事犯罪而被遣返,那么回到目的地国是否会受到惩罚,是否会得到公正、公开、公平审判?

这时如果被遣返人提出,一旦其回到目的地国将会因为被遣返人特有的种族、宗教、国籍、性别、政治见解或某一团体的成员等因素而受到特殊追诉,并且遣返国经过听证后,也有充分的理由认为被遣返人遣返回国后有可能因其种族、宗教、国籍、性别、政治见解或者身份等方面的原因而受到特殊追诉,如果是在听证过程中发现此种事由,将会做出不予遣返的决定。

禁止因行为人特有的种族、宗教、国籍、性别、政治见解或某一团体的成员而受到特殊对待,为许多国际公约所规定。《联合国公民权利和政治权利国际公约》第 1 条规定:本公约每一缔约国承担尊重和保证在其领土内和受其管辖的一切个人享有本公约所承认的权利,不分种族、肤色、性别、语言、宗教、政治或其他见解、国籍或社会出身、财产、出生或其他身份等任何区别。《联合国有效防止和调查司法外、任意和简单处决的原则》第 5 条规定:不得有悖于个人意志而将任何人送回、引渡到有实质性根据相信他或她会成为司法外、任意或简单处决的受害人的国家。这一规定是特殊追诉的精神源泉。

种族是一个广义概念,包括民族群体和同裔的社会群体。宗教也是一个广义概念,包括有共同传统、信仰及宗教活动的人。国籍包括个人的公民身份。对种族及某一文化群体的迫害也被视为基于国籍的迫害。某一社会群体指具有相似背景、习俗或社会地位的人。对某一社会群体的迫害通常与对以上四种迫害交错在一起。这一范畴同样适用于有资产者家庭、土地所有者、同性恋者、企业家及前军人、军官。政治见解是指不为政府允许的意见,包括对政府方针政策的批评。包括被强加于个人的见解(如政府认为某人具有某种见解),即使事实上该人不具有该见解。个人在逃离本国后才承认的具有的政治见解,如果被证明回到本国后会因该见解遭到政治迫害,同样可确认为难民身份。

在引渡制度中该原则也得到了认可。《中华人民共和国引渡法》(2000年)第八条第四项规定:被请求引渡人可能因其种族、宗教、国籍、性别、政治见解或者身份等方面的原因而被提起刑事诉讼或者执行刑罚,或者被请求引渡人在司法程序中可能由于上述原因受到不公正待遇的,应当拒绝引渡。因此,特殊追诉的目的也会导致引渡的不顺利进行。《联合国引渡示范条约》(1990年)第八条拒绝引渡之强制理由b项规定:被请求国有充分理由确信,提出引渡请求是为了某人的种族、宗教、国籍、族裔本源、政治见解、性别或身份等原因而欲对其进行起诉或惩处,或确信该人的地位会因其中任一原因而受到损害,当拒绝引渡。

通常情况下,如果遣返嫌疑人提出足够的证据,让遣返国相信其回到国内将会因为种族、肤色、性别、语言、宗教、政治或其他见解、国籍或社会出身、财产、出生或其他身份等,而受到特别对待,遣返国一般不会将遣返嫌疑人遣返出境。比如如果遣返嫌疑人提出,目的地国的报纸或杂志有关对特殊追诉的报道;目的地国的专家证人做出的有关可能会被特殊追诉的证据,比如教授、外交官。或曾经受过特殊追诉的受害人的证言。《关于难民地位的公约》(1951年)第33条有关禁止驱逐出境或送回("推回")原则规定:任何缔约国不得以任何方式将难民驱逐或送回("推回")至其生命或自由因为他的种族、宗教、国籍、参加某一社会团体或具有某种政治见解而受威胁的领土边界。该条款得到诸多国家移民法的认同和采纳。如《日本出入境管理及难民认定法》第 53 条第 3 项①,韩国《出入境管理法》第 64 条第 3 项。②

二、死刑

死刑的废除是国际趋势,每年大约有两个国家加入废除针对普通犯罪或所有犯罪的死刑的国家行列。尽管人们对其存在的意见很大,自贝卡利亚对其合理性提出怀疑后,死刑的存废之争就没有停止过并且有愈演愈烈之势。人们提出了各种死刑废除的措施和步骤。但就目前来说,国际社会对死刑只是相对限制。由此死刑在本质上是不违背国际法的(除非实施死刑违反了某一具体的条约规定的义务),于是国际社会就只提出了限制死刑的目标,而没有像对酷刑那样全面禁止。如 1966 年联合国大会通过的《公民权利和政治权利国际公约》是最早阐明废除死刑的法律文件之一,公约第 6 条第 1 款宣称:"人人皆享有固有的生命权。此权利应受法律保护,不得任意剥夺任何人之生命"。第 6 条第 2 款规定"在未废除死刑的国家,判处死刑只能是作为对最严重的罪行的惩罚,判处应按照犯罪时有效并且不违反本公约规定和防止及惩治灭绝种族罪公约的法律。这种刑罚,非经合格法庭最后判决,不得执行"。这就是说,世界上还有国家是没有废除死刑的,而我们

---

① 第 53 条"遣送地"中第 3 项:除法务大臣认为会明显损害日本的利益或公共安全的情况外,前 2 项的国家不包括难民条约第 33 条第 1 项规定的国家。

② 第 64 条"送还国"中第 3 项:对于难民,不送还到按照难民协议第 33 条第 1 项规定被禁止驱逐或送还的领域所属国家,而与第 1 项及第 2 项无关。但是,法务部长官认为危害大韩民国利益或安全时,可不做如此处理。

目前能做的就是对死刑适用的限制。对死刑的适用加以进一步的限制,最终废除死刑是对加强人权保护的重要贡献。尽管死刑的威慑力没有得到证明,因为国家旨在通过剥夺一个人的生命来挽救其他人的生命或者预防可以适用死刑的其他类型犯罪的发生是荒谬的。但是,你一旦广泛观察了整个世界后就会发现,为什么世界上许多政府通过条约和其他文件表明以下立场:"尽管废除死刑不是一个必须立即满足的要求,但它是人权领域的一个最终目标。"

《中华人民共和国和法兰西共和国引渡条约》(2007 年)第 3 条应当拒绝引渡的理由第七项规定:引渡请求所针对的犯罪依照请求方的法律应当判处死刑,除非请求方做出被请求方认为足够的保证不判处死刑,或者在判处死刑的情况下不予执行。死刑不遣返更多的是一种精神或原则性的要求,是一种不成文的约定,因此,只要被遣返人提出其回到国内有可能会判处死刑,或者如果是共同犯罪,同案犯在国内已经判处死刑,或者行为人提出先前曾经存在类似的案例,被遣返人就有可能不会被遣返,针对其的遣返命令也就会被取消。

三、酷刑

酷刑,是除了死刑之外第二个备受关注的影响引渡和遣返的因素。在诸多的国际文件中都有规定,比如《联合国人权宣言》《公民权利和政治权利国际公约》《囚犯待遇最低限度标准规则》《保护人人不受酷刑和其他残忍、不人道或有辱人格待遇或处罚宣言》《联合国反酷刑公约》《执法人员行为守则》《欧洲人权公约》《欧洲预防酷刑和不人道或有辱人格的待遇或处罚公约》《美洲人权公约》《非洲人权和民族权宪章》等。对酷刑的界定,目前来说具有最高效力的有两个,一个是最先对酷刑做出说明的1975年12月9日联合国大会通过的《保护人人不受酷刑和其他残忍、不人道或有辱人格待遇或处罚宣言》(以下简称《禁止酷刑宣言》),该宣言第1条规定:"酷刑是指政府官员,或在他怂恿之下,对一个人故意施加的任何使他在肉体或精神上极度痛苦或苦难,以谋从他或第三者取得情报或供状,或对他做过的或涉嫌做过的事加以处罚,或对他或别的人施加恐吓的行为。按照囚犯待遇最低限度标准规则施行合法处罚引起的、必然产生的或随之而来的痛苦或苦难不在此列。"

另一个是签订于1984年12月10日、生效于1987年6月26日的《禁止酷刑和其他残忍、不人道或有辱人格的待遇或处罚公约》(以下简称《禁止酷刑公约》),该公约第1条规定:"就本公约而言,'酷刑'系指为了向某人或第三者取得情报或供状,为了他或第三者所作或被怀疑所作的行为对他加以处罚,或为了恐吓或威胁他或第三者,或为了基于任何一种歧视的任何理由,蓄意使某人在肉体或精神上遭受剧烈疼痛或痛苦的行为,而这种疼痛或痛苦又是在公职人员或以官方的身份行使职权的其他人所造成或在其唆使、同意或默许下造成的。纯因法律制裁而引起或法律制裁所固有或随附的疼痛或痛苦则不包括在内"。

酷刑行为并非从一开始就是受到谴责的行为,酷刑本身经历从法定对付犯罪人、犯罪嫌疑人的手段到在国内法中受到冷落乃至在全世界范围内被全面禁止的演变。[①]针对酷刑,贝卡利亚指出其存在的几个理由,第一,为了迫使罪犯交代罪行。第二,为了对付那些在审查中陷于矛盾的可疑犯。第三,考察某个罪犯是否

①　贾宇:《国际刑法学》,中国政法大学出版社2004年版,第228页。

还犯有指控以外的其他罪行。第四,洗涤耻辱,换句话说就是被法律认为可耻的人,应该用骨位脱臼来证实他的口供。① 根据《禁止酷刑公约》,可看出其在司法实践中所扮演的角色,具体指:为了向某人或第三者取得情报或供状;为了他或第三者所作或被怀疑所作的行为对他加以处罚;为了恐吓或威胁他或第三者;为了基于任何一种歧视的任何理由。首先,酷刑在道德上是不可接受的。因为,酷刑毕竟是一个完整的行为人对另一个完整的行为人实施有辱人格和尊严的不人道行为。其次,从逻辑上来说也不可接受,因为它测验的是受害者对疼痛的抵抗力,通过对受害者施加痛苦而获得对他定罪处罚的证据,一旦如此,即便他是真正的罪犯,那么他也不会发自内心地对根据通过对他实施酷刑而得到证据所定罪判刑的接受。这样的判决也难以得到民众的认同。再次,如果犯罪是肯定的,对他只能适用法律所规定的刑罚。如果犯罪是不肯定的,就不应折磨一个无辜者。因为,在法看来,他的罪行并没有得到证实。但在人们的心中往往会有这样一种奇怪的念头:"想让痛苦成为真相的熔炼炉,似乎不幸者的筋骨和皮肉中蕴藏着检验真理的尺度"②。

　　但我们应当意识到酷刑会使得"强壮的罪犯获得释放,并使软弱的无辜者被定罪处罚"。并最终造成:"无辜者处于比罪犯更坏的境地。因为尽管二者都会受到折磨,但前者是进退维谷:它或者承认犯罪,接受惩罚,或者在屈受刑讯后,被宣布无罪。罪犯的情况则对自己有利,当他强忍痛苦而最终被无罪释放时,他就把较

---

① [意]贝卡利亚:《论犯罪与刑罚》,黄风译,中国大百科全书出版社 2002年版,第35页。

② [意]贝卡利亚:《论犯罪与刑罚》,黄风译,中国大百科全书出版社 2002年版,第36页。

重的刑法改变成较轻的刑罚。所以,无辜者只有倒霉,罪犯则能占便宜"。①

中国和加拿大关于刑事司法协助的条约第 7 条第 3 项规定:被请求方有充分的依据相信提供司法协助将便利对请求书所涉及的当事人基于种族、宗教、国际或政治见解原因进行诉讼或处罚。此时被请求方可以拒绝协助。但是我们应当明白的是,此时的拒绝是建立在"有充分的依据"的基础上的。在中华人民共和国和俄罗斯联邦关于移管被判刑人的条约第 6 条第(4)款规定请求被移管的人被判处死刑或者无期徒刑。双边条约对酷刑的禁止主要是防止从本国被引渡或被遣返的人会受到酷刑,防止请求国对被请求人人权的侵犯。

《公民权利和政治权利国际公约》第 6 条规定:任何人均不得加以酷刑或施以残忍的、不人道的或侮辱性的待遇或刑罚。特别是对任何人均不得未经其自由同意而施以医药或科学试验。《禁止酷刑公约》第 3 条规定:1. 如有充分理由相信任何人在另一国家将有遭受酷刑的危险时,任何缔约国不得将该人驱逐、推回或引渡至该国。2.为了确定是否有这样的根据,有关当局应该考虑到所有有关的因素,包括在适当情况下,考虑在有关国家内是否存在一贯严重、公然、大规模地侵犯人权的情况。

四、申请自愿离境

以美国为例,已经处于遣返程序中的外国人可以向遣返国提出请求其自愿离境,从而阻却强制遣返命令的颁发和执行。尽管

---

① ［意］贝卡利亚:《论犯罪与刑罚》,黄风译,中国大百科全书出版社 2002 年版,第 38 页。

结果相同,即非法入境者都离开了遣返国,但是法律后果有明显不同。首先,被遣返人是自愿离境,并不是执行遣返命令的结果。其次,自愿离境和强制遣返对于被遣返人以后能不能再次回到遣返国的约束不同。如果行为人接受了自愿离境命令,他可能有资格获得美国签证,从而再次回到美国。如果行为人是被遣返或驱逐,将在 1 到 20 年不等的时间里不能获得签证的机会。

有两种途径可以申请自愿离境命令,第一,如果行为人已经进入到遣返程序或驱逐程序,行为人可以在 120 天内自愿离开美国,不需要对于个人经济状况、道德操守等方面的特殊证明。第二,如果行为人在遣返结论中提出自愿回国申请,将会有 60 天的时间自行离开。但行为人必须出示,遣返程序中用到的指控文件,有良好的道德操守,没有实施移民法上所说的重罪,或由于安全因素被遣返的可能性,他有足够的资金回去并且自愿。

无论是哪一种,美国移民局官员都必须证明行为人离开了美国。美国移民局可以要求行为人提出一定的保证金保证其离开美国。如果行为人在约定期限内没有离开美国,或延长期限仍然没有离开美国,自愿离境命令将会取消并自动生成强制遣返命令,并且会对行为人有民事罚款。如果行为人没有足够的能力生活在美国,并且认真考虑自愿遣返。自愿遣返的优点就在于行为人不会获得强制驱逐命令。如果行为人还想回到美国的话,这一点将是非常重要的。当然行为人应当考虑清楚,如果自愿遣返的话,则重新审查的机会不大。为了能够顺利自愿遣返,行为人可以向法官提供有效的旅行证件和足够的财产。如果法官准许了行为人的自愿遣返的申请,移民法官将会限定一个离开的时间,在该规定时间内,行为人应当离开美国。但下列人员不能请求自愿遣返,第一,刚到的外国人。第二,被证实实施了重罪。第三,先前针对行为人已经有一个强制遣返命令。

五、同情和人道

我国《引渡法》以及对外缔结的双边引渡条约均将"由于被请求人的年龄、健康等原因,根据人道主义原则不宜引渡"作为一项选择性拒绝引渡的理由。这是典型的人道主义条款,也是现代引渡合作中受到普遍认可的规则。人道主义并没有明确具体的衡量标准,这就为引渡案件的主管机关提供了较宽的裁量余地。[①] 在遣返过程中,遣返嫌疑人可以以同情和人道为理由请求主管机关取消将其遣返。如果遣返命令尚未做出,那么将阻却遣返命令的做出,如果已经做出将会阻却遣返命令的执行。但是如果遣返嫌疑人欲提出同情和人道因素时,应当提出证据证明人道和同情因素的存在。以加拿大遣返制度为例,加拿大移民上诉局的管辖权包括对同情和人道的自由裁量权。对于上诉局来说应当是公开的,即基于法律或基于事实而提出。所谓同情是指由于别人的不幸所引起的伤心和遗憾。所谓人道就是最基本的善良和对人性的尊重,也就是充分考虑了人类的利益和善行。最高法院提出自由裁量权的运用应当在法律的限度内、加拿大基本的价值观和加拿大人权和自由宪章进行。同情和人道考虑的目的是为了家庭的团聚和永久居民与他们的亲属在一起。

但是同情和人道只能适用于特定的被遣返人。这一特定的被遣返人是指被遣返人是加拿大某一个家庭的成员之一。换句话说,申请者首先必须是家庭的成员之一,或一个家庭的抚养人,超出这些将会超越本制度的基本初衷。移民上诉局一般不承担个人

---

① 黄风:《引渡问题研究》,中国政法大学出版社 2006 年版,第 71 页。

审核,它往往会对所有的人得出一个结论。如果发现申请人不是家庭成员或抚养人,不合格的行为人将会被剔除,剩下的人员将不受影响。

被剔除的被遣返人有上诉的权利。遣返嫌疑人应当自己提供证据证明存在值得同情的理由,以及应当考虑人道因素的地方。并且遣返嫌疑人提出这些证据时,这些证据切实存在,而不是一种推测。具体来说,能够作为让主管部门考虑的同情和人道因素包括:家庭成员之间的关系,申请的理由,申请人和赞助人之间关系的程度,赞助者在加拿大的情况,赞助者过去的表现,申请人在国外的情况,赞助人和申请人旅行的难易程度,申请人国外的家庭或支持,加拿大的家庭和支持,文化上的责任,申请人对赞助人经济上的依赖,儿童的利益,等等。

尽管各国对于因刑事犯罪而遣返规定的较为严格,但是如果因刑事犯罪而被遣返的案件中,被遣返人提出了同情或人道的因素时,主管部门依然应当考虑。即便是司法部部长认为被遣返人没有改过自新、或刑罚执行完毕没有超过 5 年、或从犯罪之日起没有超过 5 年,但是如果存在同情和人道因素也应当考虑。即便是行为人因为刑事犯罪没有得到许可,也应当得到同情或人道的考虑。同情和人道主义考虑属于是将遣返的部分决定权由移民上诉局转到司法部部长,有学者指出这种转换既有政治的考虑也有经济的考虑,它属于将公开透明的程序转化到更加主观化的过程,也可能会具有某种风险。同时也表明司法部部长有较强的自由裁量权。① 也有学者指出这种决定权的转换将使得遣返不再具有正当

---

① Haigh, R. and J. Smith, Return of the Chancellor's Foot? Discretion in Permanent Resident Deportation Appeals Under the Immigration Act, *Osgoode Hall Law Journal*, 1998(36:2), p.275.

的程序保证,将会导致对个人基本诉讼权利的侵犯,而且会导致对国内法和国际法的侵犯。①

六、改过自新或暂停执行

如果被遣返人因为刑事犯罪而将被遣返,被遣返人可以通过提供自己已改过自新的证据来阻却遣返过程的进行和遣返命令的执行。如果被遣返人让司法部部长相信他们改正了他们自己并且因犯罪所受的刑罚已经执行完毕至少 5 年,或者自犯罪行为实施之日起。部长必须衡量行为人是否已经改正自己的行为。当然就需要被遣返人提供相关的证据来证明自己已经改过自新。上诉局对于行为人是否已经改过自新没有管辖权。改过自新是上诉局在裁量时的一个因素。司法部部长可以将决定改过自新的权利授权给其他人。但是法院认为签证官没有责任去质疑司法部部长对行为人改过自新的认定结论。但是被遣返人应当提供证明自己已经改过自新的证据,比如没有犯罪的记录、和社区之间的关系、生活的状况、纳税的状况等。

尽管有很多外国人进入到遣返程序,但是最终被遣返出境的只是一小部分,还有一部分被遣返人的遣返命令被暂停执行。被暂停执行遣返命令的外国人获得一段称为良好公民的时间。也就是暂停遣返命令的执行意味着只要行为人遵守移民上诉局设立的条件,就可以足够长地留在遣返国。这些条件会因为案件性质和被遣返人的不同而有所差异。大体上包括:出席咨询会或治疗,杜绝毒品和酒精,不与其他犯罪人员联系,及时将自己地址的变化告

---

① Cohen, R., Fundamental(In) Justice: The Deportation of Long-Term Residents from Canada, *Osgoode Hall Law Journal*, 1994(32:3), pp.457-501.

诉移民部门,将个人情况的变化及时告知移民局,等等。

如果行为人违反了设定条件中的任何一项就会导致移民听证会的召开,并且会导致被遣返出境。在确定是否将针对行为人的遣返命令暂停执行时,移民上诉局的法官会充分考虑行为人称为良好公民的可能性和概率。在这一过程中,上诉人的社会和道德情操将会起到很大的作用。① 在加拿大,加拿大公民和移民局的一名官员说:我们只是将严重的刑事犯罪或多次实施犯罪的外国人赶出去,这是一个很好的平衡,我们尽力维护加拿大社会和个人安全,当外国人来到加拿大,如果没有获得居留证,他们将不能在加拿大居留。如果他们违反了法律,那么就会针对他们制定遣返命令。很多实施犯罪的遣返嫌疑人都是长期在加拿大居住,因此,他们也往往会获得暂停执行遣返命令。②

七、取消遣返命令

当被遣返人正在遭受遣返程序,可以提供证据证明自己具有应当取消遣返命令的情形。一般来说,成为美国永久居民的外国人如果进入到移民法庭进行的遣返程序,行为人可以提出为了自己利益的证据(文件、证书、推荐的信件、荣誉、证人证言、专家证人等),要求移民法官充分衡量有利因素和不利因素,决定外国人是不是被允许保留其合法的永久居民身份,并且留在美国,代替正式的遣返。

取消遣返的功能是原谅和赦免被遣返人遣返的基础事实,使其重新拥有合法身份,可以停留在遣返国。当然只有部分理由可

---

①　Wendy Chan,Crime,deportation and the regulation of immigrants in Canada, *Crime*,*Law & Social Change* (2005)44:p.173.

②　Adams,C.,Deported or dumped?,*Saturday Night*,2000(115:3),pp.38-46.

以产生取消遣返的效果。如果外国人接受命令,美国移民局将会执行遣返命令,将被遣返人从美国驱逐。当然被遣返人可以向移民上诉局提出上诉,以及此后向地方联邦上诉法院提出上诉。

有两种情形的取消遣返命令可以被遣返人利用:第一种,对于永久居民来说,行为人必须提供:他已经成为永久居民超过5年,他已经在美国连续居住7年。如果递解出境的原因是刑事或政治上的原因,当事人则必须连续居住满10年以上。当然,连续居住7年并非意味着这7年当中从未出过美国国境,短期偶然的离境不会计算在内。不过,如果当事人经常离境,则需要另外证明当事人居住美国的意愿。第二种,对于非永久居民来说,为了取消遣返,应当提供:实际上已经在美国居住10年以上,在过去的10年间有良好的道德情操(美国犯罪记录、移民记录),没有被证实实施过犯罪(实体犯罪、道德犯罪等、可遣返的犯罪、文件欺诈等),对行为人的遣返将会导致已经成为美国公民的其配偶和子女的生活非常困难。

在任何一种情况下,移民法官都会认真考虑有关遣返的积极因素和消极因素,被遣返人是否应当允许继续留在美国。在第一类案件中,如果允许将会使被遣返人继续留在美国。第二类将会使被遣返人成为美国的永久居民。法官将充分考虑各种因素,如家庭关系、移民历史、社区服务、财产、犯罪记录等。当然即便行为人提出了上述证据,法官也不一定会取消针对被遣返人的遣返命令。

首先,行为人必须在申请取消遣返命令之前已经成为永久居民5年了。其次,行为人必须能够提供自从被赋予合法身份后在美国连续居住7年的证据。最后,行为人不能实施刑事犯罪。法官会考虑以下因素,如果一个居民居住了6.5年,但是因为犯罪被逮捕,即便是美国政府不愿意遣返他们,被遣返人也没有资格申请取消遣返命令。

法院将会考虑犯罪的肯定因素和否定因素,以及行为人过去的表现决定是否取消遣返命令。支持取消遣返命令的因素包括:第一,被遣返人在美国有很强的家庭关系。第二,被遣返人长期居住在美国的记录,包括邻居的证明以及财产状况等。第三,如果被遣返人被遣返,其家庭或配偶及子女的生活所可能遭受的困难。第四,有关国家情况的报道,比如报纸、美国政府的报告或国家的经济形势。第五,在美国军队服役的事实。第六,工作的历史。第七,在美国的财产。第八,纳税的历史。第九,日常生活的证据。第十,在社区生活中的表现。第十一,其他有关被遣返人道德情操的证据。

八、难民保护

被遣返人还可以通过申请难民保护而阻却遣返。难民是指因有正当理由畏惧由于种族、宗教、国籍、属于某一社会团体或具有某种政治见解的原因留在其本国之外,并且由于此项畏惧而不能或不愿受该国保护的人,或者不具有国籍并由于上述情形留在他以前经常居住的国家之外,而现在不能或由于上述畏惧不愿返回该国的人。根据难民产生的主要原因,可以将难民分为政治难民、经济难民、文化难民、社会难民、环境难民(又称生态难民)等。联合国制定或通过了一系列国际条约或决议来处理难民问题。如1951 年《联合国难民地位公约》,1967 年《关于难民地位的议定书》《禁止酷刑公约》《联合国保护所有人免于强制失踪的宣言》《联合国有效防止和调查司法外、任意和简单处决的原则》,等等。

1951 年《联合国难民地位公约》同时规定了排除难民认定的

条款,该公约不适用于那些虽然符合上述标准,但不需要或不值得受保护的人。这些人包括:(1)从联合国难民署以外的联合国机关或机构获得保护或援助的人。(2)享有与其居住地国家的国民相同权利和义务的人。(3)犯有破坏和平罪、战争罪或危害人类罪的人。(4)在被庇护国接受之前犯有严重刑事罪的人。(5)曾有违反联合国宗旨和原则的行为的人。此外,对于那些依公约规定的条件已经被认定为难民的人,如果这些难民原籍国的政治环境发生了根本变化,允许他在那里重新居住,这样的人也不能再被视为难民。

对于难民保护的一个重要方面就是难民不推回原则。该原则被规定在1951年的《联合国难民地位公约》。具体而言,难民不推回原则是指国家不得以任何方式将难民驱逐或遣回到其生命或自由受威胁的国家。其内容包括边境不拒绝和不驱逐及不引渡。对于难民而言,不被"推回"意味着给予庇护,即允许难民进入寻求避难的国家,给予其保护,并不将其驱逐出境。即使不能长期安置,至少应该给予暂时庇护,并在难民的原居住国或国籍国的形势未有改善之前,允许难民继续留下,直到另一种解决办法出现为止。①

《联合国难民地位公约》第31条规定,缔约各国对于直接来自生命或自由受到第一条所指威胁的领土未经许可而进入或逗留于该国领土的难民,不得因该难民的非法入境或逗留而加以刑罚,但以该难民毫不迟延地自行投向当局说明其非法入境或逗留的正当原因者为限。缔约各国对上述难民的行动,不得加以除必要以

① 张爱宁:《难民保护面临的国际法问题及对策》,《政法论坛》2007年第6期。

外的限制,此项限制只能于难民在该国的地位正常化或难民获得另一国入境准许以前适用。缔约各国应给予上述难民一个合理的期间以及一切必要的便利,以便获得另一国入境的许可。

《联合国难民地位公约》第 32 条规定,缔约各国除因国家安全或公共秩序理由外,不得将合法在其领土内的难民驱逐出境。驱逐难民出境只能以按照合法程序做出的判决为根据。除因国家安全的重大理由要求另作考虑外,应准许难民提出有利于其自己的证据,向主管当局或向由主管当局特别指定的人申诉或者为此目的委托代表向上述当局或指定人申诉。缔约各国应给予上述难民一个合理的期间,以便取得合法进入另一国家的许可。缔约各国保留在这期间内适用它们所认为必要的内部措施的权利。

这是公约保护难民的一项最重要的原则。1967 年《领域庇护宣言》第 3 条第 3 款宣称:国家对申请庇护的人,在边界不得拒绝。1981 年联合国难民事务高级专员方案执行委员会(以下简称难民高专方案执委会)第 22(XXXII)号结论第 2 部分第 1 款要求:1. 在难民大批涌入情况下,应允许寻求庇护者进入他们首先要求庇护的国家。即使该国无法长久安置他们,也应暂时收容……2. 在任何情况下,必须严格遵守"不推回",包括不拒绝入境的基本原则。①

从 1951 年《联合国难民地位公约》签订以来几十年的国际实践表明,其第 33 条规定的不推回原则包含有边境不拒绝的内容。国家不仅允许大规模难民入境避难(如非洲国家的难民常到邻国避难,1956 年匈牙利危机后有 18 万人被奥地利、南斯拉夫收容,

---

①　联合国难民署:《关于难民国际保护问题的结论》(中文本),第 12、37、38 页。

阿富汗的许多难民被获准进入巴基斯坦、伊朗等国避难），还同时帮助他们解决基本的生活问题，寻求最终的安置办法。

在立法实践方面，1967年联合国大会通过的《领域庇护宣言》第1条第3款宣称：对申请庇护者不得拒绝，如已入境不得将之驱逐或强制遣返。1967年6月欧洲理事会部长会议通过的《对面临迫害危险的人的庇护》的决议第2条指出：各会员国应保证接纳受有迫害恐惧者，不使用拒绝、驱逐或其他强迫方法使之返回受审，不管此人是否被确认为是难民。

第五章 遣返的程序

第一节 遣返程序概说

遣返在本质上属于国家行政机关依法行使行政权力的行为，是对违反遣返法的外国人实施的行政处罚行为。而行政处罚应当遵循法定的程序，以保障行政权力的正确行使和对行政相对人权利的保护。简单地说，遣返程序是指主管遣返的国家机关在对违反遣返法者做出遣返决定和执行遣返决定过程中所要遵循的步骤与方式。遣返程序在遣返制度中占有极重要的地位。

根据程序环节的多少，遣返程序可以分为快速遣返程序和普通遣返程序。普通遣返就是经历违法事件调查、做出遣返决定、移民局听证、移民上诉局听证、司法审查、遣返前风险评估、执行遣返这样一个完成的过程。而快速遣返是指对于符合法定条件的遣返嫌疑人，将由边境警察直接将其拘留而后不经过移民法法官，将遣返嫌疑人在边境遣返出境的程序，中间省去了移民局听证这样一个过程，所以也称为"不过庭遣返"。

本章主要是分析普通遣返程序。作为一种行政处罚程序，普通遣返程序应当遵循最基本的行政程序。而普通行政程序一般是经过违法事件调查、听证、做出处罚决定、行政复审、司法审查、执行决定。

1.必须查明违法事实,对于违法事实不清的,不得给予处罚。在遣返程序开始时,边境警察必须查明遣返嫌疑人违反遣返法的事实和证据,而后才有可能进行下一步程序。根据行政法的基本原理,行政处罚程序中,一般由行政机关负举证责任,这是行政处罚法所规定的举证责任基本原则。《中华人民共和国行政处罚法》第30条规定:公民、法人或者其他组织违反行政管理秩序的行为,依法应当给予行政处罚的,行政机关必须查明事实;违法事实不清的,不得给予行政处罚。

从举证责任上来说,行政机关负有查明违法事实的责任。从结果责任上来说,如果行政机关没有查明违法事实,或者不能用充分的证据来证明违法事实,就不得给予行政处罚。做出或者不做出行政处罚决定所依据的事实,都由行政机关根据当事人、利害关系人提供的证据以及执法人员依法收集的证据来证明。行政机关在查处违法行为过程中,可以依法要求当事人对有利于当事人的积极事实提供证据。从举证责任上来讲,行政相对人有义务按行政机关的要求提供相关证据。从结果责任上来讲,如果行政相对人提供不出证据,并不能免除行政机关的举证责任。

在遣返过程中,遣返机关必须提出证据证明遣返嫌疑人存在违反遣返法的事实。比如遣返嫌疑人是否是已经被判刑的罪犯、被证实的犯罪嫌疑人或有犯罪的倾向;遣返嫌疑人持有的证件是否系虚假、伪造等;遣返嫌疑人是否患有某种传染性疾病;遣返嫌疑人是否有经济尚不能自我支撑的情形;遣返嫌疑人在入境申报材料过程中是否有虚伪陈述等。但是无论是哪一种遣返事由,遣返机关都必须提出违法的事实和相关的证据。

2.在做出遣返决定前,应当告知被遣返人做出遣返决定的事实、理由及依据,并告知被遣返人依法享有的权利。其中保障被遣返人权利的一个重要程序就是听证程序。遣返机关在对违反遣返法的外国人调查时,应当向其签发出庭听证通知,告知其有听证的权利,听证通知应当包含听证的时间、听证的地点、遣返嫌疑人违法的事实和证据等内容。在听证过程中,遣返机关和被遣返人就是否存在遣返事由、证明遣返事由的证据进行相互质问和抗辩。在此过程中,遣返机关应当举证证明:第一,遣返机关是依照法律规定或基于授权和委托享有对遣返嫌疑人的违反遣返法的行为实施处罚权的合法主体。第二,遣返机关在对遣返嫌疑人做出遣返决定的过程中依法行使职权,不存在超越职权、滥用职权的行为。第三,遣返机关负责证明遣返嫌疑人存在违反移民法的事实。具体包括当事人实施了违反遣返法的行为,主观上存在故意或过失,当事人具有完全的行为能力,不存在法定阻却遣返的事由。第四,遣返机关应当证明做出遣返决定的事实依据和法律依据。

同时,允许遣返嫌疑人进行陈述和申辩。充分听取被遣返人意见,对被遣返人提出的事实、理由或者证据成立的,应当采纳。对于被遣返人提出的阻却遣返的理由进行审核。在这一过程中,会将被遣返人拘留以便审查。而且对于被遣返人的拘留,只要有理由证明被遣返人是驱逐对象,有些国家并不需要充分的证据进行确定。因为,此时的羁押措施被合理地认为是为了防止具有遣返嫌疑的被遣返人逃匿或犯下某种违法行为所必需的。只要有关的羁押是合法的,那么支撑性的驱逐决定是否能够按照国内或公约法律被证明为合理,则是无关紧要的。如果不存在能够证明羁押非法的任何程序上不合常规或者官方专断,那么被遣返人若要确证对本规定的一项违反,唯一的方式便是要出示,在针对他的整个或部分羁押期间,他并不真正是驱逐或引渡的对象。确立的根据就是有关国家部门没有带着"适当的勤勉"去进行有关的驱逐程序,它们由此允许了有关的监禁被无必要地延长。①

3. 经过听证。由移民局法官对于遣返嫌疑人是否应当被遣返进行综合衡量,在这一过程中会充分考虑边境警察和遣返嫌疑人双方提出的证据,而后做出决定。移民局法官做出的决定可以有两种结果:一种结果是认为遣返嫌疑人具有应当被遣返性,做出遣返决定。另一种结果是遣返事由不成立,遣返嫌疑人不具有可遣返性,从而做出不予遣返的决定。做出不予遣返的决定的,如果遣返嫌疑人被拘留的,应当立即释放。

4. 移民上诉局上诉。边境警察和遣返嫌疑人都有向移民上诉局上诉的权利,但是上诉的诉由却不相同。遣返嫌疑人是针对移民局做出的遣返决定进行上诉,而边境警察是针对移民局做出的不予遣返的决定进行上诉。

5. 司法审查。对于移民上诉局做出的决定,边境警察和被遣返人都有权利提请司法审查。

6. 遣返风险评估。移民法庭对被遣返后是否具有可能遭受特殊追诉、酷刑、死刑等进行评估,进而做出被遣返人是否具有遭受这种风险的可能性及其概率。

移民局听证、移民上诉局听证、司法审查、风险评估,这些都是法律赋予遣返嫌疑人的权利,被遣返人在这些过程中可以提出自己的主张,可以对遣返机关的指控进行反驳,等于是遣返程序给了被遣返人一个真正保护自己权利的机制。因为,仅有刑事被告人或民事当事人形式地出庭,并不足够,他或她还必须能够实质上有效地参与有关程序。如果在一个案件中,有关的申诉人轻度耳聋,

① ［英］克莱尔·奥维、罗宾·怀特:《欧洲人权法:原则与判例》,何志鹏、孙璐译,北京大学出版社 2006 年版,第 176 页。

未能够听到在审判时所举出的一些证据和进行的程序,那么将会构成对行为人诉讼权利的侵犯。该可被称之为有效参与原则。①

7.遣返命令的执行。由边境警察进行执行,执行的时间需要对遣返目的地进行确定,而后与目的地国进行协商交接事宜。

第二节　遣返程序比较研究

一、中国的遣返程序

1.中国的普通遣返程序

结合我国《中华人民共和国外国人入境出境管理法》《行政处罚法》《行政程序法》《行政复议法》《行政诉讼法》等法律,可以大体归纳出中国普通遣返的程序,在国内受理外国人入境、过境、居留、旅行申请的机关,是公安部、公安部授权的地方公安机关,外交部、外交部授权的地方外事部门也有权受理外国人入境、过境、居留、旅行。当外国人实施了违法出入境管理法的行为,依法应当给予遣返的,公安机关必须查明事实。针对外国人,首次询问时还应当问明其国籍、出入境证件种类及号码、签证种类、入境时间、入境事由等情况。必要时,还应当问明其在华关系人等情况。② 违法事实不清的,不得给予遣返,并且在做出遣返决定之前,应当告知被遣返人做出遣返决定的事实、理由及依据,并告知被遣返人依法享有的权利,被遣返人有权进行陈述和申辩。公安机关必须充分听取被遣返人的意见,对被遣返人提出的事实、理由和证据,应当进行复核。被遣返人提出的事实、理由或者证据成立的,公安机关

---

① ［英］克莱尔·奥维、罗宾·怀特:《欧洲人权法:原则与判例》,何志鹏、孙璐译,北京大学出版社2006年版,第219页。

② 《公安机关办理行政案件程序规定》第50条。

应当采纳。

在遣返过程中,如果被遣返人提出听证申请的,公安机关应当在举行听证的七日前,通知被遣返人举行听证的时间、地点。听证应当公开进行,但是当出现以下情形时可以不公开进行:(1)可能危及国家安全。(2)可能危及被遣返人生命安全。(3)公开举行可能会危及听证的公正性的。(4)其他不应当公开的情形。听证应当有非本案调查人员担任主持;被遣返人可以亲自参加听证,也可以聘请律师参加。听证过程中,公安机关应当提出被遣返人违反出入境管理法的事实、证据和遣返的理由。被遣返人及其律师可以进行申辩和质证;听证结束后,应当根据听证认定的事实和证据,做出是否遣返的决定。

在遣返决定做出后,被遣返人可以向上一级公安机关提出复议申请。上一级公安机关应当依法行使职权,不受其他机关、社会团体和个人的非法干预。上一级公安机关采取书面复议制度,根据案件的需要,也可以公开复议。当被遣返人对复议机关的决定不服时,可以提起行政诉讼。在诉讼过程中,公安机关应当对做出遣返决定的行为承担举证责任,应当提供做出遣返决定的证据和所依据的法律。法院经过审理后,如果认为公安机关做出遣返决定符合法律规定,判决维持遣返决定,那么遣返命令将会被执行。如果法院经过审理后认为,公安机关做出遣返决定时存在事实不清、证据不足、违反法定程序、超越职权、滥用职权情形的,则可以撤销遣返决定,或判决公安机关重新做出是否遣返的决定。

2. 中国的快速遣返程序

我国的快速遣返规定体现在中华人民共和国公安部、中华人民共和国外交部、中华人民共和国交通部于1985年颁布的《关于对外籍船舶携带偷渡人员来我港口的处理规定》中。该规定出台的背景是,当时常有外国籍船舶由国外携带偷渡人员抵达我国港口,特别是从国外进口的废旧船只,这种情况更为突出。对携带来华的偷渡者,船方或有关国家的驻华使馆常要求我国协助将其遣返回国。该规定第四条明确规定:船方或有关方面请求我国协助遣返偷渡人员,可遵照我国法律规定,并参照国际上一般做法进行处理。

具体的遣返程序为:(1)偷渡人员需从陆地或乘飞机遣返回国的,一般应首先由有关国家驻华使馆、领馆对接纳上述偷渡者回国予以确认,经公安部边防局同意后,由边防检查站负责把非法越境的偷渡犯押送出境,免办我国签证。返回遣返目的国的各种证件手续由船方或其代理向有关国家驻华使领馆申请办理。(2)遣返偷渡人员的具体事宜,由外轮代理部门负责联系办理(包括联系有关单位、入出境手续、安排交通工具、洽谈所需经费等)。(3)遣返偷渡人员所需的各项费用,均由船方支付。同时规定对于符合难民条件的偷渡人员通过外交部门研究做出决定,这一点体现在规定的第5条:如果偷渡人员要求政治避难或涉及其他重大政治问题的,应及时同外交部等单位研究处理。

二、加拿大的遣返程序

1.发现遣返对象

遣返国开启遣返程序的第一步就是发现符合遣返条件的遣返嫌疑人。根据加拿大法律的规定,加拿大边境服务局负责调查移民的违法问题和遣返那些没有权利进入或者居留在加拿大的外国人。边境服务局同加拿大皇家骑警(Royal Canadian Mounted Police,RCMP)联系非常紧密。如果需要的时候,加拿大皇家骑警协助逮捕、拘留和遣返那些违反移民及难民保护法的外国人。

　　加拿大边境服务局在处理遣返案件时,有三种途径获取信息:第一种途径是边境服务局对违法事件的调查以边境警察的报告开始。即负责边防安全的边境服务局的工作中发现有外国人违反移民法的事实发生,或有负责社会治安、秩序地方警察通过日常工作发现,而后将发现遣返嫌疑人的报告提交给边境服务局。高山案件就是因为一场交通事故才使得高山被加拿大边境服务局发现。第二种途径是通过公共技术情报处理系统(Technical Information Processing System,TIP)。公共技术情报处理系统是类似于美国的中央情报局之类的机构。这一机构的主要职能就是收集有关可能侵犯国家安全、秩序、公众健康等的违反犯罪行为和危险分子、极端分子。第三种途径是通过个人申请而启动。个人的申请,这里的个人可以是加拿大本国的人,也可以是外国人。这里的申请类似于向中国公安检察机关的报案。在加拿大,负责对进入加拿大的人审查的是加拿大边境服务局。

　　2.拘留审查

　　在发现遣返嫌疑人后,为了防止遣返嫌疑人逃跑或继续危害加拿大的安全、秩序、公众健康,同时也是为了保证遣返能够顺利进行,可以对遣返嫌疑人实施拘留审查。遣返程序中的拘留在性质上来说类似于我国行政法中的行政强制措施。即为实现行政目的而有必要干涉国民生活时,在加拿大就是为强制外国人履行出境的目的,以违反当事人自由意志之手段,将其拘禁于一定处所,直到遣送出境,其性质实属拘禁的一种。

　　(1)拘留的主体

　　根据加拿大法律的规定,对有被遣返嫌疑的人逮捕或者拘留可以由两个机关负责实施:边境服务局官员和加拿大皇家骑警。其中边境服务局负责执行绝大部分的逮捕和拘留。在边境、机场,边境服务局的官员执行大部分针对遣返嫌疑人的逮捕和拘留。因为,他们是最先能够发现和接触到有被遣返嫌疑的外国人的。比如当边境服务局的官员在机场、海关发现准备入境的外国人身份不明,申报材料可能存在虚假,根据情报信息传递系统证明准备入境的外国人系某外国正在追逃的犯罪嫌疑人,或有足够的理由怀疑拟入境的外国人有可能危及加拿大的安全、公众健康和社会秩序,就可以对其实施逮捕或拘留。但是,出于对被逮捕或拘留人员人权的保护,边境服务局的官员应当在逮捕或拘留之后的48小时以内,通知移民与难民委员会①下属的移民局②,由移民局官员对边境服务局官员的逮捕决定或者拘留决定进行审查,审查是不是符合法律的规定。移民局官员会审查拘留的决定。其余少部分具有被遣返嫌疑的人的逮捕和拘留由加拿大皇家警察执行。比如,通过工作中发现的情报,或者基于公众的举报,而对具有遣返嫌疑的外国人进行逮捕和拘留。

(2)拘留的原因

边境服务局的官员在以下两种情形下可以对外国人或者永久居民实施逮捕或者拘留。第一,当边境服务局的官员认为某外国人或永久居民已经或者可能违反移民及难民保护法的某些规定时。第二,当遣返嫌疑人可能对公众造成威胁,身份存在疑问,或如果有理由相信他们不会接受相关证件的检查时,这些遣返嫌疑人将会被拘留或者逮捕。遣返嫌疑人被拘留后将会被关押在一个矫正场所或移民拘留中心。拘留遣返嫌疑人被拘留后可以通过官员或者移民局的官员审核,而后可以附条件保释或不附条件保释

---

① 移民与难民委员会包括难民保护局、难民上诉局、移民局和移民上诉局。

② 移民局是移民与难民委员会的一个机构,其相对于边境服务局来说是独立的。移民局的成员都是受过移民法专门训练的。

将他们暂时释放。

如果边境警察在入境港口处发现入境的外国人具有违反移民法的事实或可能性,也可以对入境的外国人实施拘留。拘留的理由除了上述两种理由外,还有两种情形,分别是:一是为了完成对该外国人的相关检查,必须对其实施拘留。二是有足够的理由相信该外国人由于安全的原因或者侵犯人权或者国际权利的行为而不被许可进入加拿大。

(3)拘留时应当考虑的因素

在对遣返嫌疑人进行逮捕或拘留之前,边境服务局的官员或者皇家警察应当充分考虑以下六个方面的因素:①犯罪被证实的程度,尤其是参与性犯罪、暴力犯罪、贩卖武器或毒品犯罪。②有无犯罪记录或前科,先前对本法的遵守或违反的情况。③与社区之间的关系,和周围社区群众的关系是不是非常紧张以及在社区中和社员之间的和睦程度。④当不能确定遣返嫌疑人的身份时,该嫌疑人是不是愿意和政府合作来确定他的身份。⑤与犯罪组织或者走私、贩卖人口组织是否有联系。⑥公共安全部长对于行为人是否对公众具有危险或者对加拿大安全造成威胁的认识。

上述因素只是对遣返嫌疑人初次逮捕或拘留时应当考虑的,经过了初次逮捕或拘留后,在确定遣返嫌疑人身份、遣返嫌疑人是否具有遣返原因期间,需要对其继续拘留或逮捕时。当决定是不是继续拘留时,边境服务局的官员和移民局成员并不受上述这些因素的制约,但往往也会考虑案件的这些因素。换句话说,在继续拘留的时间,上述因素是酌定考虑情节,而非法定考虑情节。

3.移民局听证

移民局听证是遣返程序相互制约的第一个环节。在这一环节中,移民局对违反移民法的遣返嫌疑人的身份、违法事实及证据等进行审核,并听取遣返嫌疑人的申诉。

(1)拘留审查

如果遣返嫌疑人已经被关押超过48小时,边境服务局官员必须尽快将遣返嫌疑人和违反移民法的事实及相关证据带到移民局官员面前。移民局官员审查案件后,决定遣返嫌疑人是否应当继续拘留或者是否附条件或者不附条件地保释。如果行为人没有被保释,移民局官员必须在7天内再次审查案件,而后每30天审查一次。这样做的目的是为了保证遣返嫌疑人的权利受到最小的侵犯,一旦拘留或逮捕错误可以及时得到纠正。

移民局对遣返嫌疑人的拘留审查通常是对公众开放的,也就是说是公开进行的,允许公众进行旁听。如果移民局认为涉及遣返嫌疑人的案件具有以下情形,听证将不公开进行。而是代之以录像的方式进行,这些情形包括:①如果公开举行将会对遣返嫌疑人的生命有危险的(比如,行为人可能被证实是一个犯罪组织的成员)。②如果公开进行将有可能威胁到一个人的生命(比如,行为人可能会被证实参与了一个有组织犯罪)。③如果公开进行,听证会的公正性将有可能受到巨大的威胁和阻碍。④如果公开举行,涉及公共安全的信息将会被泄露(比如,行为人是因为公共安全的原因而不能被允许进入加拿大的)。

移民局官员经过审查后,可能会做出两种决定:第一种情况是,如果移民局官员认为遣返嫌疑人违反移民法的事实不清,或者证据不足,遣返嫌疑人不具有继续拘留或逮捕的必要时,应当做出决定,解除对遣返嫌疑人的拘留或逮捕,立即将其从关押场所释放。当然,为了对遣返事由的继续调查,移民局可以在将遣返嫌疑人释放的同时,要求嫌疑人缴纳一定的保证金或提出保证人。第三人或者团体也可为遣返嫌疑人交付保证金或者保证书面证明。

但对第三人往往有一定的条件要求,第三人必须是加拿大公民或者能够保证遣返嫌疑人遵守保释条件的永久居民。如果遣返嫌疑人没有遵守保释的条件,所缴纳的保释金将不予返还。在保证人的情况下,保证人将会被要求支付相应的保证金。第二种情况是,如果移民局经过审查认为,有足够的证据证明,遣返嫌疑人违反移民法的事实成立,则决定将遣返嫌疑人继续拘留。

(2)是否遣返的听证

在对遣返嫌疑人拘留的审核完毕后,下一步就是对是否应当遣返进行听证。遣返嫌疑人和公共安全部长的代表都有权利向移民上诉局提出听证申请。当边境服务局提出许可听证时,应当也向移民与难民保护委员会送交一份报告。该报告主要是说明为什么相信被遣返人不应当被允许进入加拿大或者停留在加拿大,充分说明禁止被遣返人进入加拿大或将行为人遣返的理由和证据。听证会的主持人员将会根据移民与难民保护委员会的审判程序听取汇报。就像法官一样,移民局的官员主持许可听证会,听取代表部长的官员的证据,涉案人员提出的证据以及他的律师所提出的证据。但是和法庭听证会不同的地方在于,移民法庭没有陪审团,并且对于证据的限制也较少。

经过听证后将会出现两种结果,第一种是,移民局官员认为遣返嫌疑人不存在应当遣返的事由,或遣返嫌疑人提出了阻却遣返的理由,经过审查理由成立,移民局则会做出不将遣返嫌疑人遣返的决定,同时决定下令将被拘留的遣返嫌疑人立即释放。第二种是,如果移民局认为被遣返人不应当被允许进入加拿大或者不应当在加拿大继续居留,移民局则做出将被遣返人遣返的决定。具体情形包括:①被遣返人在某些方面没有完全遵守移民与难民保护法。②被遣返人对于加拿大的安全来说是一个威胁。③被遣返人在加拿大境内或境外实施侵犯人权或国际权利的行为。④被遣返人被证实参与了犯罪或者加入了犯罪组织。⑤被遣返人有错误表现,比如虚假身份或虚伪陈述。⑥被遣返人存在健康问题。⑦被遣返人没有足够的经济基础来支撑自己和家人的正常生活。⑧被遣返人是一个不被许可居留的家庭成员之一。

比如在 Laurencio Pacheco 遣返案中,Laurencio Pacheco 是一个毒品滥用者,他有较长时间的犯罪记录。他一岁时来到加拿大,已经连续居住 20 年,因为犯罪而认定为应当被遣返。在移民上诉局听证过程中,就充分考虑被遣返人没有经济基础,不给自己的女儿提供抚养费,对自己的母亲实施暴力,不接受戒毒人员的帮助和矫正活动。移民上诉局经过对上述事实的考量,认为被遣返人既不悔罪,也不具有恢复居留许可的可能性,而且还具有再次犯罪的可能性,综合考量上述因素,被遣返人最终被遣返回葡萄牙。①

（3）遣返命令的种类

经过听证后,如果经过审查后发现遣返嫌疑人完全符合遣返的条件,无论是边境服务局的官员,还是移民与难民保护委员会的成员决定被遣返人已经违反了移民法,将会根据情况签署下述三种形式中的一种:第一,限期离境。限期离境命令是指要求被遣返人在离境命令生效之日起 30 天内离开加拿大,并且应当向边境服务局证实已经离开加拿大。第二,禁止入境。禁止入境是指在边境处将其遣返出境,如果没有得到官员的书面许可,在一年内不能再次回到加拿大。对于正在遭受遣返程序的人来说,如果没有得到移民官员的书面授权,在两年内将不能再次回到加拿大。第三,

---

①　Pacheco,Laurencio v. M.C.I.（IAD T99-05428）,July 14,2000.

驱逐出境。驱逐令是指已经遭受驱逐出境命令的被遣返人永久不能回到加拿大。这些永久不能回到加拿大的被遣返人除非他们得到了官员的书面许可。

根据限期离境命令应当在规定期限离开加拿大的外国人,如果在没有根据命令的要求在法定时间内离开加拿大,或者虽然离开了加拿大,但是没有向边境服务局告知或得到边境服务局的确认,该离开命令将会自动转为驱逐命令。

4. 移民上诉局听证

向移民上诉局提出听证申请主体有两类:被遣返人和公共安全部长。二者都可以在法定条件下向移民上诉局提出上诉申请。

向移民上诉局提出上诉听证是被遣返人依法享有的权利,在正常情况下被遣返人均可以行使。但如果出现特殊的情形,被遣返人将失去向移民上诉局上诉的权利,排除被遣返人向移民上诉局上诉听证的情形包括:①移民上诉局经过审查认为被遣返人对加拿大的社会安全来说是一种威胁。②被遣返人实施了侵犯人权或者国际权利的行为。③被遣返人因刑事犯罪被判处至少2年以上的刑罚。④被遣返人是某一犯罪组织的成员或者曾经是某一犯罪组织的成员。⑤被遣返人不能正确地表达自己的意志。当然,如果遣返嫌疑人因为上述原因而失去上诉权,但其可以通过其他途径来救济遣返命令的执行。比如司法审查、部长的同情或人道裁量等。① 移民上诉局在听证的过程中会将公共的安全和稳定作为第一位的考虑被遣返人是否应当被遣返的因素。在所有的案件中,除了考虑案件自身因素外,移民上诉局将主要的精力放在对被

---

① Williams v. Canada (Minister of Citizenship and Immigration) [1997] 2 F. C. 646 (C.A.) .

遣返人再次犯罪的可能性的评估衡量上。①

　　边境服务局也有权向移民上诉局提出上诉,其提出上诉的主旨自然就是通过再次提出证据证明被遣返人具有违反移民法的事实,被遣返人不应当进入加拿大或不应当在加拿大居留,请求移民上诉局准予对被遣返人的遣返决定。

　　尽管两个主体都可以提出上诉,但是所基于的理由并不相同。对于被遣返人来说,如果被遣返人认为官员或者移民局犯了法律性的错误,或者他们认为由于人道或者同情的基础,他们不应当从加拿大被遣返,其都可以提出上诉。公共安全部长也可以对移民局的决定提出上诉,但是只能基于法律错误的原因。简而言之,遣返嫌疑人提起上诉的理由非常多,既可以基于法律问题,也可以基于事实问题,还可以是基于人道或同情因素的考虑。而公共安全部长提起上诉的理由则是非常单一,只能是针对移民局决定的法律错误提起上诉。

　　移民上诉局是移民与难民委员会下属的一个机构,它独立于边境服务局,其成员都经过移民法的专门培训。移民上诉局主持的听证会公开进行,就如同是正常的法庭审判一样,但是,证据规则是多变的,并且具有较强的伸缩性。移民上诉局可以考虑它认为可信的任何证据。当做出一个决定时,移民上诉局的官员会以事实为依据,以法律为准绳。同时,在个别案件中还会考虑人道主义和同情。在移民上诉局的听证会上,包括当地或者地区的边境服务局官员、听证官员,都可以参与到上诉过程中。向移民上诉局提出的上诉建立在移民上诉局的自由裁量权基础之上,移民上诉

---

　　① 　Wendy Chan, Crime, deportation and the regulation of immigrants in Canada, *Crime, Law & Social Change* (2005)44:165.

局应当审查案件的所有事实和情况,从而决定被遣返人是否应当被遣返出加拿大。这些事实和情形包括:犯罪行为的严重程度,行为人满足许可条件的可能性,在加拿大时间的长短、融入加拿大生活的程度,一旦遣返对家庭可能造成多大的动乱,家庭或社会团体对遣返嫌疑人的可能帮助,遣返嫌疑人回到目的地国后可能遭受的困难及程度。①

　　上述因素和事实是必须考虑的因素,但是移民上诉局在具体案件中也会根据案件的不同、行为人的个人经历和未来的情形而有所不同。比如在 Joseph Casale 遣返案中,Casale 是美国人,一名毒品滥用者,被证实实施了三宗犯罪:占有、阴谋和交易毒品并被判处 12 个月的监禁,从而被认定为应当被遣返。行为人已经经过了 6 个月的毒品戒毒疗程,连续地参加工作,照顾自己病重的母亲。并且查明 Casale 在美国没有家庭,移民上诉局认为 Casale 提供的证据具有连贯性和可信性。移民上诉局相信 Casale 表现出了非常好的改过自新的决心和表现。结果 Casale 的遣返命令被推迟了 5 年才予以执行。②

　　移民上诉局在听证后做出的决定有三种形式:①驳回上诉:也就是说上诉遭到拒绝,遣返命令被确认。②允许上诉:上诉成功,遣返命令被取消。③暂停上诉:移民上诉局可以暂停(推迟)遣返命令一段时间。

　　但是移民上诉局可以追加一些条件,即①被遣返人的住址有变动的时候,被遣返人应当立即书面告知边境服务局和移民上诉局。②被遣返人应当提供护照或者旅行文件的副本,如果被遣返

---

① For clarification for how these factors are interpreted, see IRB(2002)Removal Order Appeals,s66-s69.

② Casale,Joseph Dominic v.M.C.I.(IAD M97-05379),March 3,1998.

人没有合法的旅行文件或者旅行证件已经失去效力,被遣返人应当申请或者延展他的旅行证件或者护照。③被遣返人在这一段时间不能实施任何刑事犯罪。④如果被遣返人被指控实施了刑事犯罪,被遣返人应当立即书面告知边境服务局和移民局。⑤遵守边境服务局规定的其他条件。在暂停执行遣返命令期间,如果被遣返人认真遵守了上述这些条件,移民上诉局将会取消遣返命令。相反,如果暂停遣返执行的保证条件没有得到全面的遵守,边境服务局将会重启的命令生效,遣返命令将会立即生效。如果上诉被拒绝,被遣返人可以请求联邦法院法庭复审移民上诉局的决定。联邦法院法庭可以复审移民上诉局的决定,公共安全部长也可以提出向联邦法院提出复审的请求。

5. 难民局听证

在谈及遣返之难民局听证之前,笔者认为有必要交代一个问题,即移民听证是否是难民听证的前置程序?根据笔者掌握的情况看,移民听证并不是难民听证的前置程序。原因很简单,行为人如果符合难民条件的话,其可以在境外提出难民许可和请求保护。故此行为人也可以不经上述移民局的逮捕、听证、移民上诉程序而直接进入难民局听证程序。

如果向加拿大政府提出自己是难民,需要加拿大政府提供难民保护,根据加拿大移民及难民法,行为人既可以在已经进入加拿大境内后提出,也可以在行为人尚未进入加拿大境内时,在加拿大境外时提出难民申请。① 但是如果行为人在加拿大境外提出难民保护的话,在申请签证时需要申请难民签证。如果是在加拿大境

---

① 《加拿大移民及难民保护法》第99条。

内提出难民保护,可以由被遣返人之外的其他人代为提出。①　难民保护委员会应当在收到难民申请后的 3 日内进行审核,看申请人是否符合难民保护的条件或者是需要被保护的人,如认为申请人符合难民委员会确定的条件,可以交给难民局来进行具体审核。②

　　但是,如果难民局的官员发现以下三种情形,将会暂停对行为人难民申请的审核:第一,在许可听证会上,行为人因为危害安全、侵犯人权、侵犯国际权利、严重犯罪或有组织犯罪而不被许可。第二,官员认为等待法院做出决定是必须的,因为行为人的行为违反了议会法律可能最高刑期至少是 10 年以上监禁。③　第三,如果行为人已经根据引渡法第 15 条的程序启动,因为行为人实施了根据加拿大议会法律将会构成最高刑期至少 10 年的犯罪,直到根据引渡法做出最后的决定为止,难民保护局或难民上诉局就不应当开始考虑难民申请程序或应当暂停难民申请的审核程序。当上述暂停的原因解除后,难民局对行为人难民申请的审查应当继续进行。或行为人最后根据引渡法被解除了指控,向难民保护局或难民上诉局提出的程序可以继续,当然前提是就该问题还没有形成相应的结论。

　　如果行为人根据引渡法从而自愿接受引渡,就意味着行为人放弃了难民保护的申请,自然难民保护申请就会被拒绝。同时行为人如果自愿被引渡,那么行为人针对拒绝难民申请的结论不能上诉,不能请求司法审查,除非是根据引渡法的规定对做出的自愿

---

① 《加拿大移民及难民保护法》第 99 条第 3 款。
② 《加拿大移民及难民保护法》第 100 条。
③ 《加拿大移民及难民保护法》第 100 条第 2 款。

引渡决定进行司法审查。原因就在于行为人等于放弃自己的权利或认同了引渡请求国的司法状况,相信自己回到国内将不会受到难民申请中所说的迫害。行为人在根据引渡法自愿引渡之前没有提出难民保护申请,行为人将不能再提出难民保护申请。①

行为人向难民保护委员会提出了难民保护申请,但是在难民委员会将案件移交给难民局具体审核官员之前,难民局的官员不会主动审核难民申请,而是等到难民委员会向其转交行为人的难民申请时开始。但是如果难民委员会在收到申请后的 3 日内还没有向难民局提出,视为已经向难民局提出,难民局可以开始审核。但是难民局认为不符合条件的除外。② 但是如果难民申请人因为身体检疫出现了问题而被拘留,则对行为人的难民申请应当一直等到行为人的拘留期限结束时开始。③

当难民局开始审核后,此时的举证责任不再采用行政行为的举证规则,行政行为的举证规则是举证倒置,即由行政机关证明自己做出具体行政行为的合法性和合理性。但是在难民申请案件中,证明行为人符合难民保护条件的证据由行为人本身承担,此时的举证规则实际上更接近于"谁主张谁举证"。

难民局在审核时,如果发现出现以下 6 种情况,将认为行为人提出的难民申请不合格从而做出拒绝难民申请的决定,具体包括:①难民保护申请曾经提起过。②申请人曾经提出过难民保护并被委员会拒绝。③申请人先前曾经向难民保护局提出的请求被认为不合格,或者主动撤回或放弃。④申请人已经被其他国家认定为公约难民,并且能够被送回该国或者自动回到该国。⑤申请人存

---

① 《加拿大移民及难民保护法》第 105 条。
② 《加拿大移民及难民保护法》第 100 条第 3 款。
③ 《加拿大移民及难民保护法》第 100 条第 5 款。

在危害安全、侵犯人权或侵犯国际权利、严重犯罪或有组织犯罪的情况。⑥因为申请人存在严重犯罪而被认为不合格。

难民局的官员在审核行为人的难民申请时,除了行为人提出的符合难民条件的证据外,难民局还会主动考虑下列因素:①遣返国遵守难民公约第 33 条和反酷刑公约第 3 条的情况。②该国是不是难民公约的缔约国和反酷刑公约的缔约国。③该国根据难民公约和反酷刑公约做出的政策和具体的实践。④该国的人权记录。⑤该国有没有和加拿大签订有关难民保护的条约。但是难民局在考虑遣返目的地国的这些情形时,应当保证其所得到的信息和事实都是准确无误的。①

难民局在审核行为人提出的难民申请时,会充分考虑行为人提出证据的可信性。比如根据行为人提供的证据或信息能否证明行为人的身份,如果难民局认为出现了以下情形将会拒绝行为人提出的难民申请:①行为人自愿地重新获得了原来国家的保护。②行为人自愿地重新获得了国籍。③行为人获得了一个新的国籍,并且得到该国的保护。④行为人自愿地成为其提出对其迫害的国家的公民。⑤导致行为人提出难民保护的原因消失或者已经不存在。② ⑥如果难民保护局认为没有可信或者令人信服的证据让他们做出一个接收难民申请的决定,他们将会拒绝难民申请,难民保护局将会说明他们的理由而后拒绝行为人的难民申请。③ 当难民局决定拒绝行为人提出的难民申请时,会将拒绝的决定和理由及时通知难民申请人。

---

① 《加拿大移民及难民保护法》第 102 条。
② 《加拿大移民及难民保护法》第 108 条。
③ 《加拿大移民及难民保护法》第 107 条。

6. 难民上诉局听证

当难民申请人接到难民局做出的拒绝其难民申请时,可以向难民上诉局听证,请求复审。不仅难民申请人可以向难民上诉局提出听证申请,安全部长也可以派代表就法律、事实或事实与法律同时存在的问题向难民上诉局上诉,不过部长提出上诉是针对难民局做出的同意难民申请决定的上诉。[①] 难民申请人和安全部长都有权向难民上诉局提出上诉听证,但是双方的诉由和诉求却是截然相反。如果难民申请因难民申请人自身的原因被撤回或放弃,难民申请人将会失去上诉的机会。难民上诉局可以不经过听证而是直接根据难民局的记录来进行衡量,进而做出决定。根据其审核的结果,难民上诉局可能会依据事实和证据做出三种决定:(1)确认难民保护局先前做出的决定。(2)将难民保护局做出的决定放在一边,用自己所做出的决定来替代。(3)将该案件交给难民保护局重新决定,当然会给难民保护局一些他们的指示。[②]

7. 司法审查

如果被遣返人在移民局和难民局双双受挫,将有可能到法院系统针对移民局或难民局做出的行政决定提起行政诉讼。无论是联邦法院还是各省法院,加拿大的法院均拥有对政府行政活动的司法监督权。这主要表现在普通法院对宪法争议的处理和司法审查。加拿大和其他普通法国家一样,没有单独的行政法院系统。但是,加拿大存在各种类型的行政委员会和行政审判庭,就类似于英国的行政裁判所。英国的行政裁判所具体是指在一般法院外,根据法律规定而设立的专门裁判组织。裁判所救济之所以被列为

---

① 《加拿大移民及难民保护法》第110条。
② 《加拿大移民及难民保护法》第111条。

行政救济的一种,不是因为裁判所只限于处理行政争议,而是裁判所属于行政组织系统。行政裁判所既解决行政争端,也解决公民相互间某些和社会政策有密切联系的争端。[1] 其中很多都具有准司法权甚至纯粹意义上的司法权,比如移民法庭就是这样的组织。[2] 司法审查在很多国家都存在,联邦法院可以针对任何事情,包括决定、命令、采取的措施、提出的问题等进行司法审查,但前提是应当得到法院的许可。[3] 被遣返人和安全部长都可以针对移民局或难民局做出的决定申请司法审查。

被遣返人以及公民与移民部部长都可以申请联邦法院复审移民上诉局的决定。但是他们首先需要获得法院的许可去提出这样的请求。如果联邦法院赋予了这种许可,那么联邦法院将会复审请求,从而解除移民局的决定,或者将移民上诉局的决定暂时搁置,而后做出一个新的上诉听证。

2015 年 7 月 15 日晚,加拿大温尼伯法院做出裁决,将程慕阳提出的避难申请发回加拿大移民事务主管机关重新审查和决定。对于加拿大法院的这一裁决,人们不宜简单地解读为"程慕阳申请难民身份案获胜"。实际上,这一司法复核裁决并没有就程慕阳提出的避难申请做出实体性决定,更没有认定该避难申请符合法定获准条件,而只是基于某种考虑,要求加拿大主管机关重新审查该请求,使有关决定具有更加充分的理由和说服力。根据加拿大移民法,外国人能否获得难民保护是由专门的执法机关——公民与移民部决定的,司法复核程序只是对相关执法活动的监督和保障,但不会越俎代庖裁决是否给予难民保护。当年赖昌星在遣

---

① 胡建淼:《比较行政法》,法律出版社 1998 年版,第 96 页。
② 胡建淼:《比较行政法》,法律出版社 1998 年版,第 667 页。
③ 《移民及难民保护法》第 72 条。

返程序中也曾向加拿大联邦法院申请司法复核并获胜,法官要求主管执法机关重新进行"遣返前风险评估"。赖昌星着实为此兴奋了一段时间,但在进一步的风险评估之后,他最终还是被递解出境、遣返回国。

再回到程慕阳案件,如果程慕阳还想继续申请避难,仍然面临着严峻的法律难题。首先,他必须向加拿大主管执法机关证明:有正当理由担心因种族、宗教、国籍、属于某一社会团体或者具有某种政治见解而在遣返回国后会受到迫害。其次,他必须证明自己在加拿大境外没有涉嫌严重的非政治犯罪,因为,《联合国难民地位公约》第1条第5款以及《加拿大移民及难民保护法》第98条均拒绝给予涉嫌严重非政治犯罪的外国人以难民保护。程慕阳若是证明不了前两点,则必须证明第三点,即自己在被遣返回国后可能面临死刑或者酷刑。在不能成功向加拿大主管机关做出上述证明的情况下,程慕阳的避难申请仍避免不了遭受拒绝的结局。①

8. 遣返前风险评估

遣返前风险评估(Pre-Removal Risk Assessment, PPRA),是由加拿大移民和难民保护委员会对被遣返人回到目的地国是否会受到特殊追诉、是否受到酷刑、死刑、残忍不人道处罚的可能性的评价和估算。

之所以进行遣返前风险评估,主要是出于两方面的考虑:第一,对被遣返人的人权保障。这一点是由国际社会人权保障大趋势所决定的。第二,遣返国出于自身形象的考虑。因为任何一个国家都不想成为国际社会中不保障人权的国家。因为如果随意将

---

① 黄风:《程慕阳避难申请仍面临法律难题》,《法制日报》2015年7月18日,第7版。

被遣返人遣返给任一国家,而不考虑被遣返人是否会受到不正当追诉或遭受酷刑等侵犯人权的情形,遣返国在国际社会上就会呈现出一种不负责任的形象。《禁止酷刑和其他残忍、不人道或有辱人格的待遇或处罚公约》第 3 条规定:①如有充分理由相信任何人在另一国家将有遭受酷刑的危险时,任何缔约国不得将该人驱逐、推回或引渡至该国。②为了确定是否有这样的根据,有关当局应该考虑所有有关的因素,包括在适当情况下,考虑在有关国家内是否存在一贯严重、公然、大规模地侵犯人权的情况。

　　根据加拿大移民法和难民法的规定,在遣返前风险评估过程中,公民及移民委员会将对被遣返人回到目的地国后有可能受到的酷刑、死刑、不公正对待的风险做出评估。当然这种风险只是假设有可能会发生的,并非一定会发生。负责风险评估的官员被称为风险评估官。风险评估是被遣返人的一项权利,因为根据法律的规定,遣返前风险评估行为并不需要被遣返人支付费用。当然遣返前风险评估极少有成功的,每一个在加拿大收到遣返命令的被遣返人都可以申请遣返前的风险评估。举个例子来说就是,如果行为人向加拿大移民和难民委员会提出难民保护申请,但申请被拒绝、撤回、放弃,行为人都可以提请风险评估。

　　如果移民和难民委员会拒绝了遣返人的保护请求,被遣返人也可以向联邦法庭提出申请,这被称之为"许可申请"。如果该申请获得成功,联邦法院将会公正地衡量移民和难民委员会的决定。在这一过程中,遣返人可以聘请律师,以得到他们的法律帮助。当然行动必须要快,行为人必须在收到移民和难民委员会的否定性决定之后 15 日内提出。

　　遣返前风险评估考虑的因素通常包括被遣返人将会受到生命刑风险或残忍的刑罚的风险或不同寻常的对待或惩罚。被遣返人必须提供以下证据:①被遣返人不能得到目的地国的有效保护。②被遣返人可能遭受的侵犯人权的风险是针对被遣返人个人的,而不是普遍针对目的地国的所有民众。比如说,风险不是源于战争或灾难,风险不是源于政府的法律,比如对犯罪的惩罚。再比如遣返前的风险评估中的风险并不包括得不到国内足够的医疗救助。③被遣返者必须提出在遣返目的地国没有能够免除迫害或风险的地方。

能够提交给风险评估官员的支持被遣返人的风险评估请求的证据包括:①在移民和难民保护委员会做出遣返决定后发表在报纸或杂志上的文章。②在移民和难民保护委员会做出遣返决定后,有关目的地国人权情况的报告。③在移民和难民保护委员会做出遣返决定后,被遣返所收到的从目的地国签发的法律文件,如针对被遣返人的逮捕证或法院的判决书。④有关专家关于被遣返人回到目的地国内可能受到的风险的观点或意见,但是这些意见必须部分地建立在移民和难民保护委员会做出决定后的信息。通常情况下,被遣返人应当用书面形式向风险评估官员提交支持风险评估的证据。同时被遣返人应当就这些证据如何证明被遣返人所可能受到的个人风险进行说明,而且大多数风险评估的决定都是建立在书面申请的基础之上,也就是说,移民和难民保护委员会主要通过被遣返人提供的上述书面证据进行评定被遣返人是否有可能遭受上述风险。当然也有可能通过听证的方式来决定被遣返人是否有可能遭受这种风险,但是决定权在风险评估官员,而不是在于被遣返人的申请。风险评估官员在听证会上要求被遣返人答辩一些问题,并就证据的问题讯问被遣返人。

但是,如果被遣返人出现了以下情况将不再享有遣返前风险评估的权利。这些情形包括:第一,如果被遣返人正处于引渡程序中,将不再拥有申请风险评估权。之所以没有赋予处于引渡程序中的被请求引渡人提出引渡前风险评估的权利,是因为在引渡程序中有相对应的限制引渡的原则和拒绝引渡的情形来保障被引渡人的权利。第二,被遣返人已经被加拿大有关机关认定为国际难民或需要保护的人。第三,被遣返人已经被其他国家认定为难民或需要保护的人,并且能够回到该国。第四,被遣返人已经向加拿大提出了难民申请,但是在申请被认定为没有资格、拒绝、撤回、放弃之后不到六个月又回到加拿大。

如果行为人的风险评估申请被拒绝,加拿大边境服务局将会尽快遣返出境。此时被遣返人可以向联邦法院提出"申请",请求法院公平审查风险评估决定。法官会依法对移民和难民保护委员会做出的风险评估决定进行衡量。除非法院决定应当暂停执行针对被遣返人的遣返决定,被遣返人将会立即从加拿大被驱逐。

三、日本的遣返程序

日本的遣返程序可结合下图进行解释。①

当发现有符合遣返条件的外国人时,入境警备官可对该外国人进行违法事件调查。② 必要的时候,可以为了对违规事件的调查而问讯遣返嫌疑人,③同时也可以照会公务所或国家、私人团体,要求其报告必要事项。④ 同时还可以通知证人到听讯地点作证。⑤ 经过审查后,如果入境审查官认为外国人具备了遣返的情

---

① http://www.immi-moj.go.jp/chinese/tetuduki/taikyo/taikyo_flow.html.
② 《日本出入境管理及难民认定法》第27条。
③ 《日本出入境管理及难民认定法》第29条。
④ 《日本出入境管理及难民认定法》第28条。
⑤ 《日本出入境管理及难民认定法》第30条。

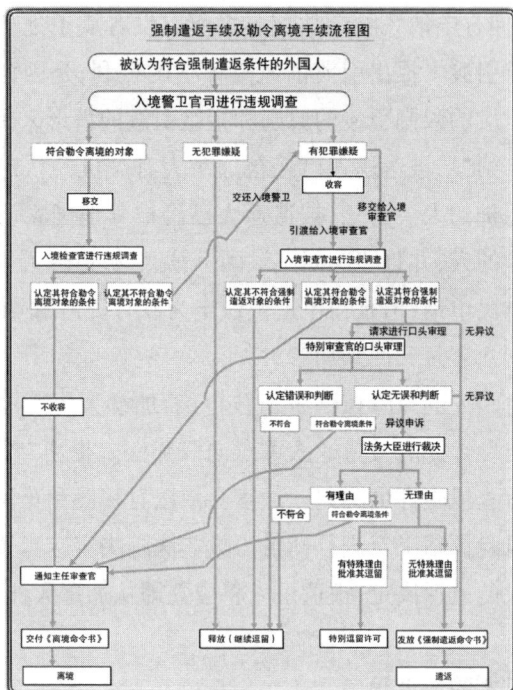

形,可以向所属的主任审查官申请签发收容令①。当然如果入境警备官有足够理由相信等待签发收容令会使明显具有遣返情形的遣返嫌疑人有逃跑可能时,可以不等待发放收容令便将其收容。在来不及申请收容令而收容的情形下,入境审查官应迅速将理由向主任审查官报告,请求其发放收容令。如果主任审查官不同意在没有收容令的情况下实施收容,入境审查官应迅速将遣返嫌疑人释放。②

---

　　①　《日本出入境管理及难民认定法》中的收容令的性质等同于我国的拘留审查。

　　②　《日本出入境管理及难民认定法》第43条。

入境警备官将遣返嫌疑人收容后应当及时将遣返嫌疑人连同调查书和证物一起移交给入境审查官。入境审查官应当在接收遣返嫌疑人后,迅速对遣返嫌疑人进行审查。审查过程中,遣返嫌疑人承担证明自己不符合被遣返情形。经过入境审查官的审查,可以得出两种决定,第一种决定是,如果经审查官认为遣返嫌疑人不符合第24条各款规定的遣返情况的,必须立即释放该嫌疑人。第二种决定是,如入境审查官经审查后认定该嫌疑人符合第24条各款规定的情况的,必须迅速以附加理由的书面形式,通知主任审查官及遣返嫌疑人。决定将遣返嫌疑人遣返决定时,入境审查官必须通知遣返嫌疑人,以方便遣返嫌疑人可以请求口头审理工作。当然如果遣返嫌疑人认可上述认定,主任审查官可让其在不要求进行口头审理的文件上签名,并迅速发放以第51条规定为根据的强制离境命令。①

如果遣返嫌疑人对遣返决定存有异议,可在接到通知之日起3日之内,以口头形式请求特别审理官进行口头审理。特别审理官在接到遣返嫌疑人的口头审理请求时,应将时间、地点通知遣返嫌疑人,并迅速进行口头审理,并且应当通知入境审查官。入境审查官在接到口头审理请求时,必须向特别审理官提交做出审查时有关审查记录、调查书及其他有关文件。特别审理官在进行前项口头审理时,应制作有关口头审理的调查书。经过口头审理后,如果认为被遣返人完全具备遣返的情形时,可迅速通知主任审查官及被遣返人,同时通知被遣返人可按第49条的规定向法务大臣提出异议。如果经口头审理后,认为不具备遣返情形,应当迅速将被

---

① 《日本出入境管理及难民认定法》第47条。

遣返人释放。①

　　接到特别审查官的遣返决定后,被遣返人如对此项判定持有异议,可在接到通知之日起 3 日内,按法务省令规定的手续,向主任审查官提交记载不服理由的书面文件,向法务大臣提出异议。法务大臣受理被遣返人提出的异议申请后,应当通知主任审查官,主任审查官必须向法务大臣提交有关第 45 条第 2 项审查的调查书、前条第 4 项口头审理的调查书及其他相关文件。法务大臣经过对上述文件的审查,应对提出异议是否合理做出裁决,并将结果通知主任审查官。如果法务大臣认为被遣返人提出的异议合理,应当通知主任审查官,主任审查官应立即将被遣返人释放;相反,如果法务大臣裁定提出的异议不合理,也都应当立即通知主任审查官,主任审查官应迅速将有关内容通知被遣返人,同时发放针对被遣返人的强制离境命令。② 强制离境命令书由入境警备官执行。如果入境警备官人手不足,主任审查官认为有必要向警察或海上保安官提出请求时,由他们执行强制离境命令。③

　　被遣返人可以被遣返回的国家有多重选择,被遣返人应首先被遣送至其国籍或享有市民权的所属国家。如无法遣送至被遣返人的国籍国或市民权的所属国,可根据本人希望,遣送至下列国家之一:(1)来日本前居住的国家。(2)来日本前曾居住的国家。(3)乘船来日本前乘船的港口所属国家。(4)出生地所属国家。(5)其他国家。④

----

①　《日本出入境管理及难民认定法》第 48 条。

②　《日本出入境管理及难民认定法》第 49 条。

③　《日本出入境管理及难民认定法》第 52 条。

④　《日本出入境管理及难民认定法》第 53 条。

四、美国的遣返程序

美国发现违反移民法的外国人的途径有四种。第一,在机场、码头等入关场所的审查。当外国人进入美国时,将会通过美国国土安全部的入境检查,这些入境审查将会发现该外国人是否具有犯罪记录和其他应当禁止入境或遣返的事由。第二,通过官员的谈话。在美国的城市中会有部分警察随时和外国人进行沟通交流,在这一过程中发现外国人是否具有可能导致被遣返的原因和线索,从而确定外国人是否具有应当被遣返的事由。第三,在提交移民申请过程中。即便不是全部也有很大程度上的遣返案件都是通过外国人向美国公民及移民部提出移民申请而发现的。美国公民及移民部要求,当外国人提出申请会要求行为人提供安全许可或指纹。这时美国公民及移民部就会利用数据库来甄别行为人是不是犯罪人。如果被证实,美国公民及移民部将会逮捕遣返嫌疑人,而后进入遣返程序。第四,先前的驱逐命令。美国有针对违反移民法的外国人的专项活动,这一活动的主要目的就是发现位于美国境内有受到遣返命令的外国人。

当国土安全部门发现遣返嫌疑人后,将会向遣返嫌疑人发出"出庭听证通知",遣返嫌疑人收到"出庭听证通知"后,将会收到移民法庭寄出的首次出庭通知,这次出庭只是程序性的,持续的时间不是很长。程序听证会上法官要确定当事人是否有律师代表,如果律师和其当事人准备好的话,法庭会让当事人就"出庭听证通知"上列举的指控做出答辩,多数情况下法庭会确定正式开庭时间,如果当事人需要向法庭提交某些申请和材料,这些材料和申请人必须在一定时间内提出,如果需要证人出庭作证,也必须在开庭15天前向法庭提交证人名单和证词内容。

在正式听证会上,移民法官会就移民局要求遣返出境的指控和当事人及其律师的辩解做出决定,被遣返人有机会提供相关文件,证人证词;回答律师,移民局律师及法官的问话。由于听证会是在双方对立的情况下进行,当事人及其代理律师必须在听证会前做好充分准备,而律师更必须对相关法律和案件有足够了解,否则在移民局律师的反诘下可能出现前后矛盾。在政治庇护申请听证会上,被遣返人过去的道德情操是听证成功的关键,如果法官不相信当事人的证词,将会使遣返程序向着不利的方向发展。相反如果法官相信被遣返人的证词,即使其没有任何证明文件,案件也可能获批准。

如果被遣返人的请求没有获得移民法庭批准,被遣返人可以在30天内向移民法庭上诉委员会(Board of Immigration Appeals, BIA)提出上诉,通常上诉后三到六个月会按上诉委员会的要求提交上诉状,此后三到六个月可能接获上诉委员会的决定,决定可能是三种情形之一种:上诉成功、上诉遭驳回、发回原审法庭重审。对于遭驳回的上诉,当事人可以在30天内向联邦巡回上诉法庭提出审查。当事人也可以要求BIA重新考虑其决定。如果当事人有新的阻却遣返的证据和事实,则必须在上诉委员会决定后的90天内向上诉委员会提出动议阻却遣返的请求。

如果移民上诉局驳回上诉,移民法庭的遣返命令立即生效,被遣返人通常会在一到三个月内收到移民局的出境通知信,逾期不报道和离境可能导致被遣返人成为"逃犯",一旦遣返令生效,被遣返人不可能再在美国内以任何形式获得身份。

除了普通遣返程序之外,美国还有快速遣返程序。快速遣返程序最早在19世纪80年代提出,该措施起初是专门为了遣返1980年在佛罗里达大约125000名古巴人而出台的临时性措施,但后来国土安全部发现在边境地区使用快速遣返,会大大增加国家安全和公共安全,通过方便快捷的移民决定,能够使国土安全部快速有效地处理大批准备非法进入美国的外国人,同时能够保障被遣返人的个人权利。与此同时,国土安全部强调,快速遣返将会加强国家之间在贩卖人口、走私等组织犯罪的合作。

因此,美国国会将快速遣返写入1996年的公民和移民法案,使快速遣返成为命令性地或强制性地适用于非法来到美国的外国人。具体而言,快速遣返是指当外国人缺乏适当的文件、实施欺诈或主动掩盖事实以获得进入美国的机会是不被允许的,并且会被从美国遣返,而且不会经过听政或复审。除非该外国人提出了难民保护或担心回到遣返目的地国会受到迫害。但外国人的这种"恐惧"如果得到认可,移民局的官员应当复审该案件。被实施快速遣返的人必须被逮捕直到他们被遣返,唯一可能被释放的理由就是因为突发的疾病或为了法律规定的强制措施的目的。除此之外,被实施快速遣返的外国人在5年内不能回到美国。

快速遣返程序的逻辑非常简单,被快速遣返的人将会被拘留以解决他们悬而未决的是否应当遣返的问题。在陆地入境处,当被发现具有不应当进入美国的外国人时,这些违反移民法的外国人将会被拘留直到他们通过快速遣返程序离开美国。准备通过快速遣返程序遣返的外国人将会被关押在边境附件的拘留所。等待运输这些被快速遣返的外国人的航空器或轮船将这些外国人送回遣返目的地国,或等待其他和被遣返人来时乘坐的交通工具同属一家公司的其他交通工具将这些外国人送回遣返目的地国。而后,美国将快速遣返程序适用的范围进行扩大。将以下外国人纳入快速遣返的范围:(1)由于缺乏适当的证件而被拒绝进入美国。(2)没有获得进入美国的许可,但已经进入美国,同时正在入境港口接受移民官员的审查。(3)在美国边境线100公里以内被美国移民官员发现有违反移民法的情形的外国人。(4)没有足够证据让移民官员相信,行为人从进入美国境内到现在已经在美国连续居住超过 14 天。

也有学者对快速遣返程序提出了批判。认为移民官员对于是否应当遣返的判断力有待提高,对于移民官员的判断违反移民法的外国人是应当通过普通遣返程序还是快速遣返程序遣返的水平有待检测。没有这种能力的移民官员将违反移民法的外国人置于快速遣返程序的决定而没有决定适用普通遣返程序,可能导致这些被遣返人失去实体性的权利保障,比如向移民法庭提出复审的权利,提出司法审查的权利。在遣返实践中,从快速遣返程序诞生时起,也确实有很多滥用快速遣返程序的案件发生。存在许多有着明确的阻却遣返事由的外国人被错误地通过快速遣返程序遣返出境。

五、中国澳门地区的遣返程序

拒绝外国人入境或驱逐出境的权力属于行政长官,但是行政长官可以将该权力授权给其他机构或个人实施。当外国人根据澳门《入境、逗留及居留许可制度的一般原则》被拒绝入境、限期离境、驱逐出境时,可以得到以下救济权利:(1)被拒绝进入澳门特别行政区的人士,在出入境事务站停留期间,如有需要及在有可能的情况下,可联络其所属国家的外交或领事代表,或其所指定之人,并可获传译辅助。(2)被拒绝入境的人士,亦可获得其指定律师的辅助,并由其负担有关费用。①

---

① 澳门特别行政区《入境、逗留及居留许可制度的一般原则》(2003 年)第 5 条。

　　为了保证对进入澳门的外国人遣返能够顺利进行,澳门《非法入境、非法逗留及驱逐出境的法律》规定了对被遣返人的行政强制措施,即拘留。当被发现非法入境及非法逗留状态的外国人时,由治安警察局拘留,或由其他执法人员拘留并交由治安警察局。对于外国人的拘留后应当在 48 小时之内进行审核。经过 48 小时后如果认为应当继续拘留,治安警察局须制定维持拘留的建议书,并将被拘留人移交给检察院以便于拘留后 48 小时内将其送交法官。法官须就是否维持拘留做出决定,如决定维持拘留,任何时候均可依职权或申请对拘留进行评估,并可维持拘留,或废止拘留及命令立即释放被拘留人。如果法官经过审核后认为应当对遣返嫌疑人继续拘留,可以做出继续拘留决定,但是拘留的目的必须是为了遣返该外国人,而不能是为了其他目的,并且不能产生损害遣返嫌疑人其他权利的结果。对遣返嫌疑人为了遣返的目的而拘留的时间不能超过 60 天。① 被拘留的外国人享有《澳门刑事诉讼法典》规定的犯罪嫌疑人所享有的权利。如果最终该外国人被驱逐出澳门,那么应当制作驱逐令。驱逐令须载明采取措施的理由、被驱逐出境人士所前往的目的地及其被禁止进入澳门特别行政区的期间。驱逐令生效后,由澳门治安警察局执行。②

　　澳门也有和普通遣返程序并行的快速遣返程度。根据澳门《入境、逗留及居留许可制度的一般原则》,澳门可以在入境处实施快速遣返。具体程序是:当不符合入境条件的外国人来到澳门入境处,根据法律应当拒绝其入境,这时就有将该外国人运输过来的运输工具将该外国人带回。具体就是:(1)海上或航空运输企

---

　　①　澳门特别行政区《非法入境、非法逗留及驱逐出境的法律》第 4 条、5 条。
　　②　澳门特别行政区《非法入境、非法逗留及驱逐出境的法律》第 10 条。

业,在由其送至澳门特别行政区的乘客、船员或机组人员被拒绝入境时,须立即将之送回其最初使用该企业的运输工具的地点。如不可能送回该地点,则须送回其所持旅行证件的签发国家或地区。(2)如不能按上款的规定立即将被拒绝入境的乘客、船员或机组人员送回,其在澳门特别行政区逗留期间的一切开支,尤其是住宿、膳食及卫生护理的开支,均由该运输企业承担。①

第三节　被遣返人的权利保护

一、中国的遣返制度对被遣返人的权利保护

在公安部1987年印发《关于执行两个出入境管理法实施细则的内部规定、说明的通知》中,就外国人处罚的审批权限及对申诉的处理做出明确规定。主要体现为以下四个方面:

(1)明确了给予外国人处罚的审批权限。不同性质的行政处罚由不同的主体做出,行政处罚的强制性越强,对于行政机关的级别要求越高。比如,对于警告、罚款,可由省、自治区、直辖市公安厅、局根据本地区情况规定审批权限。行政拘留由省、自治区、直辖市公安厅、局审批,并报公安部备案。而刑事拘留报公安部审批,但在紧急情况下,或边远地区来不及报批的,可以边执行拘留边报批。限期出境、驱逐出境应当报公安部审批。公安机关传唤外国人,由市、县公安局审批。传唤证应先期送达,来不及送达的,也可以口头传唤。宣布处罚时要给被处罚人处罚裁决书(传唤证和处罚裁决书由各地自行印制)。传唤证和处罚裁决书上要注明

---

①　澳门特别行政区《入境、逗留及居留许可制度的一般原则》(2003年)第6条。

公安机关的名称。

（2）明确了被遣返人的申诉和上诉权。被遣返人对罚款、拘留处罚不服可以提出申诉或起诉，但在申诉或起诉期间原裁决继续执行。在被裁决拘留的人交纳足够的保证金或找到担保人的情况下，可以暂缓执行拘留。但如果已经拘留，或者暂缓执行将会产生危害时，则应执行处罚决定，在执行期间允许其提出申诉或起诉。被处罚人通过原裁决机关申诉时，原裁决机关必须当即移送上一级公安机关（最长不得超过 48 小时），上一级公安机关自接到申诉之日起三日内做出最后裁决。如确属公安机关处罚错的，应撤销处罚决定，向被处罚人承认错误，对被处罚人受到的直接经济损失，应予赔偿。

（3）及时告知能查明的被遣返人的国籍国。外国人被居留以后，应按照《维也纳领事关系公约》第三十六条规定，通知其本国驻华使、领馆，如被遣返人所属国家未参加维也纳领事关系公约或被处罚人不要求通知的，可不必通知。被遣返人所属国家与我国已签订领事条约的，则按该条约规定办理。

（4）对处罚的实体标准和程序规范都做出了明确规定。处罚外国人必须做到事实清楚，证据确凿，手续完备，依法办事。要做好取证工作，例如当场拍照、录音、录像、做好询问笔录，让外国人写明违法的事实与经过或在谈话记录上签字等。

《中华人民共和国外国人出入境管理法》第 29 条规定对违反本法规定，非法入境、出境的，在中国境内非法居留或者停留的，未持有效旅行证件前往不对外国人开放的地区旅行的，伪造、涂改、冒用、转让入境、出境证件的，县级以上公安机关可以处以警告、罚款或者十日以下拘留处罚；情节严重，构成犯罪的，依法追究刑事责任。受公安机关罚款或者拘留处罚的外国人，对处罚不服的，在接到通知之日起 15 日内,可以向上一级公安机关提出申诉,由上一级公安机关做出最后的裁决,也可以直接向当地人民法院提起诉讼。第 30 条规定,有本法第二十九条所列行为情节严重的,公安部可以处以限期出境或者驱逐出境处罚。从《中华人民共和国外国人出入境管理法》可以看出,对于非法入境外国人在遣返的同时,也赋予了被遣返人救济的权力,即受到公安机关居留处罚的外国人,对处罚不服的,可以在接到通知之日起 15 日内,向上一级公安机关提出申诉,由上一级公安机关做出最后裁决,也可以直接向当地人民法院提起行政诉讼,显示了我们对人权保护的重视。

二、其他国家对被遣返人的权利保护的比较

遣返属于一个国家行政权力的具体运用,权力运用的结果是对外国人入境权或居留权的审查,进而做出决定是否禁止外国人入境、限期离境或驱逐出境。而且在遣返过程中,为了遣返的顺利进行和防止遣返人可能继续实施危害遣返国的国家安全、秩序和公众的健康,可以对遣返嫌疑人实施拘留、逮捕,这样就会涉及对遣返嫌疑人人身自由的限制和剥夺,可能涉及对遣返嫌疑人人权的侵犯。而国际社会强烈要求主权国家在行使行政权力的同时,应当保障相对人的权利。2000 年通过的《联合国打击跨国有组织犯罪公约》和 2003 年通过的《联合国反腐败公约》,都有这样的规定:在对任何人就本条所适用的任何犯罪进行追诉时,应当确保其在诉讼的所有阶段受到公平待遇,包括享有其所在国本国法律所提供的一切权利和保障。甚至部分国家将请求国能否公正执法和采用正当程序确定为是否与之开展引渡合作的条件。①

① 黄风:《引渡问题研究》,中国政法大学出版社 2006 年版,第 20 页。

　　各国在遣返过程中也都做了明确的规定。综观各国有关遣返的法律规定,笔者发现其对遣返嫌疑人的权利保障机制大体相同,主要包括四个方面:

　　第一,行政权力内部的保障。行政权力内部的保障主要负责遣返的官员在对遣返嫌疑人拘留逮捕前应当进行必要的调查,在对遣返嫌疑人进行拘留时应当说明拘留的理由和相关的证据。

　　第二,被遣返人具有听证的权利。无论是在遣返的任何一个阶段,被遣返人都可以申请听证,进而在听证会上对自己的情形进行辩解和说明,从而能够维护自己的利益。

　　第三,设计合理的遣返流程。各国一般设置边境警察、移民局、移民上诉局、难民局、难民上诉局、法院。一般为边防警察发现遣返嫌疑人后,可以将其拘留审查,但是拘留审查应当得到移民局官员的拘留令或及时通告移民局。移民局经过听证后做出决定,被遣返人可以向移民上诉局进行听证申请,类似于我国的行政复议。移民上诉局做出决定后,被遣返人可以向难民局提出难民身份听证,如果不被接受,可以向难民上诉局就难民局做出的决定进行听证,如果遣返嫌疑人对上述行政机关的行政决定不服,最后可以向法院申请司法审查,也就相当于我们国家的行政诉讼。

　　第四,设定遣返前的风险评估程序。风险评估是对被遣返人权利的最后一道保护屏障。被遣返人可以通过提出遣返回国后可能会遇到的死刑、酷刑、特殊追诉等情形进行评估,以推翻对自己的遣返决定。

第六章　利用遣返实现境外
追逃的优势及实践

第一节　遣返作为境外追逃措施的优势分析

通过对上述境外追逃措施的分析比较,可以看到,只是简单地实现了将外逃人员追捕回国并不能称为真正意义上的境外追逃措施。境外追逃措施须满足以下五个方面的要求:第一,应当有法律依据。第二,应当保证相对人的知情权。第三,应当保证相对国的知情权和参与权。第四,应当保证相对人的辩护权等诉讼权利。第五,应当具有国际通行性。即具有在国际社会广泛推行的可能性。除引渡外,利用遣返实现境外追逃也符合上述要求。

遣返原本是一国主管机关对于非法入境者通过驱逐出境的手段来维护本国的国家安全、公共秩序和公共健康。但是遣返国的这一基于本国安全考虑的遣返制度在客观上可以实现追逃国对外逃人员的追逃。尽管双方之间没有相互遣返罪犯的协议或意思联络,尽管遣返国主观上也没有意料到自己的这一为了维护自己利益的行为,客观还产生了方便他国境外追逃的目的,但实际上遣返确实能实现这种双重的效果。随着遣返同时实现维护遣返国国家安全和遣返目的国境外追逃目的的实现的双重效果,国际社会开始发现通过遣返国的遣返制度实现境外追逃是一个非常好的措施,而且具有其他境外追逃措施所不具有的优势。

虽然我国已经与多个国家缔结了双边引渡条约,但是,与腐败案主要外逃目的地的发达国家缔结引渡条约的并不多,引渡条约关系的欠缺有时构成我国境外追逃的法律障碍之一,尤其是对于美国、荷兰等在引渡问题上持"条约前置主义"态度的国家,引渡合作的可能性目前基本不存在,从而使得外逃人员可以通过制度的漏洞逃脱惩罚。在境外追逃中,我国主管机关比较习惯于通过警务合作查找、缉捕和遣返逃犯,不大善于运用双边引渡条约或多边公约引渡条款打好法律仗,借助引渡诉讼获取国际合作。[①] 遣返的有利之处在于,遣返非法移民主要是非法移民所在国主管机关依据本国移民法单方面做出的决定,相对于引渡程序来说,追逃国的主管机关不负有很重的举证义务。[②]

移民法遣返是指借助逃犯躲藏地国家的驱逐非法移民的法律措施,将外逃人员遣返回国接受刑事追诉,由于此种方式在客观上造成了与引渡相同的结果,因而在理论上也被称为"事实引渡"。[③] 作为引渡的合法替代措施,非法移民遣返和引渡虽然在诸多方面存在类似之处,但是二者具有明显的区别:第一,实施目的不同。虽然都以将对象遣送出被请求国,但是二者在具体目的上存在一定区别。引渡的目的是对被引渡人进行刑事追诉或者处罚。而非法移民遣返的目的只是将不具有合法居留身份的外国入境者遣送出境。第二,遣送目的地不同。由于实施的具体目的不同,遣送的

①　黄风:《反腐败国际追逃合作:困难、问题与对策》,《人民论坛》2015 年第17 期。

②　黄风:《引渡问题研究》,中国政法大学出版社 2006 年版,第 97 页。

③　黄风:《境外追逃问题研究》,载黄风、赵林娜主编:《国际刑事司法合作:研究与文献》,中国政法大学出版社 2009 年版,第 1—41 页。

目的地也不相同。引渡以刑事追诉为目的,自然应当将遣送对象送往引渡请求国。非法移民遣返只以将非法移民驱逐出境为目的,所以在遣送目的国上就没有限制,并不必然是遣送对象的国籍国或者来源国,有些国家(如美国)还赋予非法移民在目的地国上一定的选择权。第三,遣送对象不同。引渡的对象是在他国实施了刑事犯罪或者是被判刑的人,而遣返非法移民的对象则是不具有合法居留身份的外国入境者,并不以该人曾经实施刑事犯罪为前提。第四,主导国家不同。引渡是不同国家之间相互请求将在一国境内发现的、在他国受到刑事追诉或者已经被判处刑罚的人移交给请求国。所以,引渡由请求国和被请求国共同承担。而非法移民遣返是遣返国为维护本国安全和秩序而单方面做出的决定,整个过程主要由遣返国为主导,遣返目的地国只需要予以配合提供被遣返人的相关信息以及接收被遣返人即可。第五,起主要作用的机关不同。不同国家负责引渡和非法移民遣返的机构并不相同。就加拿大来说,非法移民遣返由加拿大公民移民部负责。而引渡则主要是由加拿大司法部和联邦法院共同决定。[①]

　　尽管移民法遣返的客观结果与引渡相同,但在本质上,移民法遣返属于遣返国主权范畴的事务,从非法移民的认定、难民身份甄别、风险评估到做出遣返决定,都是依其主权做出的国内法行为。基于人权保护之考虑,各国移民法通常规定不能直接以受到外国刑事指控为由将行为人驱逐出境,而是由所在地国主导和追逃国的配合下才能启动和完成遣返程序。追逃国无权干涉遣返国的决定,但可通过按照遣返国的审查标准和要求提供证据或线索、派员出庭作证、协助调查取证、做出有关承诺等方式证明相关人员系非

---

① 赵秉志、张磊:《赖昌星案件法律问题研究》,《政法论坛》2014 年第 4 期。

法移民或犯有严重罪行等,积极配合遣返国做出遣返决定。①

有学者结合赖昌星遣返案,简要分析了利用遣返实现境外追逃的利弊,该论者指出利用遣返实现境外追逃的有利之处在于:(1)非法移民遣返不受引渡条约限制。(2)相对于引渡来说,遣返程序由加方主导,我国的举证责任相对较轻。(3)就加方的证明责任来说,在难民诉讼中,加方不需要考虑赖昌星是否构成犯罪,只需证明其不具备难民资格就可将其遣送出境,对证明方面的要求明显比引渡法中的要求较低。利用遣返实现境外追逃的不利之处在于:(1)由于遣返的原因在于遣返对象的非法移民身份,而不是犯罪嫌疑人或者被判刑人身份,所以该程序非常注重对遣返对象权利的保护,一旦发现被遣返后可能遭受不公正待遇,就会导致遣返失败。(2)加方遣返程序繁复拖沓,为当事人规定了繁多的救济手段和程序,可能导致诉讼程序过于漫长。(3)遣返只以将遣返对象逐出本国为目的,并不关心其离境后的去向,在表面上并不支持目的地国家对于遣返对象的刑事追诉活动。所以,遣返对象可能被遣返至追逃国以外的国家。但综合利弊,对于赖昌星案来说,在当时情况下运用非法移民遣返程序整体来说更有助于采用简单有效的手段将其缉捕回国。② 尽管利用遣返实现境外追逃也存在相应的弊端,但总体上来说利用遣返实现境外追逃利大于弊,因为相比于引渡所受的各种原则和限制性条件的约束以及其他境外追逃措施存在的各种条件限制,但其作为境外追逃措施的优势依然非常明显,是目前较为理想的境外追逃措施。

---

① 黄凤、赵卿:《从"程慕阳案"看移民法遣返的证据规则》,《法学》2017 年第 2 期。

② 赵秉志、张磊:《赖昌星案件法律问题研究》,《政法论坛》2014 年第 4 期。

迄今为止我们境外追逃的成功案例多是通过非法移民遣返、异地追诉以及劝返所取得。如我们通过非法移民遣返追回了赖昌星、邓心志、崔自力、曾汉林。[①] 无论是荷兰还是美国，针对杨秀珠启动的都是遣返程序。2005 年杨秀珠被荷兰警方逮捕之后，我国即向荷兰方面提出了启动非法移民遣返程序遣返杨秀珠的请求。杨秀珠向荷兰当局提出了政治庇护的请求。2009 年 12 月，杨秀珠政治庇护请求遭到拒绝，但她继续利用荷兰上诉程序和欧洲人权法院诉讼程序，继续拖延遣返时间。后来，杨秀珠铤而走险，于 2014 年 5 月从荷兰出逃经过法国、意大利、加拿大逃往美国，并持另一个荷兰籍华人（上面贴有杨秀珠的照片）的护照从加拿大乘坐火车返回美国。杨秀珠在美国被抓捕以后，美国移民与海关执法局以违反美方免签证计划的条款为由，对杨秀珠提出控告，从而进入美国的非法移民遣返程序。[②] 具体来讲，利用遣返实现境外追逃的优势主要体现在以下几个方面：

一、双赢性

遣返最显著的优势就是双赢性。双赢性是指无论是对于遣返国还是追逃国，都可以从遣返制度中获得利益。

1. 对于遣返国来说

通过遣返制度实现了将自己国内的不安定因素排除出去，维护了本国的国家主权、安全、公共秩序和公众的健康。同时还维护了自己的国际声誉。如果对于明确知道是其他追逃国正在追逃的

---

① 张磊：《腐败犯罪境外追逃追赃的反思与对策》，《当代法学》2015 年第 3 期。

② 张磊：《境外追逃中的引渡替代措施及其适用——以杨秀珠案为切入点》，《法学评论》2017 年第 2 期。

犯罪嫌疑人或被告人,而不通过遣返制度将非法入境者遣返,这样就会在国际社会中逐渐形成"包庇罪犯""逃亡者的天堂"等不好的国际声誉。而任何一个国家都不想成为国际社会所痛恨的犯罪的天堂。

贝卡利亚在1764年向国家的当政者提出了两个问题:庇护是否正义? 第二,国家之家达成相互遣返罪犯的协议是否有益?①在一个国家的疆界以内,不应当有任何一块土地独立于法律之外。法律的力量应该形影不离地跟踪每一个公民。不予处罚和庇护没有多少差别。既然刑罚的印象主要在于肯定躲避不了它,而不在于它的强度,那么,庇护往往是提倡犯罪,它使刑罚赶不走犯罪。庇护权的泛滥造成了小君权的泛滥,因为在那些公共法律失去权威的地方,人们可能制定另一些违背公共利益的法律,形成同社会整体精神相抵触的精神。庇护在国家和舆论当中造成过巨大的动乱。故此国家之间应当相互进行司法合作,将逃到本国的他国犯罪嫌疑人通过适当的途径使其回国接受法律的审判。遣返国将违反移民法者遣返回国,一方面维护了本国的国际声誉,另一方面也使得国内的安全、秩序等得到保护。

2. 对于追逃国来说

利用遣返实现境外追逃的价值体现在,第一,追逃国可以"兵不血刃"而实现境外追逃。追逃国只需要对于遣返国提出的协助请求给予力所能及的帮助,就能将外逃人员追回。而外逃人员的成功返回,就意味着制止危害、实现管辖权、强化法律认同感有了最基本的前提。对于追逃国来说,如果和遣返国之间没有相互的

---

① ［意］贝卡利亚:《论犯罪与刑罚》,黄风译,中国大百科全书出版社2002年版,第72页。

引渡协定,那么通过诱捕、绑架是非法的,通过劝返的话需要首先确定外逃人员的下落。通过个案协商需要经过较为复杂的协商谈判过程。而遣返国的遣返就非常容易地实现了本国境外追逃的目的,从而可以避免大量占用追逃国的司法资源。因为,在本质上来说,遣返完全是遣返国一国主管机关的独立行为,不具有合作的性质,基本上不需要追逃国的参与,即便是参与也是停留在信息传递、证据提供方面。同时由于通过遣返制度遣返非法入境者的程序时间相对较短,一般是 95 天,即便是被遣返人提出了自愿离境,自愿离境的时间可以达到 120 天,但和引渡程序可能经历的时间相比,还是短了很多。因此,当成功遣返后,追逃国及时对外逃人员进行审判,可以很好地实现刑罚的特殊预防和一般预防。因为对于犯罪最强有力的约束力量不是刑罚的严酷性,而是刑罚的必定性……,因为,即便是最小的恶果,一旦成了确定的,就总令人心悸。①

　　同时,犯罪与刑罚之间的时间隔得越短,在人们心中,犯罪与刑罚这两个概念的联系就越突出、越持续,因而,人们就很自然地把犯罪看作起因,把刑罚看作不可缺少的必然结果。② 犯罪之后迅速地判处和不可避免的刑罚与逃避惩罚的任何幻想都不兼容,只要有逃避惩罚的侥幸心理,不畏惧犯罪所带来的惩罚,就会破坏犯罪与刑罚之间的必然联系,削弱刑罚的威慑力,而这是应该强烈反对的。犯罪破坏了人们赖以生存的自然状态,违背了人类理性,不可避免地要受到刑罚的报复及惩罚。通过及时对犯罪人的定罪

---

　　① ［意］贝卡利亚:《论犯罪与刑罚》,黄风译,中国大百科全书出版社 2002 年版,第 59 页。
　　② ［意］贝卡利亚:《论犯罪与刑罚》,黄风译,中国大百科全书出版社 2002 年版,第 66 页。

判刑,可以尽快恢复被犯罪行为破坏的社会秩序,抚慰被犯罪行为伤害的心灵,实现人们对法律的认同和信仰。

二、便捷性

利用遣返实现境外追逃的第二大优势是便捷性。遣返是一国主管机关的独立行为,客观上不需要遣返目的地国过多的协助。同时,遣返制度的初衷并不是为了追逃国,而是为了保护遣返国的利益。等于是"遣返国主观上为自己国家考虑,但客观上却方便了追逃国的境外追逃"。其便捷性体现在:

第一,不受条约前置主义和相互原则的影响。国家之间进行合作的前提就是相互之间的利益,没有单纯享有权利或单纯履行义务的行为。遣返是主权国家为了维护自己的利益而将违反移民法者遣送出境,它不需要与其他国家间存在协议即可接收被遣返人员。在杨进军案中,在遣返方式上,虽然中美没有引渡条约,但是美国采用了引渡的替代措施,完全用移民法的形式,直接将杨进军作为非法移民遣返。[1] 美国表示,在非法移民遣返问题上,并不反对同中国合作,但需要中国提供符合美国法律规定的证据来支持驱逐出境的请求。[2]

第二,不受双重犯罪的影响。通过引渡实现境外追逃需要受到双重犯罪原则的制约,而在遣返制度中,遣返国的边境警察执行证明行为人实施了违反移民法的行为即可,即便是对于有犯罪嫌疑的人,也是只要构成遣返法上的遣返理由即可,而且遣返法上的

---

[1]　《杨进军作为非法移民被遣返》,见 https://news.qq.com/a/20150919/005663.htm。

[2]　王秀梅、宋玥婵:《新时代我国反腐败追逃的经验与完善——聚焦于"百名红通"》,《北京师范大学学报(社会科学版)》2018 年第 5 期。

重罪和刑法中的重罪不是一个概念,移民法上的重罪相对于刑事法上的重罪要轻得多。同时,非但不要求双重犯罪名,而且对于轻微的违法行为,也可能成为被遣返的理由。比如虚伪陈述、伪造证件等都会导致针对外国人的遣返。遣返国不会考虑追逃国的法律对此种行为有什么规定,更不用说被遣返人的行为是否在遣返国和遣返目的地国同时构成犯罪。

第三,对国际合作的依赖性较弱。遣返是一个国家内部的社会治理行为,不需要国家之间的合作,本质上也不具有国际合作的性质。这样在事实的调查、证据的收集、遣返程序的执行等,都会在主管机关的主导下独立完成,不需要追逃国的协同。而在一般的刑事司法协助中,往往需要有国内司法部门提请刑事司法协助的主管机关,而后由司法协助的主管机关再转交被请求国的主管机关,再由被请求国主管机关转交给具体的协助机构。这样就会使中间环节增多,如果相互之间的工作衔接不顺畅,或者在司法审查和行政审查中出现问题,都会阻碍其他司法协助方式的顺利快捷进行。

三、合法性

这里所说利用遣返实现境外追逃的合法性是相对于通过绑架、诱捕实现境外追逃的非法性而言。衡量境外追逃措施合法与否的标准并不是指某一国家的国内法而是国际法。所谓境外追逃措施的合法性是指境外追逃措施具有明确的法律依据、协议或公约,并且能够得到国际社会的广泛认可。

主权是一个国家进行指挥的、绝对的和永恒的权力,是对公民和臣民的不受法律限制的最高权力。基于对内最高统治权和对外事务独立权,国家主权在其产生初期不受任何限制和约束。主权神圣不可侵犯,各个国家之间除非发生战争,根本不会出现侵犯相互主权的问题。但是20世纪90年代以后,全球化迅猛发展,世界各国交往频繁,经济发展依存性增强,需要人类共同解决的问题(如生态环境保护等)越来越多。这些问题的解决,既是一国主权范围内的事务,同时也需要世界各国的合作与协调。这就意味着各国如果想参与到国际活动中来,就要遵守一系列条约、协议、机制和国际性规则,而不能凭借所谓绝对的国家主权而肆意妄为。一个国家应当如何面对另一个国家的敌意行为,应遵循怎样的行为模式才能赢得其他国家的合作?① 各国在相互影响、相互依赖、相互渗透、相互合作的过程中形成了一种开放性、渗透性的“共变关系”,这种趋向全球化的“共变关系”与国家主权原有的排他性、专属性发生了冲突。正如美国学者威廉·奥尔森所言:主权国家体系把人们分成一个个作茧自缚的政治实体,而经济生活的繁荣却需要人们尽量交流商品和投资。这一直是主权国家体系一个带根本性的难题。② 原本神圣独立的国家主权开始出现了让渡情形,但国家主权会本着平等法治的原则在国家之间相互让渡。

　　国家之间合作过程中应当相互尊重各国主权地位。意味着一国应当尊重和承认他国存在和发展的权利,任何国家一律平等,相互独立,有彼此尊重的权利和义务。在司法合作尤其是境外追逃过程中,更应当遵守相互尊重国家主权原则。追逃国和被请求国双方都应尊重对方的国家主权。对于追逃国来说,应当尊重被请求国的主权,因为基于国家主权的对内最高统治权,被请求国对于

_____

① 〔美〕罗伯特·阿克塞尔罗德:《合作的进化》,吴坚忠译,上海世纪出版集团2007年版,前言。

② 〔美〕威廉·奥尔森:《国际关系理论与实践》,中国社会科学出版社1989年版,第13页。

在其境内的所有人,不允许其他国家的司法机关或者行政机关直接采取行动,即便是被追逃人员客观上实施了犯罪行为,根据管辖权的要求,追逃国也不能直接在行为人所在地国根据追逃国的法律采取执法行为和强制措施。即便是双方之间存在有关境外追逃的协议或者协定,在此协议或者协定的框架下,追逃国可以在被请求国进行一定的司法行为,但是首先应当遵守所在国的法律和规章制度以及相关的国际公约。

对于被请求国,应当充分尊重追逃国的国家主权。从一定程度上讲,被请求国也应当尊重追逃国的司法主权。追逃国基于司法管辖权中的属人管辖权对外逃人员有法定的管辖权,只是由于被追逃人员暂时停留在被请求国,才出现需要被请求国协助的情形。《联合国反腐败公约》第4条保护主权原则开宗明义地规定:(1)缔约国在履行其根据本公约所承担的义务时,应当恪守各国主权平等和领土完整原则以及不干涉他国内政原则。(2)本公约任何规定概不赋予缔约国在另一国领域内行使管辖权和履行该另一国本国法律规定的专属于该国机关的职能的权利。①

绑架和诱捕不但侵犯行为人的人身权、律师帮助权,而且严重侵犯行为人所属国和所在国的国家主权,严重侵犯了国际法。而利用遣返实现境外追逃不但通过遣返程序保证了被遣返人的诉讼权利、人身权利,而且还会对被遣返人进行权利的保护。比如如果被遣返人提出若将其遣返,其回到目的地国将会遭受酷刑、死刑或残忍的对待,这时遣返国就会充分考虑正反两方面的证据。如果认定遣返人所说属实,将不会把被遣返人驱逐出境,这是站在遣返国的立场而言。站在追逃国的立场而言,合法性主要体现在追逃

---

① 《联合国反腐败公约》第4条。

国既实现了境外追逃,也充分尊重了遣返国的国家主权。

四、国际认同性

遣返是一个主权国家独立的对国内事务的管理行为。许多国家都有关于遣返的法律法规,只是在称谓上略有不同,实质内容大体相同。世界各国规定遣返制度的法律大体可以分为三类:第一类是通过移民法规定遣返。如加拿大 2001 年通过的《加拿大移民及难民保护法》《南非移民法》。第二类是通过出入境管理法规定遣返。如《中华人民共和国出境入境管理法》《韩国出入境管理法》等。第三类是直接制定遣返法来规范遣返行为。如斐济 1971 年通过的《斐济遣返法》、毛里求斯 1968 年通过的《毛里求斯遣返法》。

遣返只是遣返国依据本国法律所进行的一种行政行为或司法行为,符合遣返国国内法的要求。在国际范围内,一方面,方便了追逃国的境外追逃,实现了追逃国对被追逃人员的刑事管辖权,而且追逃国不需要付出较多的司法协助,所以利用遣返实现境外追逃得到了追逃国的广泛认可。另一方面,对于构建国际社会稳定,共同打击犯罪方面,为国际社会做出了贡献。可以说,将非法入境的刑事犯罪嫌疑人驱逐出境,对于遣返国、追逃国和国际社会都是有益的。故此,利用遣返实现境外追逃才受到国际社会的普遍关注和广泛认可。

而绑架和诱捕就不一样,二者非但不具有国际认同性,而且还具有违法性。正是因为诱捕和绑架的违法性,才没有得到国际社会的认可。如意大利和德国都先后向在其境内实施绑架的美国中央情报局特工发出了逮捕令。国家之间没有引渡条约,或者由于时间和费用的原因,不能采用引渡程序时,国家可以寻求其他方法交出或移送逃往的罪犯,有些国家则用驱逐的方法处理逃到本国的罪。如美国和墨西哥、美国和加拿大之间就常常采用驱逐的方法,而不使用引渡的程序交出罪犯。从目前的形势看,驱逐正逐渐成为各国处理逃亡罪犯的一种方法。①

五、双向性

遣返的双向性是相对于绑架和诱捕的单向性而言的。诱捕和绑架是由追逃国单方采取行动完成,不具有双向性。所谓双向性就是指双方之间通过协商从而达成相互合作的可能性。诱捕和绑架,非但不具有对合性,而且要么是"虚构事实的欺骗性",要么是"肆无忌惮的侵略性"。非但得不到相对国的支持和协助,而且还会得到相对国的谴责和抗议。而遣返却具有双向性,也就是说双方之间就遣返问题可以开展合作。即便双方之间没有遣返协议或协定,遣返国依然可以根据自己本国的法律实施遣返。

以"金门协议"为例来说明遣返的双向性。"金门协议"是1949 年以来,海峡两岸分别授权的民间团体签订的第一个书面协议。由时任海峡两岸红十字组织代表韩长林、陈长文等在金门就双方参与见证其主管部门执行海上遣返事宜举行工作商谈、经充分交换意见后,就解决违反有关规定进入对方地区的居民和刑事犯罪嫌疑人或刑事犯的遣返问题进行协商,并签订了协议书。这一协议,后来被称为"金门协议"。目前,依照"金门协议"的规定,本着"人道、安全、便利"的原则,祖国大陆红十字会与中国台湾红十字组织一直保持联系,实施海峡两岸私渡人员和刑事嫌疑犯或

---

① 黄肇炯:《国际刑法概论》,四川大学出版社 1992 年版,第 221 页。

刑事犯的海上双向遣返作业。

　　墨西哥和危地马拉政府 2002 年 5 月 31 日在危地马拉的安提瓜签署协议,加强两国在打击非法移民活动中的合作,并承诺充分尊重非法移民的人权。协议将充分保证合法移民从中美洲国家途经墨西哥前往美国,与此同时两国边境安全人员将加强合作,坚决打击贩卖人口的非法移民活动。两国政府承诺,在遣返非法移民的过程中将充分尊重他们的人权和家庭完整,政府遣返非法移民将在规定的时间和地点进行,不得擅自将其驱逐出境。

　　2003 年 3 月 3 日,法国和德国联合使用了一架包机遣返了 54 名非法移民。这些非法移民或是被拒绝进入法国领土,或是在法国申请政治避难时被拒绝。[①] 2002 年 11 月 27 日,中国香港特别行政区政府和欧盟签署了"重新接收未获授权居留人士的协定"。香港成为第一个与欧盟签署有关协议的地区。这项协定让香港和欧盟在互惠情况下确保非法进入或居留在其有关地区的人士可以迅速及有效地辨认并送回。[②] 2002 年 4 月 11 日,欧盟委员会通过关于遣返非法移民"绿皮书",主题为"一项遣返非法居民的共同政策"。2002 年 6 月 24 日,欧盟国家在西班牙塞维里亚的首脑会议上通过了大规模驱逐非法移民的计划,一致决定将驱逐犯罪的非法移民和避难申请被拒绝的非法移民。根据各国现行法律,那些因为犯下严重罪行被判刑的人对国家的安全和公共秩序是危险的,应当将他们驱逐出境。其次,那些避难申请被拒绝的非法移民或是因为他们的国家政局发生激烈变化而要求政治避难的人也将

---

　　① 　但伟:《偷渡犯罪比较研究》,法律出版社 2004 年版,第 218 页。
　　② 　但伟:《偷渡犯罪比较研究》,法律出版社 2004 年版,第 218 页。

被驱逐。①

六、保障人权性

境外追逃过程中的人权保护,既是对追逃国的要求,也是对被请求国的要求。对于追逃国来说,应当严格依照本国的实体法和程序法对行为人违法犯罪行为进行追诉,应当严格依照法律保障犯罪嫌疑人的各项诉讼权利,而不能进行剥夺,在和所在地国达成一定的司法协助协定后,根据该协定做出的承诺应当严格遵守。对于被请求国来说,应当以本国实体法和程序法来保障被追逃人员的人权。在某些特定情形下,还需要以国际法上的规定来保障追逃国不对被追逃人员实施侵犯其人权的行为。如被追逃人员回到追逃国境内后,是否有可能受到死刑、酷刑、不公正的审判、残忍的待遇等。在国际社会司法合作过程中,政治犯罪例外原则可以例外,但人权保护条款仍然保持着刚性条款的地位,是不容置疑的。② 从现有的国际和国家间境外追逃的条约来看,在境外追逃过程中对人权的保护主要是通过实体和程序两方面协助的具体执行来实现。

实体方面对人权保护主要表现为,在引渡过程中通过政治犯不引渡、死刑不引渡、特殊追诉不引渡等保护被追逃人员的权利。程序方面对人权保护表现为,在引渡或者遣返过程中给予被引渡人或者被遣返人听证的机会,针对临时逮捕做出自己的辩解,请求给予律师帮助权等,从而保护被追逃人员获取公正对待的权利。在遣返过程中,即便被遣返人最终被确定遣返,还可以提出遣返前的风险评估,评估被遣返人被遣返后会不会遭受死刑、酷刑、残忍

---

① 但伟:《偷渡犯罪比较研究》,法律出版社 2004 年版,第 217 页。
② 黄风:《引渡问题研究》,中国政法大学出版社 2006 年版,第 18 页。

的刑罚或者遭受特殊追诉。

　　利用遣返实现境外追逃符合人权保护的价值追求主要表现在:第一,利用遣返实现境外追逃有明确的法律依据,如遣返对象、遣返原因、遣返程序、遣返令的执行等,均有明确的法律规定。在不同的国家或地区,遣返可能会有不同的法律进行调整,但对于遣返的主体、对象、程序、被遣返人的权利救济都有明确的法律规定。比如《韩国出入境管理法》第 11 条明确规定了禁止外国人进入韩国的情形,第 46 条明确规定了强制驱逐的对象,并且用《韩国出入境管理法》第 47 条至第 68 条共 22 个条文规定遣返的程序。比如违法调查、收容、审查、诉讼、做出遣返决定等。第二,利用遣返实现境外追逃的法定程序给予了被遣返人实体和程序上的权利。在许多国家规定遣返制度的法律中都明确规定了遣返的程序和遣返人在各个阶段所享有的权利。比如最基本的听证权、辩护权、申请复议权、提起司法审查权、提起上诉权。如果最终遣返国决定将其遣返,还有最后一项申请遣返前风险评估的权利。得到抗辩式审判的权利意味着各当事人有机会了解并对抗另一当事人所呈交的陈述或所举出的证据。也就是说,在遣返程序中,被遣返人可以了解遣返的主管机关提出的证据,对遣返主管机关指控的行为提出抗辩。尽管有时会存在一些与该权利相竞的情形,比如国家安全、保护出于报复风险中的证人的需要、为警方调查犯罪的方法保密的需要等的功能,这时可能会对遣返嫌疑人的权利有部分的限制,但是必须与遣返嫌疑人的权利进行综合衡量。①

---

　　① 　[英]克莱尔·奥维、罗宾·怀特:《欧洲人权法:原则与判例》,何志鹏、孙璐译,北京大学出版社 2006 年版,第 215 页。

第二节　利用遣返实现境外追逃
措施的实践观察

赖昌星携家人经香港潜逃加拿大以后,一直在加拿大进行难民诉讼,主要包括两个阶段——难民身份确认程序和遣返前的风险评估程序。

1999 年 8 月 13 日,赖昌星与家人携带旅游签证进入加拿大。

2000 年 3 月,赖昌星及其妻曾明娜的旅游签证到期,加拿大边境服务局向其发出有条件的离境令,但赖昌星夫妇继续在加拿大逗留。

2000 年 6 月,赖昌星夫妇提出难民申请。同年 11 月赖昌星夫妇被加拿大移民部以非法移民罪拘捕。

1. 难民身份确认程序

2001 年 7 月,赖昌星向加拿大移民及难民事务委员会裁判庭提出诉讼,要求承认他的难民身份。听证会至 8 月 10 日暂时休会,于 9 月 12 日在温哥华继续进行。

2002 年 6 月 21 日,加拿大移民及难民事务委员会裁判庭驳回了赖昌星的难民申请,并于当天拘捕赖昌星夫妇,一周后赖昌星夫妇获有条件释放。

2002 年 8 月 26 日,赖昌星的律师向加拿大联邦法院提出正式上诉申请,要求加拿大联邦法院下令重审赖昌星的移民申请案。

2003 年 7 月 14 日,温哥华市中心的联邦法院就赖昌星的上诉申请事由开庭聆讯。2004 年 2 月,赖昌星难民申请再次被驳回。不久,赖昌星上诉至加拿大联邦上诉法院。

2005 年 4 月 14 日,加拿大联邦上诉法院驳回了赖昌星的上诉。此后,赖昌星又上诉至加拿大最高法院。

2005 年 9 月 1 日,加拿大最高法院拒绝受理赖昌星及其家人所谓"难民资格"的上诉。至此,赖昌星"难民资格"官司司法程序结束。因中国和加拿大之间尚无双边引渡条约,接下来由加拿大移民部启动行政程序,对赖昌星进行遣返前的风险评估。

2. 遣返前的风险评估程序

2006 年 5 月 18 日,加拿大移民部完成对赖昌星遣返前的风险评估程序,决定 5 月 26 日将赖昌星遣返回中国。

2006 年 6 月 16 日,加拿大边境服务局人员将赖昌星从其居所拘捕至温哥华市一家监狱。赖昌星以为自己是要被送往机场,遂以头撞柱,使案件重新回到加拿大司法程序。

2007 年 4 月,加拿大移民及难民事务委员会取消赖昌星所有的宵禁限制,同年 7 月,赖昌星考获驾驶执照。

2009 年 1 月,赖昌星获得加拿大移民部批准的为期一年的"工作许可"。同年 5 月 3 日,在中加双方的努力下,赖昌星的前妻曾明娜与女儿赖珍珍回国。

2011 年 7 月 21 日,加拿大联邦法院驳回赖昌星关于暂缓执行遣返令的申请,并下令立即执行遣返令。7 月 23 日,赖昌星在加拿大警察押送下遣返中国,厦门海关缉私局依法对其执行逮捕。

2012 年 5 月 18 日,厦门市中级人民法院一审宣判赖昌星犯走私普通货物罪,判处无期徒刑,剥夺政治权利终身,并处没收个人全部财产;犯行贿罪,判处有期徒刑 15 年,并处没收个人财产人民币两千万元,决定执行无期徒刑,剥夺政治权利终身,并处没收个人全部财产。赖昌星的违法犯罪所得予以追缴。一审宣判以后,赖昌星没有上诉。①

　　自 2008 年以来,我国已成功实现对邓心志、崔自立、曾汉林、赖昌星、李东哲、高山等一大批逃往加拿大的犯罪嫌疑人的遣返。对于因死刑而可能导致拒绝引渡和拒绝遣返的问题可以通过有关的量刑承诺以及我国刑事法制对死刑适用的限制得到有效化解,不再构成中加遣返逃犯合作的法律障碍。所谓的"酷刑风险"也被事实证明属于无稽之谈,所有被遣返回国的犯罪嫌疑人在国内的刑事诉讼中都得到充分的权利保障,并在服刑过程中受到良好的处遇。客观事实已经使加拿大主管机关不再愿意听信那些抹黑中国刑事司法制度的偏激之词,程慕阳重金聘请的那位加拿大"著名人权律师"也应当记得,当年他为保护赖昌星而鼓噪的"酷刑风险"最后还是没能成功地忽悠加拿大联邦法官。②

　　在中央反腐败协调小组的统一部署下,潜逃新加坡 4 年之久的江西省鄱阳县财政局经济建设股原股长李华波于 2015 年 5 月 9 日被遣返回国。这是"天网行动"开展以来职务犯罪国际追逃追赃专项行动取得的重要战果,也是公开曝光百名外逃人员后遣返的重要案犯。李华波涉嫌贪污公款 9400 万元,2011 年 1 月潜逃至新加坡。案件发生后,中央反腐败协调小组高度重视,组织检察、外交、公安等部门立即启动了追逃追赃工作。多部门组成工作组先后 8 次赴新加坡进行磋商。经过不懈努力,中新两国在没有缔结引渡条约的情况下积极开展司法执法合作。中方向新方提出司法协助请求,提供有力证据,由新方冻结了李华波涉案资产,对李实行了逮捕、起诉,以"不诚实接受偷窃财产罪"判处其 15 个月

---

　　① 　赵秉志、张磊:《赖昌星案件法律问题研究》,《政法论坛》2014 年第 4 期。
　　② 　黄风:《程慕阳避难申请仍面临法律难题》,《法制日报》2015 年 7 月 18 日,第 7 版。

有期徒刑,并在李华波出狱当天将其遣返回国。

李华波案件是中国、新加坡双方依据《联合国反腐败公约》、践行《北京反腐败宣言》开展追逃追赃合作的成功案例,也是我国检察机关侦查人员在境外刑事法庭出庭作证、检察机关和人民法院运用违法所得没收程序追缴潜逃境外腐败分子涉案赃款的第一起案例。①

中国银行广东开平支行前后三任行长许超凡、余振东、许国俊,于 1995 年至 2001 年间,共同利用职务便利贪污、挪用银行资金 4.83 亿美元,并将大部分赃款转移至我国香港地区、美国和加拿大。2001 年 10 月案发后,三人经香港潜逃至美国。中美两国就此案开展了历时 8 年的刑事司法合作,三名外逃犯罪嫌疑人均在美国受到了刑事追诉。由于中美两国并未缔结双边引渡条约,且美国严格奉行"条约前置主义",中美之间无法开展引渡合作。三名外逃犯罪嫌疑人在美国已取得了合法居留身份且行踪隐秘,运用移民法遣返措施也面临一定的障碍。鉴于三人将犯罪所得转移至美国并使用虚假身份进入美国的行为触犯了美国的刑事法律,协助美国司法机关依据美国国内法在当地对三人开展刑事追诉,无疑是此案的最佳突破口。

在中方的支持与协助下,余振东、许超凡和许国俊在美国先后受到逮捕、起诉和审判。美国检察机关于 2002 年 12 月签发了对三人的逮捕令,余振东随即被捕,许国俊和许超凡分别于 2004 年 9 月和 10 月被捕。美国刑事检控机关先后指控三人涉嫌参与有组织的欺诈活动罪、从外国转移欺诈所得罪、洗钱罪、使用以虚假陈述获取的护照罪、采用欺骗手段获取签证罪等多项刑事犯罪。2004 年 2 月,余振东与美国刑事检控机关达成辩诉交易,认罪并

---

① 《李华波被遣返回国》,《温州日报》2015 年 5 月 10 日。

接受遣送至中国。我国则向美方书面承诺不判处余振东死刑和
12 年以上监禁刑并保证其不受到不人道的待遇。同年 4 月,美国
法院判处其 12 年监禁并下达立即遣送令,余振东随即被遣返回中
国。许超凡和许国俊则于 2009 年被美国法院分别判处 25 年和
22 年监禁,判决向中国银行退还 4.82 亿美元涉案赃款。

　　此案中,余振东迫于域外追诉的压力,借助美国辩诉交易制
度,自愿接受遣返以争取从宽处罚。由于域外追诉不受"一事不
再理"原则的限制,余振东被遣返回国之后,我国司法机关继续依
法追究其刑事责任,于 2006 年 3 月以贪污罪、挪用公款罪数罪并
罚,判处余振东有期徒刑 12 年,并处没收个人财产 100 万元。许
超凡、许国俊拒不认罪且不接受遣返,最终被美国法院判处了相当
严厉的刑罚并在美国监狱服刑。而依据美国相关法律,以欺诈手
段获取合法移民身份者将在定罪后被剥夺已获得的永久居留权或
美国公民身份,犯有严重罪行的外国入境者将一律被驱逐出境且
不适用美国移民法的相关保护性条款。2015 年 9 月,许超凡前妻
邝婉芳在刑罚执行完毕后被强制遣返回中国。可见,当许超凡、许
国俊在美国服刑完毕,最终也将面临驱逐出境、遣返回国的法律后
果,而我国司法机关仍然可以依照我国刑法追究其刑事责任。①

　　2005 年杨秀珠被荷兰警方逮捕之后,我国随即便向荷兰方面提
出了启动非法移民遣返程序遣返杨秀珠的请求。杨秀珠向荷兰当
局提出了政治庇护的请求。2009 年 12 月,杨秀珠政治庇护请求遭
到拒绝,但她继续利用荷兰上诉程序和欧洲人权法院诉讼程序,继
续拖延遣返时间。虽然非法移民遣返程序主要由荷兰政府主导,但

---

　　① 王秀梅、朱贝妮:《反腐败追逃追赃域外追诉探讨》,《法学杂志》2019 年
第 4 期。

中方一直在努力和荷兰政府沟通,希望尽早将杨秀珠遣返回国,并密切关注杨秀珠的动向。事实上,当杨秀珠在荷兰请求避难被拒绝的时候,中方与荷兰关于杨秀珠的协商已经达到一定程度,准备将其遣返回中国。但就在此时,杨秀珠铤而走险,于2014年5月从荷兰出逃,经过法国、意大利、加拿大逃往美国,并持另一个荷兰籍华人(上面贴有杨秀珠的照片)的护照从加拿大乘坐火车返回美国。中国察觉她这一动向以后,立刻通过中美双边执法合作联合联络小组向美方提供了相关信息,从而顺利抓获杨秀珠。杨秀珠在美国被抓捕以后,美国移民与海关执法局以违反美方免签证计划的条款为由,对杨秀珠提出控告,从而进入美国的非法移民遣返程序。

　　美国移民遣返的审理程序包括:(1)移民法庭的听证程序。根据《美国移民与国籍法》的规定,外国移民只有在经过移民法官主持的听证程序之后才能被遣送出境。遣送出境的案件开庭时,由移民法官主持。当事人有权自费聘请律师。听证会上,外国人和美国国土安全部将分别陈述其主张和理由,展示文件证据,传召证人,并交叉询问对方的证人。诉讼终结时,移民法官必须决定该外国人是否可以被遣返出境。(2)上诉程序。如果对于移民法庭的裁决不服,当事人可以在30天内将移民法官的决定上诉到移民上诉委员会(司法部下属的第二级行政法庭)。上诉委员会则根据情况做出裁决(上诉成功,驳回上诉,或者发回原审法庭重审)。(3)司法程序。如果对于移民上诉委员会的决定不服,当事人还可以在决定做出6个月内,向美国联邦上诉法院提出司法审查申请,通过司法程序维护自己的权益。①

---

　　①　张磊:《境外追逃中的引渡替代措施及其适用——以杨秀珠案为切入点》,《法学评论》2017年第2期。

中国警官小组于 2005 年 6 月 10 日,将逃匿中国的美籍犯罪嫌疑人顾文桢从上海遣返回美国。2004 年 8 月,美国国土安全部移民海关执法局驻华办公室照会我国警方,请求协助对美国通缉案犯顾文桢开展缉捕、遣返工作。根据美方提供的资料,2001 年 11 月顾文桢因共谋、贿赂公务官员和向美国走私货物被美国执法部门逮捕。在保释期间,顾文桢逃离美国藏匿在上海。为促进双方执法合作进一步向前发展,并应美国国土安全部的请求,我国警方依据国际刑警组织发出的红色通缉令、美方检察官签发的逮捕令、美方吊销顾文桢护照的公函、司法请求协助书和相关证据材料,对顾文桢采取了强制措施。2005 年 6 月 10 日将其遣返回美国受审,进一步开拓出更加简便、快捷的遣返犯罪嫌疑人新途径,为今后简化遣返嫌疑人程序,共同打击跨境跨国犯罪,惩治腐败分子打下良好基础。①

加拿大联邦政府公共安全部部长斯托克韦尔·戴于 2008 年 8 月 22 日发表声明称,加拿大边境服务局当天确认已将邓心志遣返回中国,邓心志涉嫌中国航天科技集团第五研究院和中纺棉花进出口有限公司养老保险金诈骗案,涉案金额达 1825 万元人民币。2003 年东窗事发后,邓心志与另一同案者崔自力持旅游签证逃到多伦多,同年 8 月因延签被拒遭拘留。而另一同案者、曾任中国人寿保险公司朝阳区支公司综合科科长的陈泉山,三年前已被北京市第一中级人民法院以合同诈骗罪判处有期徒刑十五年。斯托克韦尔·戴在声明中指出,邓心志被加拿大遣返,进一步表明加拿大政府的承诺,"就是我们国家(加拿大)不会成为逃亡者的天

① 《我国今遣返美籍犯罪嫌疑人顾文桢》,见 https://news.sina.com.cn/s/2005-06-10/17146138447s.shtml。

堂"。声明还强调,"这是加拿大与国际伙伴紧密合作,努力保持
社区安全的极好案例。"①

第七章 利用遣返实现境外
追逃的法治保障

反腐败追逃追赃是在他国境内追回我国外逃人员和外流资金，需要依据追逃追赃的国际规则和当地的法律制度。如果不对当地法律法规和国际规则了然于胸，追逃追赃就寸步难行。所以必须加强对当地法律法规和有关国际规则的研究，比如外逃目的地国的引渡法、国际刑事司法协助法、犯罪收益追缴法、刑法、刑事诉讼法、民法、民事诉讼法等国内法；我国与该国缔结的双边引渡条约、国际刑事司法协助条约、犯罪收益分享相关协议等双边国际条约、协议；我国与该国共同参加的国际公约如《联合国反腐败公约》《联合国打击跨国有组织犯罪公约》等。特别是我国腐败分子外逃的主要目的地国，如美国、加拿大、澳大利亚、新西兰、新加坡等以及英国、法国、德国等国家相关法律和制度，同时了解和掌握国际社会反腐败追逃追赃的最新立法规定和司法动态，针对他国出现的新情况、新问题提早准备，尽早熟悉，有针对性地开展追逃追赃工作。

在追逃追赃国际合作中，想要追回腐败分子和外流资金，必须向对方提供确凿证据证明该外逃人员实施了腐败犯罪，该外流资金是来源于腐败行为的赃款赃物。只有提供的证据符合对方法律的要求，对方才可能提供相应的刑事司法协助，为成功追逃追赃奠定基础。实际上，证据问题是我国反腐败追逃追赃合作中的一个重要而且亟须解决的问题。在以往的国际合作中,由于各国司法制度差异较大,对于司法协助请求所要求提供的证据材料不统一,而我国办案机关又多来自基层,对于国际司法合作和不同国家的具体标准欠缺经验,在准备、翻译所需证据和材料方面不太熟练,难以在短时间内提供符合对方要求的证据,从而降低了国际合作的效率。

境外追逃是一场残酷的法律战。在与他国特别是西方法治发达国家开展追逃合作中,舆论与外交的胜利当然重要,是我们成功追逃的坚实基础,但是在具体案件的操作上,必须严格遵循双方和国际社会的法律规则,而不能逾越法律上的障碍。为了使境外追逃顺利开展,我们在多个方面进行了积极的努力。比如,《中华人民共和国监察法》第六章明确规定了"反腐败国际合作",对反腐败的国际合作和境外追逃追赃进行了规定。其第 52 条规定:国家监察委员会加强对反腐败国际追逃追赃和防逃工作的组织协调,督促有关单位做好相关工作:(1)对于重大贪污贿赂、失职渎职等职务犯罪案件,被调查人逃匿到国(境)外,掌握证据比较确凿的,通过开展境外追逃合作,追捕归案;(2)向赃款赃物所在国请求查询、冻结、扣押、没收、追缴、返还涉案资产;(3)查询、监控涉嫌职务犯罪的公职人员及其相关人员进出国(境)和跨境资金流动情况,在调查案件过程中设置防逃程序。再比如,2019 年中央纪委办公厅、国家监委办公厅印发了《纪检监察机关办理反腐败追逃追赃等涉外案件规定(试行)》(以下简称《规定》),《规定》明确了追逃追赃工作范围、各级纪检监察机关的追逃追赃职责和追逃追赃部门的工作任务;对外逃信息报送提出具体要求,明确外逃信息的范围和报告、处置程序;要求强化国内基础工作,依法开展调查取证、采取有关措施;强调要统筹利用各方面国际合作资源,借助多双边条约框架下司法协助、执法合作等渠道,综合采取引渡、遣返、异地追诉、劝返等多种方式开展追逃工作;坚持一体推进追逃防逃追赃,明确防逃责任,突出防逃工作重点;明确纪律要求和奖励机制,要求建立一支政治素质高、专业能力强的追逃追赃队伍。

具体到利用遣返实现境外追逃需要的法律依据包括:(1)双方国内法律。境外追逃追赃是我国与他国开展国际合作,必须要遵守双方国内法律。对于在我国境内开展的程序,主要依据我国法律。对于在遣返国境内开展相应的遣返程序,则要严格遵守遣返国的法律。如在中国与加拿大合作开展的赖昌星遣返案中,我们配合加拿大方面,依据《加拿大移民及难民保护法》等法律展开了非法移民遣返程序。在此过程中,我们依据中国国内法的相关规定,向加拿大方面做出不判处赖昌星死刑的承诺,最终赖昌星于2011年遣返回国,并依据中国《刑法》和《刑事诉讼法》之规定对他进行了审判。(2)双边国际条约。双边国际条约指两国就特定事项签订的国际协议,缔约双方都有履行条约的义务。我国已与多数国家缔结司法协助条约、资产返还和分享协定、引渡条约和打击"三股势力"协定。这些条约、协议是我国与他国开展境外追逃合作的重要依据。例如我国和秘鲁合作开展的黄海勇引渡案,最为重要的依据就是双方签署的《中秘引渡条约》。(3)多边国际公约。规定有国际刑事司法合作内容的多边国际公约,也是我们开展追逃追赃工作的法律依据。例如,我国和新加坡合作开展的李华波遣返案,就是两国依据《联合国反腐败公约》、践行《北京反腐败宣言》开展追逃追赃的成功案例。①

---

① 赵秉志、张磊:《习近平反腐败追逃追赃思想研究》,《吉林大学社会科学学报》2018 年第 2 期。

第一节 拓宽促进遣返信息传递的途径

对外逃人员的追逃工作往往会因为找不到突破点而长期搁置，由此决定了在初级刑事司法协助形式中，最基本最普遍适用的合作方式是国家间相互交流关于社会治安和刑事情报的信息。① 巴西奥尼指出，最近数十年中执法与情报部门的合作取得了巨大进展。这是一种国际合作的重要形式，却未给予如同其他国际合作形式一样的认可。国际上在双边法律协助方面存在诸多条约，却没有应用于执法和情报合作的条约，也没有条约包括各国不同部门之间信息的收集与共享。② 往往是我们已经充分掌握了犯罪外逃人员的各种情况，包括个人信息、犯罪实施、犯罪证据等，但是缺乏将这些信息传递给外逃人员所在国的途径和渠道。这就涉及如何构建外逃人员信息传递机制的问题。

最高人民检察院于2014年发布了《关于进一步加强追逃追赃工作的通知》（以下简称《通知》）。《通知》要求，各级检察机关要对本地区所有立案后犯罪嫌疑人在逃的案件进行一次全面彻底清理，摸清底数，建立和完善在逃犯罪嫌疑人信息数据库。要结合在逃案件的具体案情和证据情况，逐案研究制定切实可行、有针对性的追逃追赃工作方案。要加强与公安、安全等有关部门的沟通联系，及时获取在逃人员动态信息，符合条件的，及时办理网上追逃等缉控措施，并尽可能收集和固定犯罪证据，查清违法所得的转移

---

① 马进保：《国际犯罪与国际刑事司法协助》，法律出版社1999年版，第142页。

② ［美］M.谢里夫·巴西奥尼：《国际刑法导论》，赵秉志等译，法律出版社2006年版，第311页。

途径和去向。要充分利用《联合国反腐败公约》、国际反贪局联合会以及多边、双边条约等机制,积极开展追逃追赃领域的国际司法合作。由《通知》的内容,可以看到有多种机制和渠道供选择,既有类似于实体规范的《联合国反腐败公约》,也有程序性规范如《双边引渡条约》,以及类似于"国际反贪局联合会"等协调国际司法合作的协调机构。

除了这些官方渠道,我们还可以利用民间渠道进行信息的沟通。官方途径主要是指外交、领事、司法、公安等部门之间的合作机制进行信息交流和传递。民间途径是指通过相应的民间团体、协会、商会实现信息的传递,从而引起追逃人员所在地国的注意。一旦我们构建了顺畅的信息传递渠道,被追逃人员的相关个人信息和违法犯罪事实就会被遣返国发现,从而让遣返国能够启动针对追逃人员的遣返程序。原先相离甚远的东西现在相互近了,原先会成为过去的东西现在会立刻呈现在眼前。①

关于国家之间在打击有组织犯罪过程中的信息传递,《联合国打击跨国有组织犯罪公约》做出了专门规定。《联合国打击跨国有组织犯罪公约》第二十七条对"执法合作"进行了规定,包括:一、缔约国应在符合本国法律和行政管理制度的情况下相互密切合作,以加强打击本公约所涵盖的犯罪的执法行动的有效性。各缔约国尤其应采取有效措施,以便:(一)加强并在必要时建立各国主管当局、机构和部门之间的联系渠道,以促进安全、迅速地交换有关本公约所涵盖犯罪的各个方面的情报,有关缔约国认为适当时还可包括与其他犯罪活动的联系的有关情报。(二)同其他

① [法]阿兰图·海纳:《我们能否共存——既彼此平等又互有差异》,商务印书馆 2005 年版,第 13 页。

缔约国合作,就以下与本公约所涵盖的犯罪有关的事项进行调查:
1. 涉嫌这类犯罪的人的身份、行踪和活动,或其他有关人员的所在地点;2. 来自这类犯罪的犯罪所得或财产的去向;3. 用于或企图用于实施这类犯罪的财产、设备或其他工具的去向。(三)在适当情况下提供必要数目或数量的物品以供分析或调查之用。(四)促进各缔约国主管当局、机构和部门之间的有效协调,并加强人员和其他专家的交流,包括根据有关缔约国之间的双边协定和安排派出联络官员。(五)与其他缔约国交换关于有组织犯罪集团采用的具体手段和方法的资料,视情况包括关于路线和交通工具,利用假身份、经变造或伪造的证件或其他掩盖其活动的手段的资料。(六)交换情报并协调为尽早查明本公约所涵盖的犯罪而酌情采取的行政和其他措施。二、为实施本公约,缔约国应考虑订立关于其执法机构间直接合作的双边或多边协定或安排,并在已有这类协定或安排的情况下考虑对其进行修正。如果有关缔约国之间尚未订立这类协定或安排,缔约国可考虑以本公约为基础,进行针对本公约所涵盖的任何犯罪的相互执法合作。缔约国应在适当情况下充分利用各种协定或安排,包括国际或区域组织,以加强缔约国执法机构之间的合作。三、缔约国应努力在力所能及的范围内开展合作,以便对借助现代技术实施的跨国有组织犯罪做出反应。①

一、外交途径

通过外交途径送达司法文书,是目前世界上适用最普遍的一种送达方式。我国最高人民法院会同外交部、司法部于 1986 年 8

---

① 《联合国打击跨国有组织犯罪公约》第二十七条。

月 14 日联合发布了《关于我国法院通过外交途径相互委托送达法律文书若干问题的通知》,充分肯定了这种送达方式的合法性。① 外交途径也是在公检法机关充分掌握外逃人员的信息后,将这些信息转交外交部,再由外交部转交遣返国的信息传递方式。外交途径传递信息是最正式的传递方式,在司法合作过程中被广泛采用。比如在引渡过程中,外交途径也是提交引渡请求的主要途径。《中华人民共和国和西班牙王国引渡条约》第 6 条规定:为本条约的目的,除本条约另有规定外,双方应当通过各自指定的机关进行联系。在各自指定联系机关之前,双方应当通过外交途径联系。《联合国引渡示范条约》第 5 条关于联系渠道和所需文件的规定:引渡请求国应以书面方式提出。请求书、佐证文件和随后的函件应通过外交渠道在司法部或缔约国指定的任何其他当局之间直接传递。

在利用外国遣返制度实现境外追逃的过程中,也可以将外交途径作为向遣返国提供信息和证据的主要途径。具体的程序可以借鉴引渡程序中,通过外交途径传递有关被遣返人的个人信息和违法行为的事实与证据。在引渡程序中,通过外交途径传递请求的一般步骤是:(1)对被请求引渡者进行诉讼活动的司法机关向本国政府的司法行政机关司法部呈报引渡请求。(2)司法部经审查同意后将引渡请求提交本国外交部,请外交部向外国提出引渡请求。(3)外交部向驻被请求国的大使馆、公使馆或其他外交代表机构发出指示。(4)请求国驻被请求国的外交代表机构向驻在国外交部传递引渡请求。(5)被请求国外交部将引渡请求转交给

---

① 马进保:《国际犯罪与国际刑事司法协助》,法律出版社 1999 年版,第 148 页。

本国司法部。(6)被请求国司法部将该请求通知被请求引渡者所在地的主管司法当局,责成其开展诉讼活动。外国主管机关通过外交途径向我们国家传递信息,按照相同的程序进行。那么,在利用遣返实施境外追逃的过程中,我们通过外交途径实现信息和证据传递的步骤可以设计为:掌握外逃人员个人信息、犯罪事实、犯罪证据等的纪检监察机关、公安机关、检察机关将信息和证据整理后提交司法部,司法部经审核后转交外交部,外交部经审核后发往我驻遣返国大使馆,我驻遣返国大使馆向遣返国外交部转交相关信息和证据,外交部再转交给相关部门。但是,外交途径不适用于双方尚未建立正式外交关系的国家之间,当然如果出现这种情况,可以通过领事途径、第三国或国际组织的渠道实现信息的传递。

二、领事途径

《维也纳领事关系公约》第五条对"领事职务"进行了规定,其第(十)项规定:依现行国际协定之规定或无此种国际协定时,以符合接受国法律规章之任何其他方式,转送司法书状与司法以外文件或执行嘱托调查书或代派遣国法院调查证据之委托书。这一规定确立了驻外国领事馆领事,可将本国司法机关提交的司法文书及其委托书,转交给所在国的有关部门。我国于 1979 年加入该公约,可以通过该途径和其他国家之间相互传递信息和送达司法文书。所谓领事途径就是通过我国驻遣返国的领事机构传递相关的外逃人员的信息和证据。领事途径在引渡程序中往往是外交途径之外的另一种官方途径。如在部分国家,外国的引渡请求可以不向中央政府提出,而直接由请求国驻当地领事向具体负责实施司法协助的地方当局提出。

如《美洲引渡公约》第 10 条规定:请求引渡应由请求国的外

交代表提出。若无外交代表,则由领事馆官员进行。根据澳门《入境、逗留及居留许可制度的一般原则》的规定,当外国人被拒绝入境、限期离境、驱逐出境时,可以得到以下权利:(1)被拒绝进入澳门特别行政区的人士,在出入境事务站停留期间,如有需要及在有可能的情况下,可联络其所属国家的外交或领事代表,或其所指定之人,并可获传译辅助。(2)被拒绝入境的人士,亦可获得其指定律师的辅助,并由其负担有关费用。①

通过领事途径实现信息传递的途径和外交途径基本相同,掌握外逃人员个人信息、犯罪事实、犯罪证据等的纪检监察机关、公安机关、检察机关将信息和证据整理后提交司法部,司法部经审核后转交外交部,外交部经审核后发往我驻遣返国领事馆,然后由我驻遣返国领事馆向遣返国外交部转交相关信息和证据,外交部再转交给相关部门,从而启动针对外逃人员的遣返程序。

三、国际性组织

除外交途径和领事途径外,还可以通过国际性组织来实现信息的传递。因为有可能在部分国家之间并不存在外交关系和领事关系,或者国家之间存在不正常的状态,这时可以通过第三国或国际组织实现有关信息和司法文书的送达。利用国际性组织传递信息在国际司法合作过程中也非常普遍,而且被部分双边或多边公约所采纳。比如当两国之间无外交关系而引渡又非常必要时,就可以通过委托第三国驻被请求国的外交代表机关提交引渡请求。如《美洲引渡公约》第 10 条规定:在不能采用外交途径和领事途

---

① 澳门特别行政区《入境、逗留及居留许可制度的一般原则》(2003 年)第5 条。

径的情况下,引渡请求可以委托保护和代表请求国利益的第三国外交代表进行。为了打击犯罪、维护共同的国际社会秩序,国家之间签订了一系列公约,成立一些国际性组织,比如《联合国反腐败公约》《联合国打击跨国有组织犯罪公约》等;国际性组织如国际刑警组织、联合国反贪局联合会等,再比如欧盟之间成立的"欧洲刑事司法协调处"。

1. G20

2016 年 9 月,二十国集团(G20)峰会在杭州召开,二十国成员认识到腐败破坏政府公信力和法治,阻碍经济增长和发展。G20 认为,对这种行为进行预防和打击,才能实现 G20 建设创新、活力、互通互联和包容的全球经济的目标,加强合作是达成以上目标的重要一步。从而批准通过了《二十国集团反腐败追逃追赃高级原则》(以下简称《高级原则》)。《高级原则》依据《联合国反腐败公约》精神,秉承《G20 拒绝避风港原则》《G20 刑事司法协助高级原则》,以及 G20 资产返还相关原则,确立了在 G20 内部腐败犯罪境外追逃司法合作的精神和原则。

首先,G20 在反腐败问题上确立了"零容忍"的态度。各个国家都要注意到外逃腐败人员和资产造成的危害,各国应视情况采取措施拒绝成为腐败人员与腐败资产的避风港。基于上述认识,对于腐败犯罪的打击和合作应当强化,并且不容许有例外。认识到加强国际执法合作和刑事司法协助的重要性,认为加强合作能够促进反腐败追逃追赃合作的效率和效力。

其次,G20 反腐败及其司法合作方面在制度安排上确保"零漏洞"。G20 成员应当承诺采取有效举措,拒绝成为腐败人员避风港,前提是这些腐败人员的行为在企图逃往或已经逃往的国家是犯罪行为。鼓励所有国家在遵守有关国际承诺的同时,加大对移民程序和政策的审核力度,避免被滥用而成为腐败人员和资金的避风港。这一点是最为重要的。如果各个国家都不给予腐败犯罪和犯罪分子的藏身机会,让腐败犯罪和犯罪分子如过街老鼠,那么国际社会的高压态势和威慑效果也会震慑腐败犯罪分子外逃。

最后,G20 鼓励负责侦查、调查和起诉腐败犯罪、追回腐败资产和国际合作的相关部门建立国内反腐败协调机制。对于国际社会的司法合作,不能仅停留在框架协议层面,还应当有具体的可供执行和操作的规则。

这就是《高级原则》所确定的反腐败协调机制,以及《高级原则》所规定的执行,具体的执行规则为我们充分利用《高级原则》实现利用遣返实现境外追逃提供了合作的制度基础。《高级原则》为执行的合作确立的准则是"零障碍",认识到相关部门依法及时有效地沟通合作能够控制腐败人员和资金的流动。鼓励各国遵守现有协定,在已有国际合作机制框架下,促进主管部门间的信息交流,比如利用 G20 拒绝腐败分子入境执法合作网络。

2. 国际反贪局联合会

2006 年 10 月 25 日,第一个以各国反贪机构为成员的国际组织——国际反贪局联合会在中国正式成立。中国时任最高人民检察院检察长贾春旺当选首任国际反贪局联合会主席。在国际反贪局联合会第一次年会暨会员代表大会上,贾春旺面对来自 137 个国家和地区及 12 个国际组织的近千名代表明确表示:中国最高人民检察院愿意以国际反贪局联合会为平台,与各国司法机关携手开展各种形式的务实合作,共同预防和打击腐败犯罪。国际反贪局联合会的成立,标志着打击贪污贿赂腐败犯罪的国际交流与合作进入了一个崭新阶段。当我们不能通过外交途径、领事途径传递外逃人员的有关信息时,可以通过国际反贪局联合会将实施贪污贿赂犯罪的外逃人员的相关信息进行传递。

3. 国际刑警组织

国际刑警组织成立于 1923 年,最初名为国际刑警委员会。国际刑警组织是联合国外规模第二大的国际组织,也是全球最大的警察组织,截至 2021 年 10 月,成员数量达到 194 个。协助成员国侦查罪犯是国际刑警组织的一个重要合作领域。这种执法合作通常是以"国际通报"这一渠道进行的。国际通报分为:红色通报、蓝色通报、绿色通报、黄色通报、黑色通报五种类型,它们都以通报的左上角国际刑警徽的颜色而得名。其中,红色通报俗称"红色通缉令"。

"红色通缉令"是国际刑警组织最著名的一种国际通报。它的通缉对象是有关国家的法律部门已发出逮捕令、要求成员国引渡的在逃犯。各国国际刑警组织国家中心局可据此通报立即逮捕在逃犯。"红色通缉令"被公认为是一种可以进行临时拘留的国际证书。无论哪个成员国接到"红色通缉令",应立即布置本国警力予以查证。如发现被通缉人员的下落,就迅速组织逮捕行动,将其缉拿归案。

除"红色通缉令"外,其他色彩的通报均有其特殊含义。蓝色通报涉及的是犯罪嫌疑人,要求成员国警方予以查明,获取证据。绿色通报涉及危险的惯犯分子,提醒各国警方引起注意并加以预防。黄色通报是关于失踪人员的信息。黑色通报则涉及死者尸体,要求识别身份。

国际刑警组织的宗旨是保证和促进各成员国刑事警察部门在预防和打击刑事犯罪方面的合作。它的主要任务是汇集、审核国际犯罪资料,研究犯罪对策;负责同成员国之间的情报交换;搜集各种刑事犯罪案件及犯罪指纹、照片、档案;通报重要案犯线索、通缉追捕重要罪犯和引渡重要犯罪分子;编写有关刑事犯罪方面的资料等。比如《欧洲刑事司法协助公约》第 15 条第 5 项规定:在本公约允许直接转递的情况下,可以通过国际刑警组织实行司法协助请求文件转递。这种方式比较适用于外交关系中断的国家之间。而国际通缉是国际刑警组织的一项重要业务活动。它接受成员国对在逃犯罪嫌疑人的通缉请求,将通缉令转发给其他有关的国家和地区,以促进和协调世界范围的追缉和逮捕活动。①

　　同时,为了有效打击有组织的国际犯罪,国际刑警组织达成了建立国际通缉制度的思想,如果一个人目的不明确地离开他所犯下罪行的国家,那首先要查明他逃匿在何处,如查明了其藏匿的地方,犯罪分子所藏匿地国的警察当局应予以逮捕归案。有两种方式:一是已有确实证据证明该犯罪嫌疑人已逃往甲国,或正藏匿在甲国时,可以由本国的国家中心局发出通缉令,甲国刑警按照通缉令的要求立即实施追捕活动。二是当被追捕的犯罪嫌疑人虽然逃往国外,但是其去向尚不确定时,如果该犯是国际犯罪集团的成员,或有能出入多国国境的有效签证,请求国国家中心局应当立即将通缉令发往国际刑警组织总部,由该组织向有关地区的国家中心局转发,或者转发所有的会员国,要求立即组织警力,部署缉拿。② 中国于 1984 年加入国际刑警组织,同年组建国际刑警组织中国国家中心局,1995 年国际刑警组织第 64 届大会在北京召开。多年来,中国始终与国际刑警组织之间保持着密切的合作关系。

　　我们可以充分利用国际刑警组织的协助司法合作的宗旨、覆盖国家多的特点,实现将外逃人员的相关个人信息、犯罪事实、犯罪证据等传递给遣返国。

四、利用中外检察长会议机制

2005 年 10 月,全国人大常委会在审议并批准加入《联合国反腐败公约》时指定最高人民检察院为该公约的刑事司法协助"中央机关"。表明检察机关具有开展刑事司法协助的主导地位。而且,国际刑事司法合作措施,如引渡、移民法上的遣返、协助逃犯发现地国家对逃犯提起诉讼等,实际上都是司法程序,由具有司法属性的检察机关参与更为适当。此外,目前我国在一些国际刑事司法合作中出现失败,其主要原因也是出在技术环节上,如未能按照对方的要求提供相关证据,或者提供的证据有瑕疵。由检察机关负责对外刑事司法合作,可以减少和避免出现这类技术差错。[①]

总检察长会议是各国的检察长就共同关心的跨国犯罪问题,齐聚一堂共商对策的协调机制,其宗旨是为了促进各方共同采取措施、相互配合来打击跨境犯罪、境外追逃、境外追赃等。截至目前,已有"中国和东盟成员国总检察长会议""上海组织成员国总检察长会议""亚欧会议成员国总检察长会议"。利用总检察长会议,可以顺利实现以下事项的司法合作:(1)落实《联合国打击跨国有组织犯罪公约》及其他有关公约、法律文件的规定,在打击恐怖主义、资助恐怖主义、非法贩卖毒品、武器、贩卖人口(妇女和儿童)、洗钱、网络犯罪、腐败犯罪及其他跨国有组织犯罪方面开展紧密协作。(2)切实履行双边司法协助条约、引渡条约,落实和深

---

① 曾献文:《检察机关要走向境外追逃第一线》,《检察日报》2008 年 7 月 18 日。

化中国与东盟各成员国最高检察机关之间合作协议或谅解备忘录的规定内容。在各自本国法允许的范围内,积极开展相互间的司法协助工作,在互涉案件的调查取证、缉捕和引渡罪犯、涉案款物追缴返还等领域进行合作,相互依法提供最大限度的协助。(3)拓宽司法合作渠道,提高合作效率,建立中国与东盟部分成员国边境地区检察机关的直接合作机制。(4)建立有效的司法信息交换机制,相互交换有关司法改革、执法实践以及打击犯罪等方面的信息。(5)加强检察机关之间的交流,互派代表团进行考察、访问,相互开展检察业务培训,学习和借鉴检察工作方面的经验。

1. 充分利用中国和东盟成员国总检察长会议

中国与东盟成员国总检察长会议系由中国最高人民检察院发起的一种会议机制,旨在加强中国与东盟各国检察机关交流与合作关系,形成有效的打击跨国有组织犯罪的区际合力。成员有中华人民共和国、文莱达鲁萨兰国、柬埔寨王国、印度尼西亚共和国、老挝人民民主共和国、马来西亚、缅甸联邦、菲律宾共和国、新加坡共和国、泰王国、越南社会主义共和国。香港、澳门两个特别行政区作为中国代表团成员参加会议。

在共同打击犯罪的共识下,中国和东盟成员国总检察长会议每年举行一次,而每次的主要议题都是有关各方共同努力联合打击犯罪。我们应当借助中国和东盟成员国总检察长会议机制,来实现外逃人员的遣返。在外逃人员遣返过程中,主权国家往往都会把在其他国家实施犯罪并且正在被追捕的犯罪嫌疑人列为禁止入境、限期离境或驱逐出境的对象。

但问题就在于外逃人员所在国可能不会及时掌握外逃人员的相关信息,比如实施的犯罪、以前的犯罪记录、是不是对自己身份存在虚伪陈述等。这时就需要我们通过适当的途径将这些信息传递给外逃人员所在国的遣返机关。当我们的公安部门和外逃人员所在国的公安部门之间没有相互协作机制时,就无法实现该信息的传递,此时可以借助中国和东盟成员国总检察长会议机制实现该信息的传递。即通过总检察长会议形成的双方合作机制,比如信息共享机制、检察官的联络机制等,将我们所掌握的可以便利和促进遣返国实施遣返的外逃人员的基本信息、犯罪事实、相关证据等相关信息传递给对方检察机关,再由检察机关通过国内信息的互动来转交或通报给实施遣返的主管机关。并且中国检察机关和东盟成员国之间就信息的传递和共享也已经基本上存在共识,比如时任最高人民检察院副检察长邱学强在首次总检察长会议上发言时指出,中国和东盟各国检察机关之间应广泛开展检察工作和检察改革信息交流,巩固和发展区域内司法合作,进一步扩大检察学术交流,实现更有效的信息资源共享。

2. 充分利用上海合作组织总检察长会议

上海合作组织是中华人民共和国、俄罗斯联邦、哈萨克斯坦共和国、吉尔吉斯斯坦共和国、塔吉克斯坦共和国、乌兹别克斯坦共和国于2001年6月15日在中国上海宣布成立的永久性政府间国际组织。上海合作组织总检察长会议是上海合作组织的一个议事机制。总检察长们一致认为,在当今经济和信息全球化进程迅速发展的时代背景下,加强合作组织内部的司法合作有助于找到应对新挑战和新威胁的适当措施,并有助于维护地区和平、稳定与安全。并于2002年11月1日在上海签署《上海合作组织成员国总检察长会议联合声明》(以下简称《声明》),《声明》表示上海合作组织成员国在相互司法合作方面,将恪守《联合国宪章》宗旨和原则以及公认的国际法准则,遵循"互信、互利、平等、协作、尊重多样文明、谋求共同发展"的"上海精神"。

具体是指:有必要在司法领域进一步加强彼此之间的合作,落实《上海合作组织宪章》《打击恐怖主义、分裂主义和极端主义上海公约》《关于建立地区反恐怖机构的协定》《联合国打击跨国有组织犯罪公约》及其他有关法律文件的规定,在打击恐怖主义、分裂主义、极端主义、非法贩卖毒品、武器和其他跨国有组织犯罪以及非法移民方面开展紧密协作。通过多边合作,积极开展相互间的司法协助工作,在涉境外案件的调查取证、缉捕和引渡罪犯、涉案款物移送等领域进行合作。拓宽司法合作渠道,提高合作效率,发展成员国边境地区检察机关的直接合作机制。建立有效的司法信息交换机制,相互交换有关现行法律、执法实践以及打击犯罪方面的信息。加强检察机关之间的交流,相互开展检察业务考察和培训,探讨、落实或完善具体的培训计划,相互交流、学习和借鉴检察工作方面的经验,提高检察官的素质。我们应当充分利用上海合作组织中的各种部长级会议或检察长会议来实现遣返,开展境外追逃工作。

3. 充分利用亚欧会议总检察长会议机制

亚欧会议是亚洲与欧洲之间级别最高、规模最大的政府间论坛。亚欧会议总检察长会议由中国最高人民检察院与丹麦、韩国等国家检察机关共同发起,中国最高人民检察院主办。首次会议于2005年12月9日至12日在中国广东省深圳市举行,来自亚欧会议38个成员国及部分中亚国家的总检察长、司法部长和国际检察官联合会等国际组织代表共约800人出席会议,主题为"合作打击跨国有组织犯罪、建设和谐稳定繁荣社会"。与会代表重点就反腐败国际合作,打击跨国有组织犯罪、恐怖主义、贩毒,加强人员培训及信息、技术交流等问题广泛深入地交换意见,并通过了《亚欧会议总检察长会议联合宣言》。

对于亚欧会议总检察长会议,我们不但可以利用该会晤机制本身,而且可以利用该会晤机制与其他国家司法机关和国际组织在有关国际条约和协议的框架内开展广泛合作。可以借助亚欧会议总检察长会议这个平台来和其他国家的司法机关、国际组织实现司法合作,其中包括信息的传递和证据的提供,从而实现将外逃的犯罪嫌疑人遣返。[①]

在利用检察长会议通报遣返的信息时,也应注重对该制度本身以及自身的建设。首先,检察机关负责和参与追逃的案件,不应局限于检察机关直接立案侦查的职务犯罪案件。检察机关可以对涉嫌所有类型犯罪的外逃分子实施境外追逃。其次,改善和加强检察机关在境外追逃中的技术条件和装备,如拥有电信监测和截获设备、高效能通讯和信息传递设备、快速的出入境控制手段以及某些特工侦查手段,以便及时发现和掌握犯罪嫌疑人或被告人的外逃信息,并对该外逃行为做出快速反应和采取及时有效的缉捕措施。[②]

五、民间途径

除了通过官方途径传递外逃人员的个人信息和违反犯罪证据之外,还可以通过民间途径传递相关的信息,从而推动遣返国启动遣返程序。通过民间商会、协会等实现信息传递和沟通。薛乃印案件属于典型的通过民间途径实现的信息通报。2007 年 9 月新西兰华裔薛乃印在奥克兰将妻子刘安安杀死后藏尸于后备箱内,而后将 3 岁的女儿薛千寻遗弃在澳大利亚墨尔本南十字火车站,只身逃往美国并隐匿洛杉矶。美国警方发出通缉令全力追捕薛乃

---

① 《亚欧会议总检察长会议联合宣言》(2005 年)第 3 条。
② 黄风:《试论检察机关在境外追逃中的作用》,《人民检察》2008 年第 12 期。

印,并向公众征求有关线索。2008 年 2 月 28 日,六名华人将薛乃印制伏,将其交给美国警方。2008 年 3 月 10 日,薛乃印被美国遣返回新西兰,并于当日参加了在奥克兰的听证会。另外民间途径的力量也见于加拿大华人移民对高山案件的态度。"加拿大不应该成为罪犯的天堂",由中国移民自发组织的针对高山案的游行,并发出呼吁。

当然这种民间途径需要我们进行规范和指引,使之成为境外追逃的中坚力量。但是,我们对于官方途径和民间途径提供的信息的准确度和完成度应当有所不同。建议通过官方途径提供的信息应当准确、翔实、有针对性。而通过民间途径提供的信息,应当说尽可能地完整、翔实,但不应当要求太高,民间途径往往能够提供线索就足够了。

当然民间途径也可能成为合法常规化行为。最为典型的就是中国大陆和我国台湾地区的"金门协议"。目前,依照"金门协议"的规定,本着"人道、安全、便利"的原则,祖国大陆红十字会与台湾红十字组织一直保持着联系,实施海峡两岸私渡人员和刑事犯罪嫌疑人或刑事犯的海上双向遣返作业。自 2000 年以来,在有关部门的大力协助下,中国大陆公安机关共遣返台籍犯罪嫌疑人123 人。2007 年 1 月 25 日,大陆将涉嫌台北卫丰运钞车抢劫案主要犯罪嫌疑人李汉扬、李金攒兄弟移交给台湾刑警人员。第二天,25 名由台湾潜逃至大陆的通缉犯被遣返回台,与此同时,198 名非法偷渡至台湾的大陆居民也被遣返回大陆。①

---

① 《"金门协议"渐成两岸刑事犯罪遣返重要法律依据》,http://www.huaxia.com/thpl/wzzdlj/2007/08/34796.html,访问时间:2019 年 11 月 17 日。

第二节　准确提供促进遣返的证据

找到了传递信息的渠道,下一步的工作是通过这些渠道传递什么样的内容,才会促使遣返国启动遣返程序并顺利进行。把握传递内容的基本原则是:在法律允许的范围内,应当根据遣返国的需求和请求来收集和传递信息、证据等。结合对遣返原因、遣返程序、阻却遣返的条件的分析,提供的信息或证据大体集中在三个方面:第一,外逃人员的个人信息。比如被追逃人员的姓名、性别、年龄、国籍、身份证件的种类及号码、职业、外表特征、住所地和居住地以及其他有助于辨别其身份和查找该人的情况。第二,如果外逃人员系犯罪嫌疑人,应当提供其犯罪的事实,包括犯罪的时间、地点、行为、结果等。如果外逃人员是已经判刑的人,应当提供犯罪的事实、证据、判决书等。第三,提供对犯罪的定罪量刑以及追诉时效方面的法律规定。比如现行有效的刑事法律,如果该法律在被追逃人员行为后进行过修改、补充的,应一并提供犯罪行为时的法律,追诉时效方面的法律,有关国际公约,等等。

一、提供证据的内容

利用遣返制度实现境外追逃最大问题实际上只有两个:提供信息和提供证据。提供信息是为了让遣返国启动遣返程序,提供证据是为了让遣返程序进展顺利。因此,尽管说整个遣返过程都是在遣返国完成,但决定遣返程序实施的事实和焦点很大程度上都是集中于追逃国。比如遣返嫌疑人在我国是否实施了犯罪、实施了何种性质的犯罪、犯罪是否有证据、遣返回国后是否会判处死刑等。因此,我们如何提供证据、提供什么样的证据,一定程度上来说将决定境外追逃能否最终完成。

证据就是能够证明案件真实情况的一切事实。通常来讲包括八种形式:物证,书证,证人证言,被害人陈述,犯罪嫌疑人、被告人供述和辩解,鉴定结论,勘验、检查笔录,视听资料。审判人员、检察人员、侦查人员应当收集能够证实犯罪嫌疑人、被告人有罪或者无罪、犯罪情节轻重的各种证据。有论者提出,非法移民遣返措施所需要的证据主要是能够证明逃犯是非法移民的有关资料和证据。主要包括:(1)证明非法办理证件的资料和证据,如逃犯采取欺骗、隐瞒、虚构、编造身份资料等非法手段获得出入境证件,或通过高价买卖等非法途径取得护照等。(2)证明逃犯所使用的是假证件的资料和证据,如使用假名办理证件,或伪造、变造证件等。(3)证明逃犯是非法入境者的资料和证据,如偷渡入境。(4)证明签证欺诈的资料和证据,如逃犯在申请并获得签证过程中隐瞒签证意图、提供虚假信息等。(5)证明逃犯非法获得移民资格的资料和证据,如在个人资产、工作经历和身份等方面采取编造虚假事实、伪造虚假材料等方法获得移民资格等。[①]

笔者认为,我们提供的证据,应当根据遣返国的需要而确定,也就是能够证明遣返国的遣返事由的事实和证据,具体包括:(1)证明被遣返人实施犯罪的证据,包括犯罪的时间、地点、行为、危害结果等。(2)针对被遣返人所实施的犯罪可能适用的法律,包括实体法和程序法。(3)证明被遣返人不会受到特殊诉讼、不会遭受酷刑、不会执行死刑、不会遭受残忍不人道刑罚的证据等。(4)证明被遣返人真实身份的证据,包括姓名、性别、原籍、在国内的工

---

① 阿儒汗:《贪污贿赂案件境外追逃程序和证据要求》,《人民检察》2008 年第 12 期。

作情况、职务等。（5）证明被遣返人证件真伪的证据等。（6）证明被遣返人经济状况的证据，包括国内的生活状况、财产情况等。（7）证明被遣返人的家庭情况，是否已婚、是否有子女等。（8）证明行为人的身体健康状况，是否有某种疾病等。

二、提供证据的要求

利用遣返实现境外追逃，依据各国移民法的不同规定适用的程序、提交的证据都有所不同。① 黄风教授曾经就引渡制度中请求国提出证据的问题做出了原则性的说明，即应当重视并且加强对犯罪嫌疑人外逃案件的调查取证工作，努力使我方支持引渡请求的证据材料符合被请求国法律所要求的"表面证据"或者"足够嫌疑"标准。需要改变那种把主动引渡看作是简单地"追逃"或"境外缉捕"的认识，而应当把引渡请求的提出看作是准备接受被请求方对我们刑事追诉的法律根据和实施根据的检验和审查。②

在同美国、加拿大的遣返合作中，对方国家都曾提及我国提供的证据材料不符合对方要求的问题，严重阻碍了我国适用遣返措施追逃的进度。所以，我国适用遣返程序追逃时，需对不同国家的遣返程序、证据要求进行研究、熟悉和了解后，再启动遣返程序，将会起到事半功倍的效果。③ 提供证据的基本要求：第一，必须达到证据的三性。即客观性、关联性、合法性。所谓客观性的含义是指作为刑事证据的事实，是客观存在的，不以人的意志为转移的。一方面，它不依赖于办案人员的主观意志而客观存在，办案人员只能

---

① 黄风：《引渡问题研究》，中国政法大学出版社 2006 年版，第 124 页。

② 黄风：《引渡问题研究》，中国政法大学出版社 2006 年版，第 124 页。

③ 王秀梅、宋玥婵：《新时代我国反腐败追逃的经验与完善——聚焦于"百名红通"》，《北京师范大学学报（社会科学版）》2018 年第 5 期。

发现、收集、利用这些事实而不能改变、歪曲这些事实。所谓关联性是指作为刑事证据的只能是那些与案件有联系的客观事实,即能够证明案件事实情况的客观事实。刑事证据之所以要有关联性是由于证据是伴随着刑事案件的发生而形成的,所以它和案件事实之间应当具有必然的客观联系,刑事证据与案件事实之间的联系越紧密,其证明力越强,在刑事诉讼中所起的证明作用也越大。必须注意以下几点:(1)证据事实与案件事实之间的联系是客观存在的,其联系是不以办案人员的主观意志为转移的。(2)证据事实与案件事实关联的形式、途径和方法是多种多样的。(3)确定证据的关联性是一个非常重要又极为复杂的问题,需要办案人员进行深入细致的调查研究,借助于各种工具和技术。所谓合法性主要包括四个方面:(1)刑事证据的收集、运用主体必须合法。指刑事证据必须由法定人员按照法定程序以合法的手段收集。《刑事诉讼法》第 43 条规定审判人员、检察人员、侦查人员必须依照法定程序,收集能够证实犯罪嫌疑人、被告人有罪或无罪、犯罪情节轻重的各种证据。严禁刑讯逼供和以威胁、引诱、欺骗以及其他非法的方法收集证据。必须保证一切与案件有关或了解案情的公民,有客观地充分地提供证据的条件,除特殊情况外,并且可以吸收他们协助调查。(2)刑事证据的表现形式必须合法。(3)刑事证据的来源必须合法。如证人证言必须出自合格的证人。(4)刑事证据的查证程序必须合法。《刑事诉讼法》第 42 条第 3 款规定证据必须经过查证属实,才能作为定案的根据。如证人证言必须在法庭上经过控辩双方询问、质证。

　　第二,应当符合遣返国对遣返过程中证据的要求。对于证明标准,在境外追逃的案件中有一定的复杂性,因为根据遣返的性质来说应当是具体行政行为。因而在案件没有移交到法院之前,尽管也会出现移民局上诉、难民局上诉问题,但是此时依然是行政机关对具体行为人的处罚行为,因此就证明的标准来说应当以行政诉讼的证明标准为准。而当案件进行到法院上诉后,这时依然是行政诉讼,只是所证明的对象需要二次证明,就是说需要对双方提出的理由进行再一次的证明。而这个证明对象又刚好是刑事犯罪,此时就需要按照刑事犯罪的证明标准来进行证明,相对来说就会严格一些。

　　请求方应当依照什么标准向被请求国提供支持其境外追逃请求的证据呢? 在这个问题上,目前国际上存在着三种不同的标准:第一,"表面证据"标准,即请求方所提供的犯罪证据,在未遇反驳的情况下,构成将有关人员提交给法院审判的充足根据。这种标准在一些国家也被表述为"合理根据"或者"重大嫌疑"标准。第二,"足够证据"标准,它虽然不要求提供证据,但要求提供"现有证据摘要以及一项根据请求国法律上述证据足以证明有理由起诉该人的说明"。第三,零证据标准,即只要求请求方提供对被请求引渡人签发的逮捕令以及有关的案情概要。对于这三种证据标准,第一种标准比较苛刻和烦琐,把对外国的引渡请求的审查变成了对有关刑事案件的预审,容易导致请求国和被请求国之间因各自不同的举证制度和标准而产生的分歧或冲突。第二种标准是对第一种标准的简化,相对来说难以满足。第三种是进行形式审查的标准,既不要求提供证据关于证据材料,也不要提供证据材料的说明,不但简便快捷,而且体现被请求国对请求方刑事追诉活动和相关法律程序的充分信任。①

　　以加拿大为例。加拿大联邦上诉法院会考虑证据,以证明其

---

　　①　黄风:《引渡问题研究》,中国政法大学出版社 2006 年版,第 65 页。

有足够的理由相信行为人是一个犯罪组织。这里合理的根据就是证据的标准。但是国家拒绝给予行为人签证往往并不是因为证据的可行性,而是基于整个国家安全的考虑。遣返的实践放弃了对证据的严格要求,即不要求既有足够的合理而且应当有衡量的可能性。这也说明对刑事证据的要求不是非常严格。这里面还对"Committed"和"Conviction"进行了解释。前者是指行为人犯了罪,但是逃脱了法律的惩罚。而后者是指行为人实施了犯罪并且已经得到了认定。

为了满足证实犯罪的要求,我们必须提出在加拿大境外实施犯罪的证据和相应的判决书。这样也涉及一个问题,就是将在加拿大境外实施的犯罪和在加拿大境内实施的犯罪进行比较。意思就是说如果这种行为在加拿大实施将会判处什么样的刑罚。如果在加拿大实施将会判处不少于10年的监禁。对于嫌疑人来说,焦点集中在犯罪的实施上。第一个需要决定的就是该行为人实施的行为或过失在行为地是不是构成犯罪。一旦这种假设成立,将会与加拿大的法律进行比较,加拿大的法律要求最高刑是10年以上监禁。

对于构成遣返理由的刑事犯罪的证据标准是"足够的根据相信"而不是"排除合理怀疑"。足够的根据相信的程度要低于排除合理怀疑,从这一点也说明了作为遣返程序和刑事司法在认定刑事犯罪标准上的不同。因为两个程序证明的焦点不同,遣返程序证明刑事犯罪的焦点在于证明被遣返人实施了犯罪即可,而刑事司法证明刑事犯罪需要达到案件事实清楚、证据确实充分,从而为了对被告人定罪判刑。所以,刑事司法对刑事犯罪的证明标准要远远高于遣返程序。在决定是不是有足够的证据证明行为人实施了犯罪时,上诉局应当检查指控犯罪的证据。联邦法院认为对行为人实施逮捕和居留的令状不能作为定罪的证据。联邦上诉法院推翻了这一决定,认为逮捕或拘留的令状可以作为证明行为人犯罪的证据。

有论者在分析程慕阳案件时就对支持遣返的证据要求提出了建议。在重新聆讯阶段,案件的诉讼争点应仍聚焦在程慕阳是否在国内实施了"严重的非政治犯罪"上。根据双重犯罪原则,我们应注意研究加拿大对贪污、窝藏、转移赃物犯罪的相关法律规定,尤其针对联邦法院对案件事实的质疑和证据材料的要求。对证明事项、证据材料和证据提供方式等进行补充和完善。以下三点尤需注意:一是明确主要证明事项,确保达到"合理相信"的程度。如关于程慕阳及其同案犯作案时的身份,程慕阳分别与苏某某、涉案中介公司之间的关系,程慕阳与其同案犯关于骗取涉案款项的具体谋议内容,程慕阳获取、转移赃款的具体行为等。二是注重收集证据的全面性,确保符合证据材料的要求。在司法审查裁决书中,加拿大法院法官要求难民主管机关获取中国法院判决书证据目录上的证据并加以审查核实,因此除了被告人的供述外,还应该提供相应的证人证言、项目协议书、公司工商登记文件、营业执照、赃款转移凭证等证据。三是完善提供证据的方式,确保证据被最大限度地采用。[①]

由于我国系为追逃追赃目的而参与加拿大难民案件的审理程序,只需提供我国在有关诉讼活动中所掌握的证据文件,根据加拿大的要求提供原件或概要件,为确保这些文件材料被加方采纳,在进行翻译的同时,还应说明证据材料均可用于审判,系严格依照加

---

① 黄风、赵卿:《从"程慕阳案"看移民法遣返的证据规则》,《法学》2017 年第 2 期。

拿大法律规定的程序获取的。总之,不仅在内容上要能证明程慕阳基于欺诈故意,与他人共同实施了贪污行为,分得巨额赃款并进行转移的犯罪事实;在形式上也应当符合加拿大刑事诉讼"正当程序"的要求,以最大限度地增强证据的可靠性和可信度,使其无可辩驳,为难民法庭做出裁决提供支持。①

在遣返程序中,因为遣返国并不是对遣返目的地国的请求进行审查,而是基于自己国内的法律制度和自己掌握的证据独立做出判断,并不需要对遣返目的地国的证据材料提出苛刻的要求。因为遣返目的地国只是起着一个协助的角色,最终的决定权仍然在遣返国。在遣返程序中,遣返目的地国只需提供被遣返人实施犯罪的相关信息即可,并不需要提供足以证明其犯罪成立的证据或达到足以证明的程度,当然这里提供有关犯罪信息的证据应当完全按照遣返国的证据提供方式进行。在决定外国的犯罪和加拿大的犯罪时,对于移民部长来说没有必要考虑遣返目的地国政府提出的证据,但是如果遣返目的地国提交的证据存在,加拿大负责遣返的主管机关就应当查明遣返目的地国提交的证据。当遣返目的地国的证据不能查明时,应当通过法律的精神来确定。如果加拿大的犯罪范围较窄,有必要确定被遣返人实施犯罪的特殊性,这时就应当超越字面意思来决定这一行为在加拿大应当构成何罪才能和国外的犯罪对应起来。如果加拿大的犯罪范围宽于外国的犯罪范围,就没有必要超越字面意思来确定行为的性质。

三、专家证人

证人是指就案件的事实问题就自己所了解的情况进行作证。

---

① 黄风、赵卿:《从"程慕阳案"看移民法遣返的证据规则》,《法学》2017 年第 2 期。

一切有理智的人,也就是说,自己的思想具有一定的连贯性,其感觉同其他人相一致的人,都可以作为证人。[①] 专家证人自然就是对某一方面的问题有专门研究的人来做证人。专家证人制度原是英美法系国家证据法中特有的一种法律制度。英国早在 14 世纪就承认专家证言在诉讼中的作用,不过当时的专家证人只是法官的助手,由法庭指定。到了 18 世纪以后,才改由当事人聘请专家证人。专家证人的技术或其他专业知识将有助于审判者理解证据,或者确定争议事实。凭其知识、技能、经验、训练或教育够格为专家的证人,可以用意见或其他方式作证。相对于大陆法系的鉴定人而言,英美法系将这种具有专门知识的实际起到鉴定作用的人看作广义的证人。

本书认为专家证人的法律定位应当是证人,其权利义务应同于证人,不应享有任何特权和优待。同时作为专家证人,至少应当具备以下三个基本条件:第一,必须具有与参加诉讼的案件所涉及的某一特定领域或某一特定行业内的专家所具有的专门知识、技能、经验。比如在遣返过程中,如果被遣返人提出其回到国内将会被判处死刑,就由刑法方面的专家根据刑法来证明依据被遣返人行为的社会危害性、人身危险性是不是会判处死刑,目的地国的死刑立法情况、死刑量刑情况、死刑执行情况、国家有关死刑的政策。第二,作为专家证人的证言所表达的意见、推论或结论,是依靠专门性的知识、技能和经验而做出的,而不是依靠一般人所具有的常识。第三,作为专家证人,必须对自己依据案件事实、证据所提出的意见、推论或结论做出合理的肯定程度的证明。专家证人在出

---

① ［意］贝卡利亚:《论犯罪与刑罚》,黄风译,中国大百科全书出版社 2002年版,第 24 页。

庭对案件专门性问题进行说明时,不得使用猜测性或者模棱两可的语言。

对以遣返实现境外追逃来说,专家证人所起的作用就是将遣返视为一个纯粹的法律问题,是一个依照移民法或者遣返法来进行的对违法的外国人实施的行政措施或行政处罚。遣返过程中会涉及许多有关我国法律的问题,而且应当积极构建我国有关遣返问题的专家证人,积极鼓励和支持对遣返问题研究的专家学者。通过他们对国外遣返的流程、遣返涉及的法律问题、遣返的对象、遣返的原因、中国的死刑状况、酷刑状况、整体的法制状况、人权状况等做出研究,以便当遣返国向我们提出请求专家证人证明遣返人所说的某种有关遣返能否顺利进行的问题时,能够及时提供。在专家证人的选任上,本书建议:第一,应当多学科。第二,应当是某领域的专家。第三,应当保持中立、独立。如何作证、作证的内容,不应当受到行政机关、司法机关的干涉。另外我们还应当做好一些配套工作,比如专家证人的作证的费用、构建专家证人库、强化他们把握国外遣返以及相关法律的进展等。

四、视频听证

无论是在遣返的听证阶段,还是在司法审查阶段,都少不了证人作证问题。在遣返过程中,如果需要遣返目的地国的证人作证,这时就会涉及证据提供方式问题。如何才能保证证人在程序进行之中,又能保证对抗双方对证人进行交叉讯问?跨国合作过程中证人作证可以如同国内审判程序一样选择让证人出庭作证的方式,但是这种合作方式相对来说代价较为昂贵,国际社会需要更为快捷、有效的跨国作证方式。在司法合作过程中,国际社会探索出了通过"远程视频"作证或听证的方式。遣返原本是遣返国内部的行为,在遣返进行过程中,关于听证、诉讼原本只需在遣返国国内即可完成,但是由于遣返行为的对象是外国人,这样就会涉及对遣返嫌疑人的犯罪事实、犯罪证据、目的地国的法律规定、目的地国的法治状况等的考量,而这种证据的提供要求一定的及时性,在这种背景下,远程视频听证就应运而生。

远程视频听证是指遣返国主管机关在本国境内,通过通信卫星等电子传送和视像播放系统,连线处于遣返目的地国的证人、鉴定人或其他有关人员,对他们进行询问并听取他们的证言。随着科技的发达,视频听证逐渐走上了历史的舞台,并且在国际司法合作尤其是境外追逃过程中表现尤为突出。我们应当充分利用这一高科技的形式来方便提供证据的效率和效果。因为,此种方式使得处于不同国度的调查人员和被询问人员可以通过视频系统面对面地进行谈话,甚至进行庭审活动,它使得被请求国的司法机关可以直接采用本国法律所规定的程序进行询问和听审,更好地保障和实现有关当事人的质证权和辩护权,确保有关法律程序的公正、客观和依法。① 也有论者认为,远程视像合作是指国际执法合作中,依据双边条约、国际公约和请求方请求,被请求方通过电视电话会议系统,组织相关证人或鉴定人,直接向请求方作证或提供证据的合作方式。②

尽管我们国内还没有有关远程视频听证的规定,但远程视频听证在国际司法合作协定或条约中早有规定,而且已经为司法实践做出了诸多贡献。如《联合国打击跨国有组织犯罪公约》第 18 条第 18 款规定:当在某一缔约国境内的某人需作为证人或鉴定人

---

① 黄风:《国际刑事司法合作的新近发展》,《法制日报》2009 年 3 月 6 日,第 9 版。

② 周晓勇:《论国际远程视像合作》,《人民检察》2008 年第 21 期。

接受另一缔约国司法当局询问,且该人不可能或不宜到请求国出庭,则前一个缔约国可应另一缔约国的请求,在可能且符合本国法律基本原则的情况下,允许以电视会议方式进行询问,缔约国可商定由请求缔约国司法当局进行询问且询问时应有被请求缔约国司法当局在场。

同样,《联合国反腐败公约》第46条司法协助第18项也做出了类似的规定:当在某一缔约国领域内的某人需作为证人或者鉴定人接受另一缔约国司法机关询问,而且该人不可能或者不宜到请求国领域出庭时,被请求缔约国可以依该另一缔约国的请求,在可能而且符合本国法律基本原则的情况下,允许以电视会议方式进行询问,缔约国可以商定由请求缔约国司法机关进行询问,询问时应当有被请求缔约国司法机关人员在场。《加拿大刑事司法协助法》第22条之一,也对通过远程视频连接获取证据做出了规定,该条规定,如果司法部部长批准了某国或实体提出的强迫某人通过视频科技在该国或实体拥有管辖权的领土上提供证据或者陈述的请求,或者允许请求方就其拥有管辖权的犯罪而审理或者询问证人,司法部部长应当向主管机关提供申请命令所需的文件和信息。①

本书认为,为方便为遣返国的遣返程序提供证据,我们应当积极开展对远程视频听证的研究和建设。结合遣返过程中可能用到的视频听证,在远程视频听证方面需要做的工作包括:第一,应当构建远程视频听证的平台。即我们应当有远程视频听证的设备,熟悉远程视频系统的具体操作规范和流程。第二,在具体的遣返

---

① 王强军:《加拿大刑事司法协助法》,载黄风、赵林娜主编:《国际刑事司法合作:研究与文献》,中国政法大学出版社2009年版,第396页。

案件中,积极和遣返国进行联系,或者应遣返国的要求,做出通过远程视频听证的方案。具体可包括:(1)确定取证对象。对遣返国提出的取证对象,我们应当首先根据本国法律,确定该人员作证是否违反本国法律规定或基本原则。审查后,及时查找和确定该人员的确切下落,以便及时通知本人,对证人做出说明,确定证人能够在远程视频中作证。在部分案件中,我们应当尊重遣返国的意见,由遣返国征求证人是不是愿意作证。(2)确定双方执法机关官员。一般而言,双方参与远程视像合作的执法官员应分别由各自的中央机关决定。双方参与合作的执法机关及官员应当对等。双方参与合作的官员应当熟悉被调查案件的案情和取证内容,这就需要有具体办案人员的参与。请求方执法机关需提前派员赴被请求方境内参与合作磋商与具体工作,并成立由双方执法人员组成的联合工作组,商议合作中的具体事宜。应当确定我方通过远程视频参与提供证据的机构,比如检察机关。因为对外逃人员的行为提出犯罪指控是检察机关的职责。法院只是当被告人到庭后具体负责审判,并且基于独立性、中立性原则的要求,法院也不能主动提供证据。公安机关作为证据的收集机关,其证据应当经过检察院的监督才能确定是不是能够作为指控犯罪的依据。(3)确定其他人员。包括技术保障人员、翻译人员和有关专家等。有时还需要安排医务人员在场。需要注意的是,选择翻译人员时,对于其法律素养、工作背景以及翻译内容涉及的文化背景、专业知识都要考虑在内。同时,在正式作证前,使翻译人员更多地了解案件背景和作证内容也是十分必要的。(4)确定合作地点。取证对象是普通证人、鉴定人,那么作证的地点相对来讲可选择的余地较大,可以在执法机关办公场所,也可以选择电视电话会议中心等场所。取证对象是在押人员,作证地点一般应当设在监管场所内部,而不宜在监狱以外的地点进行。作证地点的选择不仅要考虑有利于证人作证,还要考虑双方法律对证人作证地点的要求以及技术保障等方面。(5)确定合作时间。远程视像合作需要合作双方的活动同步进行,具体时间就需要合作双方协商确定,要兼顾考虑双方对作证时间的要求。既要保证请求方正常的开庭时间,又要保证被请求方证人合理的休息权和身体健康权。

在远程视频听证过程中,应当确保远程视频听证的证据的合法性、客观性和关联性,禁止伪证。一旦通过远程视频听证方式做伪证,将会导致国家信义受到损失或毁灭性打击,通过国外遣返制度实现遣返的愿望将可能落空。

第三节 创造条件成为遣返目的地

当我们提供了信息、提供了证据,遣返国经过正常的遣返程序决定将被遣返人遣返出境,由于遣返目的地国可以有多重选择,所以这时我们需要做的工作就是,如何将中国确定为针对被遣返人的遣返目的地国? 对于遣返目的地国的选择问题,根据各个国家遣返法律规定的不同而不同。国际法承认每一个人都有离开任何一个国家,包括他的祖国的权利,也有回到他的祖国的权利,并且将他们接收回国也是他的国籍所属国的义务。① 在遣返的过程中,以下国家都有可能成为遣返目的地国:(1)被遣返人拥有国籍或市民权的国家。(2)被遣返人进入遣返国前居住的国家。(3)被遣返人出生地所在国家。(4)被遣返人进入遣返国搭乘的船舶

---

① R.Cholewinski, R.Perruchoud and E.Macdonald Eds, *International Migration Law.Developing Paradigms and Key Challenges*, Cambridge University Press, 2007, p.68.

或交通工具所属国。(5)其他被遣返人希望被送回的国家。如在赖昌星案件中,我们主张应当将赖昌星遣返至中国大陆,而赖昌星曾经表述,如果其最终将被遣返,他选择被遣返至香港。赖昌星在被加拿大当局决定遣返受审之后,向加拿大当局表示,希望可遣返到香港,但被加拿大当局拒绝。①

遣返非法移民不像引渡具有特定的目的地,遣返方不负有将被遣返者送至对其实行追诉或处罚的领域的义务。因此,为了以遣返非法移民方式达到事实引渡的目的,我国司法机关应当与有关国家的执法机关相互协调、密切配合,防止被遣返者逃往其可能选择的其他目的地,确保将其解送到我国境内。② 为了使遣返国能够将中国大陆确定为遣返目的地国,本书认为,可以分三种情形积极进行准备:

第一种情形,积极创造条件使中国大陆成为遣返目的地国,这是首选的方案。在各国的遣返制度中,确定遣返目的地国的首要原则就是被遣返人的国籍国或原居住地国。因为如果遣返国将被遣返人随意遣返,遣返目的地国将会提出异议。因为,被遣返的对象多是存在某种危害国家安全、社会秩序、公众健康的行为,因此遣返目的地国抗议遣返国应当就自己的行为在全球范围内承担责任。③ 所以,我们能做的工作就是提供被遣返人是中国公民的证据。比如,被遣返人在国内的身份证、户口本、居住地、工作地、在国内的亲属及参与活动的记录等。除此之外,应当证明中国大陆

---

①　根据巴西侨网 2006 年 5 月 23 日报道"赖昌星希望遣返香港被加拒绝"。

②　张敬博:《赖昌星被遣返案的启示与法律影响——访北京师范大学刑事法律科学研究院黄风教授》,《人民检察》2011 年第 17 期。

③　Wendy Chan, Crime, deportation and the regulation of immigrants in Canada? *Crime, Law & Social Change*, (2005) 44, p.176.

是被遣返人最后的离开地或居留地。根据部分国家移民法的规定，当不能查明被遣返人的国籍时，可以将其遣返到遣返之前的居住地国或最后离开地国。我们可以通过机场、轮船、边境等出境记录来证明被遣返人在前往遣返国之前在中国大陆居住的证据。

第二种情形，创造条件使其他国家不能成为遣返目的地国。如果被遣返人或遣返国准备将被遣返人遣返至其他国家，我们应当提供证据证明被遣返人系中国公民，中国应当成为首选的遣返目的地国。同时如果被遣返人是因为刑事犯罪而被遣返，根据管辖权原则，提出中国对被遣返人的犯罪行为具有法定的优先管辖权，从而阻止将被遣返人遣返到其他国家。

第三种情形，当不能顺利实现中国大陆为首选遣返目的国地时，或未能阻止遣返国将被遣返人遣返到其他国家，我们可以同第三国或其他地区协商，通过双方之间是否存在引渡条约、遣返条约或其他司法合作协定，来实现对被遣返人的境外追逃工作。

同时，对于除了贪腐犯罪之外的其他犯罪，我们也应当采取积极措施促成中国大陆为遣返目的地，比如电信诈骗犯罪人的遣返。这些电信诈骗犯罪嫌疑人有的是大陆居民，有的是台湾居民。如果大陆居民自然不成问题，但如果是台湾居民，就存在遣返回大陆还是台湾的问题。但是，在电信诈骗中，受害人绝大多数都是大陆居民，被电信诈骗之后给被害人造成非常严重经济损失和精神伤害。所以，无论是基于属地管辖还是基于保护管辖，我们都要法定的优先管辖权。在此种情形下，我们就应当积极提供相关的犯罪行为的证据、被害人遭受诈骗并遭受损失的事实和证据，从而将中国大陆作为最为应当遣返的目的地。近年来，中国司法机关积极努力，我们已经连续从西班牙、肯尼亚、菲律宾、南非等国遣返回大陆一定数量的电信诈骗犯罪分子。

第四节　充分利用自愿遣返制度

自愿离境,有的也称自愿返回(voluntary return),是指在没有任何心理和有形压力的情形下,为了避免强制遣返程序而自愿同意离开遣返国的行为。① 已经处于遣返程序中的外国人可以向遣返国提出其自愿离境的申请,从而阻却强制遣返命令的颁发和执行。尽管结果相同,即非法入境者都离开了遣返国,但是法律后果有明显不同。首先,被遣返人是自愿离境,并不是执行遣返命令的结果。其次,自愿离境和强制遣返对于被遣返人日后能否再次回到遣返国有所不同。如果行为人接受了自愿离境命令,他可以再次回到遣返国,甚至有资格获得永久居民的签证。如果行为人是被遣返或驱逐,将在1年至20年不等的时间里不可能获得签证的机会,也不能返回遣返国。但对于能否申请自愿离境,部分国家也做出了排除性规定,即对于部分遣返嫌疑人,法律规定其没有提出自愿离境的权利。如美国规定:刚到的外国人、被证实实施了重罪的外国人、先前针对行为人曾经有一个遣返命令的人,无自愿离境的权利。

申请自愿离境所处的阶段不同相应的后果也有所不同。以美国的自愿遣返程序为例。如果被遣返人已经进入遣返程序或驱逐程序,在遣返决定没有做出之前,被遣返人提出自愿离境申请,其将可以在120天内自愿离开美国,而且不需要特殊的证明,比如过去一段时间的表现,是否有良好的道德操守等。如果遣返决定已经做出,遣返嫌疑人提出自愿离境申请,其将会有60天时间离开。

① R.Cholewinski,R.Perruchoud and E.Macdonald Eds,*International Migration Law.Developing Paradigms and Key Challenges*,Cambridge University Press,2007,p.68.

但遣返嫌疑人必须出示相应的证据证明其没有危险,包括:过去一段时间的表现,是否有良好的道德操守,没有实施移民法上所说的重罪,或由于危害国家安全而被遣返的可能性。

在李华波案中,我国主管机关注重加强国际合作,依托国际法规则和新加坡法律制度,最大限度地寻求并获得国际刑事合作,这为开展反腐败国际合作提供了一个很好的案例,有关经验值得在今后追逃追赃工作中借鉴参考。与许多外逃人员一样,李华波早就谋划着为自己获取到新加坡投资移民身份。在中国和新加坡两国尚未缔结引渡条约的情况下,新加坡的永久居留权构成将李华波遣返回国的法律障碍。为化解这一难题,我国检察机关通过支持新加坡对李华波洗钱行为的刑事调查和追诉,使得李华波逍遥法外的梦想破灭。异地追诉也导致李华波在新加坡永久居留权丧失,创造了将其作为非法移民遣返回国的法律条件。①

无论是在哪一个阶段提出自愿离境,被遣返人都必须自己提供离境的费用。即行为人需有足够的资金回到自己选择的目的地国。无论是哪一种,遣返国的官员都必须证明行为人离开了遣返国。而且遣返国可以要求行为人缴纳一定的保证金以保证其自愿离开遣返国。如果行为人在约定期限内没有离开遣返国,或经过延长期限后仍然没有离开遣返国,自愿离境命令将会取消并自动生成遣返令。

与强制遣返相比,自愿离境具有两个优点:第一,自愿离境的行为人日后具有返回遣返国的可能性,而强制遣返的被遣返人没有这种权利和机会。第二,自愿离境的行为人可以获得 120 天或 60 天的滞留期。即自愿离境命令签发后,行为人还有 120 天的滞

---

① 黄风:《携手追逃让"天网"更显威力》,《人民日报》2015 年 5 月 11 日,第 5 版。

留可能,而且期限满时,行为人还可以提出延展。强制遣返的被遣返人则没有这种权利。

这是遣返国从外部给遣返嫌疑人的"优惠政策",如果作为追逃国的我们再从目的地国给予外逃人员一些从宽处罚的政策,在回到中国之后的从宽处罚政策以及自愿离境本身在遣返国所可能得到政策激励的双重作用下,外逃人员自愿回国的可能性就会更大。这就需要我们负责境外追逃的主管机关通过一定的途径,能够将对外逃人员的"从宽处罚政策"(比如自愿回国之后认定为自首、认罪认罚从宽处罚等)传达出去,并且让外逃人员接受。

最高人民检察院大要案侦查指挥中心副主任陈东在谈余振东案件及检察机关追逃工作时,结合工作中掌握的情况指出有两点促使外逃人员自愿回国受审,第一,精神层面。从常识上讲,作为一个普通人在一个地方生活了几十年,突然到他乡去,还要工作生活,这必须有两个基本条件,一个是文化上的适应,另一个是要有基本的物质条件。但是对他这样的人来讲,到美国之后,首先在文化上的接受和适应需要有一个漫长的过程,这个过程也不是一年、二年、三年就能够完成的。第二,物质层面。从财力上来讲,可能在刚到美国的时候,可以利用转移的赃款支撑一段时间。但是随着我国和外逃人员所在国之间的执法合作,外逃人员很多财产被查扣,所以很快就捉襟见肘。另外,作为潜逃的犯罪嫌疑人,明白自己被通缉,也会知道双方在开展合作,所以为了逃避追查,他们不敢进入华人圈,不敢进入繁华地段,唯恐被警方抓住,这种惶恐的心理上的折磨他们必须承受。因此他们绝不会处于所谓的逍遥状况。①

---

①　《高检院反贪总局大要案侦查指挥中心副主任陈东谈余振东案件及检察机关追逃行动》,见 http://live.jcrb.com/html/2006/109.htm。

因此当强制遣返和自愿离境同时摆在行为人面前,而且自愿离境的政策激励远远大于强制遣返时,被遣返人会做出比较明智的选择,选择自愿离境。

　　在这一过程中,本书的初步设想是构建一个由党委、政府、监察委、纪委、司法机关(主要指检察机关)共同参与、相互配合协调的工作机制。理想的状况是,党委、政府、监察委、纪委、检察机关之间应当有一个先后顺序。我们认为党委、政府是第一序位的奉劝者,纪委、监察委是第二顺位的奉劝者,检察机关是第三顺位的奉劝者。也就是说,如果能在不动用司法资源的前提下劝说外逃人员回国受审的话,是最为理想的。因为这样的话,有党委、政府进行劝说,此时给外逃人员的心理压力和情感冲击并不是很大,他不会有太多的抵触情绪。当这些主体劝说外逃人员无效后,就应当由纪委、监察委、检察机关等主导进行劝说,这时的劝返更多的是司法机关代表国家在和行为人进行"劝慰式的商谈"。这是至关重要的一环,在这一环做得比较充分,让外逃人员在心理上、法律上认为回国受审确实是其权衡之后的最佳选择。如果我们设计这样一种制度,那么将在一定程度上从强制遣返过程中的被动转化为自愿离境中的主动。

第五节　积极缔结双边及多边遣返条约

　　随着一些国家共同体和区域联盟的形成和发展,刑事司法合作也突破了国际礼让和互惠的传统准则,更加注重高效和简捷,注重对合作方司法管辖和裁决的承认和维护。英国和爱尔兰在1965年创设的"逮捕令签注"制度得到推广,越来越多的国家(例如澳大利亚与新西兰之间,马来西亚、文莱与新加坡之间)通过

"签注"的方式相互认可外国司法机关签发的逮捕令,以使该逮捕令在签注国家之间具有相同的执行效力,并依据经签注的逮捕令对逃犯实行羁押和移交。有些国家(如意大利与西班牙)甚至建立了"共同执法领域",相互直接执行缉捕措施。2002 年 6 月 13 日《欧盟理事会关于成员国间适用欧洲逮捕令和移交程序的框架决定》将上述特别密切的移交逃犯合作形式上升为更加成熟和系统的制度,只要请求国对被请求人发出了按照统一格式填写的"欧洲逮捕令",并且有关犯罪被欧盟各国共同列入犯罪清单,被请求国司法机关即应依据此逮捕令对该人实行逮捕,在经过快速的司法审查之后,即可将其移交给请求国司法机关。传统的"引渡"术语被"移交"一词所取代,相互遣返逃犯的义务性和效率大大提高。①

　　应当通过完善国内立法、签署国际公约,构建一个比较完善的打击跨国犯罪的法律网络体系。中国立法机关先后制定了《中华人民共和国引渡法》《中华人民共和国反洗钱法》,为开展国际合作打击跨国犯罪提供法律依据。进入 21 世纪以来,中国还先后签署了《联合国打击跨国有组织犯罪公约》《联合国反腐败公约》《中国与东盟非传统安全领域宣言》等国际公约。

　　国际社会已经有诸多有关遣返的协议或协定。比如,墨西哥和危地马拉政府 2002 年 5 月 31 日在危地马拉的安提瓜签署协议,加强两国在打击非法移民活动中的合作,两国政府承诺,在遣返非法移民的过程中将充分尊重他们的人权和家庭完整,政府遣返非法移民将在规定的时间和地点进行,不得擅自将其驱逐出境。2002 年 11 月 27 日,香港特别行政区政府和欧盟签署了"重新接

---

① 黄风:《国际刑事司法合作的新近发展》,《法制日报》2009 年 3 月 6 日。

收未获授权居留人士的协定"。香港成为第一个与欧盟签署有关协议的地区。①

本书认为,我们应当充分利用目前国际社会共同打击犯罪的决心,积极和外国进行协商,加快推进遣返协议的签订,双边的遣返条约不仅为遣返合作规定了具体的条件和程序,而且往往还包含了某些互惠制度,是缔约双方可以据以克服在合作中遇到的法律困难或问题。遣返协议是国家之间相互遣返非法移民和罪犯的一种重要途径。

2004年5月6日,温家宝总理应欧盟委员会主席罗马诺·普罗迪的邀请,对欧盟总部进行了正式访问。双方领导人会后发布了《中欧联合新闻公报》,公报第10条明确写明:双方领导人呼吁在打击非法移民问题上加强合作,注意到中欧合作打击非法移民和贩卖人口活动的高级别磋商将于2004年5月下旬在布鲁塞尔举行,双方将主要讨论遣返以及合法移民和便利人员往来等问题,磋商也将讨论可能签署一项合作协议问题。双方领导人表示希望上述磋商及其他措施将有助于双方解决此领域存在的问题。同时,在2004年12月举行的第七次中欧领导人会晤后发布的《联合声明》中,第10条明确:双方领导人强调,便利人员往来和合作打击非法移民活动是双方优先考虑的问题。本着完全互惠的精神,领导人讨论了遣返和便利签证问题。

在国家领导人与欧盟进行的数次会晤中,双方多次提到签订遣返协议的意愿。双边遣返协议意味着,我们可以不经过复杂的引渡程序实现对潜逃至欧盟的外逃人员的境外追逃。因此,主管部门应当借助中国和欧盟领导人的会晤机制,切实抓紧遣返协议

---

① 但伟:《偷渡犯罪比较研究》,法律出版社2004年版,第218页。

的拟定工作,以便尽早和欧盟签订《中华人民共和国和欧盟遣返协议》。

利用中国和西方国家之间联合声明或者国家领导人之间会晤机制,及时和西方国家签订双边遣返协议。如 2005 年 1 月 13 日公布的《中华人民共和国与葡萄牙共和国联合新闻公报》第 19 条就明确规定:中葡表示将致力于加强中欧在人员交流和打击非法移民方面,特别是尽快开始商谈人员遣返协议的对话与合作。我们的主管机关应当在《联合声明》《新闻公报》《备忘录》签署或发布后,及时和对方的相关主管部门协商签订双边遣返协议。

第六节　提供证据反驳遣返阻却事由

国际追逃追赃的成败在很大程度上取决于能否取得相关国家主管机关,尤其是相关发达国家主管机关,对我国法制和人权保障机制的信任。① 总结我国以往的境外追逃的成功案例,可以看出,境外追逃的成功,最根本的还在于中国刑事法治的全面进步和国际法治形象的稳步提升。境外追逃,不论是采用引渡还是引渡的替代措施,实质上都是以被请求国的视角来评判中国刑事法治的状况,而其中最为核心的问题(也经常被外逃人员作为抗拒遣返或者引渡的理由)就是死刑问题、酷刑问题和政治犯罪问题,这三个问题,都涉及中国刑事法治事业的进步。②

近年来,一些犯有贪污、贿赂或其他严重破坏社会秩序的罪行

---

① 黄风:《程慕阳避难申请仍面临法律难题》,《法制日报》2015 年 7 月 18 日,第 7 版。

② 张磊:《境外追逃中的引渡替代措施及其适用——以杨秀珠案为切入点》,《法学评论》2017 年第 2 期。

的人畏罪潜逃,如果我们在引渡合作中向被请求国做出对其不适用或者不执行死刑的承诺以换取对逃犯的引渡,将使这些犯有严重罪行的逃犯不能受到应有的惩罚,从而有可能降低刑罚的威慑作用。但刑罚的威慑作用又是如何实现的呢? 贝卡利亚指出:对于犯罪最强有力的约束力量不是刑罚的严酷性,而是刑罚的必定性,即使刑罚是有节制的,它的确定性也比联系着一线不受处罚希望的可怕刑罚所造成的恐惧更令人印象深刻。因为,即使是最小的恶果,一旦成了确定的,就总令人心悸。①

由此,黄风教授指出,在国际合作过程中,必定会遇到各当事国之间在法律制度方面存在的差异或冲突,因此这种合作从来都是有条件的和受限制的。关键是应当进行利弊得失孰轻孰重的比较与权衡。在是否以不适用死刑的承诺换取对逃犯的引渡问题上,一个最基本的利弊的得失关系就是:能够将逃犯引渡回国总比任其逍遥国外好。②

本书完全赞同这种观点。赖昌星于 1999 年 8 月携家人以游客身份进入加拿大后,就开始了他长达 12 年之久的诉讼之路。缘何一个简单的难民身份确认诉讼和遣返前风险评估诉讼进行得如此艰难和旷日持久? 其中缘由很多,既有案件本身的因素,也有人为的因素。既有加拿大法律方面的因素,也有中国法律方面的因素以及国际公约和国际社会的因素。这一长达 12 年之久的诉讼由两个阶段组成,前一阶段为难民身份确认诉讼,主要围绕赖昌星是不是具备难民身份而进行,此时双方争议的焦点是赖昌星在中国国内实施的犯罪行为是不是属于政治犯罪,难民身份确认的过

---

① ［意］贝卡利亚:《论犯罪与刑罚》,黄风译,中国大百科全书出版社 2002 年版,第 68 页。

② 黄风:《引渡问题研究》,中国政法大学出版社 2006 年版,第 113 页。

程先后经历了申请——被驳回——复核——复核被驳回。当其难民身份没有得到确认时,就开始了他的拖延措施的第二步,遣返的风险评估。遣返前风险评估诉讼主要针对赖昌星被遣返回中国有没有可能遭受酷刑和死刑,此时双方争议焦点是中国酷刑和死刑状况及中国有关部门做出对赖昌星不判处死刑外交照会的可信性,风险评估阶段先后经历了人为遣返后没有遭受酷刑和死刑风险——不服遣返决定从而提出复核——复核被受理——重新进行遣返前的风险评估。

表面上看,两个阶段的诉讼是孤立的、不相关的。实质上,两阶段诉讼是密切联系的。这是赖昌星打算"赖"在加拿大以规避中国法律处罚的一个整体诉讼计划中前后相连的两个环节。他在难民身份确认阶段提出的是受到政治迫害,是政治犯,当这一目标不能实现时,他就拿出第二抗辩的理由:酷刑和死刑。赖昌星在难民身份诉讼提出他在国内实施的犯罪属于政治犯罪,基于此提出难民身份确认和难民保护。他在这一阶段中提出政治犯罪其实也是为后一阶段遣返风险评估中可能遭受酷刑和死刑做好铺垫。而在这两个过程中,我们感触最多、在数次判决书中看到最多的就是"酷刑和死刑"。这种局面的出现是由于我国和加拿大以及国际社会三方对中国刑事法治认识不统一造成的。换句话说,我国的刑事法治没有得到加拿大和国际社会的认可和认同。由于相互之间没有认同,于是交往时就会慎之又慎。正像在赖昌星案件中作为专家证人的杨诚教授所言:我出庭作证时,双方质证的核心问题,并非赖昌星涉嫌犯罪的事实或者"远华案"的真相。而是中国的法律特别是刑事司法制度是否公正,是否符合有关刑事司法的人权标准。最终归结为一个问题,即赖昌星是否难民,被遣送回国是否会受到按照国际司法人权标准认为是基本公道的处理,是否会判死刑。

所以赖昌星案件在一定程度上来说，是将中国的刑事司法改革在加拿大的法庭上按照国际人权标准和西方的法制观念进行一场严肃的对抗性的评估。故此，针对遣返国或被遣返人提出的遣返阻却事由，境外追逃的主管机关应当积极提供证据进行反驳，证明遣返阻却事由的不能成立，从而促使遣返能够顺利进行。我国《引渡法》第50条明确规定：被请求国就准予引渡附加条件的，对于不损害中华人民共和国主权、国家利益、公共利益的，可以由外交部代表中华人民共和国政府向被请求国做出承诺。对于限制追诉的承诺，由最高人民检察院决定；对于量刑的承诺，由最高人民法院决定。在对被引渡人追究刑事责任时，司法机关应当受所做出的承诺的约束。在杨秀珠案件中，死刑问题同样不可回避。在荷兰和美国的非法移民遣返程序中，杨秀珠都曾经以回国可能会被判处死刑为理由对抗引渡和遣返。而且，在中国对于杨秀珠所涉嫌的贪污罪、受贿罪依然保留有死刑，在荷兰、美国明确强调死刑不引渡、被遣返的前提下，如果政府不做出死刑承诺，将不可能实现遣返。①

针对外逃人员特别是腐败分子声称自己遭受所谓"政治迫害"，向外国提出政治避难的问题，我们应当及时向他国提供证据证明外逃人员所涉嫌的是"非政治罪行"，避免将追逃问题政治化。②

和国际社会一样，中国政府和人民对酷刑持绝对禁止态度、对

① 张磊：《境外追逃中的引渡替代措施及其适用——以杨秀珠案为切入点》，《法学评论》2017年第2期。
② 黄风主编：《中国境外追逃追赃经验与反思》，中国政法大学出版社2016年版，第220页。

死刑是相对限制态度。中国于 1986 年 12 月 12 日签署《保护人人不受酷刑和其他残忍、不人道或有辱人格待遇或处罚宣言》公约。同时在国内法有禁止酷刑的规定。我国从法律理念到法律体系、从宪法到部门法都体现了对人权的尊重。宪法第 33 条规定：国家尊重和保障人权。以国家根本大法确定了人权保障的纲领性宣言。部门法方面，我国刑事法治从实体、程序、执行等多个环节全方位禁止酷刑。

（1）实体法方面。刑法第 247 条规定：司法工作人员对犯罪嫌疑人、被告人实行刑讯逼供或者使用暴力逼取证人证言的，处 3 年以下有期徒刑或拘役。致人伤残、死亡的，依照本法第 234、232 条的规定定罪从重处罚。第 248 条规定，监狱、拘留所、看守所等监管机构的监管人员，对被监管人员进行殴打或者体罚虐待，情节严重的，处三年以下有期徒刑或者拘役；情节特别严重的，处三年以上十年以下有期徒刑。致人伤残、死亡的，分别依照本法第 234 条故意伤害罪、第 232 条故意杀人罪定罪从重处罚。（2）程序法方面。刑事诉讼法第 43 条规定：审判人员、检察人员、侦查人员必须依照法定程序，收集能够证实犯罪嫌疑人、被告人有罪或者无罪、犯罪情节轻重的各种证据。严禁刑讯逼供和以威胁、引诱、欺骗以及其他非法的方法收集证据。必须保证一切与案件有关或者了解案情的公民，有客观地充分地提供证据的条件，除特殊情况外，并且可以吸收他们协助调查。2017 年，最高人民法院、最高人民检察院、公安部、国家安全部、司法部联合出台了《关于办理刑事案件严格排除非法证据若干问题的规定》（以下简称《规定》），《规定》对于通过刑讯或变相肉刑等方法取得的证据的排除进行了规定：①严禁刑讯逼供和以威胁、引诱、欺骗以及其他非法方法收集证据，不得强迫任何人证实自己有罪。②采取殴打、违法使用戒具等暴力方法或者变相肉刑的恶劣手段,使犯罪嫌疑人、被告人遭受难以忍受的痛苦而违背意愿做出的供述,应当予以排除。③采用以暴力或者严重损害本人及其近亲属合法权益等进行威胁的方法,使犯罪嫌疑人、被告人遭受难以忍受的痛苦而违背意愿作出的供述,应当予以排除。④采用非法拘禁等非法限制人身自由的方法收集的犯罪嫌疑人、被告人供述,应当予以排除。(3)执行法方面。《中华人民共和国监狱法》第7条规定:罪犯的人格不受侮辱,其人身安全、合法财产和辩护、申诉、控告、检举以及其他未被依法剥夺或者限制的权利不受侵犯。同时第14条规定,监狱的人民警察不得有下列行为:刑讯逼供或者体罚、虐待罪犯;侮辱罪犯的人格;殴打或者纵容他人殴打罪犯。监狱的人民警察有前款所列行为,构成犯罪的,依法追究刑事责任;尚未构成犯罪的,应当予以行政处分。

可见,中国的刑事法律,从实体到程序再到执行层面,都对酷刑和刑讯逼供行为做出了禁止。要从以下五个方面强化:(1)要从立法上进一步明确和强调无罪推定原则。无罪推定作为刑事诉讼的一项重要原则,具有两方面作用,一是程序上,在经法院依法最终做出有罪判决之前,解决如何确定犯罪嫌疑人的诉讼地位问题。二是实体上,证据面临"两可"选择时,可基于这一原则做出有利于被告人的判决。因此,无罪推定原则要在刑法、刑事诉讼法和其他反酷刑法律中予以规定,在将来修改宪法时应进一步确立为重要的宪法性原则。(2)逐步确立疑罪从无的原则。只有存在犯罪事实才能处以刑罚,而犯罪事实是靠证据来证明的。要严格控制"疑罪从轻"原则在司法实践中的适用,防止惩罚上的随意性和人为性。(3)逐步确立任何人都享有不得被强迫自证其罪的权利。滥用酷刑的目的往往是为了取得口供作为定案的依据。因此,要正确评判口供在现代刑事诉讼证据中的地位和作用。如果现行法律明确规定口供不再是"证据之王",不能单独地直接地作为定案的依据,尤其是在明确被强迫威胁取得的口供无法律效力的时候,滥施酷刑、刑讯逼供的情况就必然会大为减少。(4)逐步完善保障酷刑受害人能及时提起救济的机制。逐步确立和完善犯罪嫌疑人、被告人能适时会见律师与家属、被告人遭受酷刑时能及时反映投诉、有关部门接到反映投诉后能及时核查纠正并追究有关责任人的责任等有效的救济机制,使侦控权、审判权受到适度的监督和控制,防止司法权滥用,使酷刑得以及时制止。(5)进一步限制和减少死刑。①

死刑是残忍的、不人道的或有辱人格的惩罚,即使考虑到它所针对的罪行,这样的刑罚也是不能接受的。尽管人们对其存在的意见很大,自贝卡利亚对其合理性提出怀疑后,死刑的存废之争就没有停止过并且有愈演愈烈之势。人们提出了各种死刑废除的措施和步骤。但就目前来说,我们必须承认的是国际社会对死刑并不是像对酷刑那样绝对的禁止,国际社会对死刑只是相对的限制。由此死刑在本质上是不违背国际法的(除非实施死刑违反了某一具体的条约规定的义务),因此国际社会只提出了限制死刑的目标,而没有像对酷刑那样全面禁止。如1966年联合国大会通过的《公民权利和政治权利国际公约》是最早阐明废除死刑的法律文件之一,公约第6条第1款宣称:人人皆享有固有的生命权。此权利应受法律保护,不得任意剥夺任何人之生命。其第6条第2款规定:在未废除死刑的国家,判处死刑只能是作为对最严重的罪行

---

①　陈华杰:《浅议司法公正与严防酷刑》,《人民法院报》2003年3月28日,第3版。

的惩罚,判处应按照犯罪时有效并且不违反本公约规定和防止及惩治灭绝种族罪公约的法律。这种刑罚,非经合格法庭最后判决,不得执行。本书认为,为了推动利用遣返实现境外追逃的顺利进行,我们应当在司法中限制死刑适用,立法上逐步废除死刑。在中国这样一个有着传统死刑观念的国家,废除死刑不是一蹴而就的,我们应当做好长期战争的准备。对于死刑的废除,目前国内公认的是逐步废除死刑。自 2011 年《刑法修正案(八)》开始,中国立法上废除死刑的步伐一直没有停止。2011 年《刑法修正案(八)》废除了 13 个经济性非暴力犯罪的死刑,2015 年《刑法修正案(九)》又废除了 9 个罪名的死刑。1997 年刑法中配置有死刑的罪名数量是 68 个,目前我们已经废除了 22 个,目前还剩余 46 个罪名配置有死刑。

在立法层面要严格死刑的适用条件,对于可杀可不杀的一概不杀。从 2007 年开始,曾经授权给地方高级人民法院的死刑核准权,统一由最高人民法院行使,实现了死刑裁判标准的统一。死刑不应当成为阻碍遣返和境外追逃的理由。因为按照国际社会引渡的基本原则,死刑不引渡并不是只要一个国家的立法中存在有死刑就不能引渡。死刑不引渡的基本精神是指,只有当被引渡人引渡回国之后会被执行死刑时,被请求国则拒绝引渡。所以,这就意味着即便是请求国国内有判处死刑的罪名,但只要被请求引渡人的行为不足以判处死刑或虽然可能被判处死刑但并不会实际执行死刑,那么死刑不引渡就不能成为拒绝引渡的理由。也即是说,死刑不引渡并不是以请求国立法上是否有死刑而进行判断,而是以具体的被请求引渡人的犯罪行为是否可能判处死刑为判断条件。

此外,即便是一个国家有死刑的规定,被请求引渡人所涉嫌的罪名也配置有死刑,也并不一定就意味着可以死刑不引渡为由而拒绝引渡。只要请求国做出对于被请求引渡人"不判处死刑或不执行死刑"的量刑承诺,那么依然可以进行引渡合作。境外追逃中的量刑承诺通常是指:由请求引渡或遣返犯罪嫌疑人的国家司法机关向被请求引渡或遣返的国家做出引渡或遣返该犯罪嫌疑人回国受审后减轻刑罚处罚,包括本应罪该判处死刑而不被判处死刑或判处死刑不予执行的许诺或保证。这其实是为了避免因适用"死刑犯不引渡原则"而最终导致引渡和遣返不能实现的一项国际法律变通制度,是国际上的一种通行做法。①

通过对于国内是否存在死刑对于死刑不引渡的影响,可以看出死刑对于拒绝遣返的影响。绝大多数国家的遣返制度都存在遣返前的风险评估这一程序,而其中死刑和酷刑就是一个经常提出的理由。比如在赖昌星案件中,就提出过遣返回国后有可能被判处死刑的风险。但是,应当拒绝遣返的理由是被遣返人实际被执行死刑,而不是中国刑事立法中是否有死刑的存在。只要做出不判处死刑或虽判处死刑但不执行死刑的量刑承诺,依然可以进行遣返。基于这点分析,我们应当对死刑不引渡和量刑承诺对遣返的影响进行认真研究,包括对量刑承诺的本质、做出量刑承诺的主体、量刑承诺的遵守等,从而不让死刑成为阻碍遣返的原因。

第七节　审慎利用刑事缺席审判制度

国际追逃追赃的成败在很大程度上取决于能否取得相关国家主管机关对我国法治和人权保障机制的信任,为此,我们应当更加

---

①　陈雷:《量刑承诺是死刑不引渡原则的变通》,《检察日报》2007 年 2 月 16 日。

自觉地推进依法治国进程,努力确保公正司法的实现。① 同时要通过一个个境外追逃案件形成境外追逃的良性循环,按照张磊教授的观点就是,境外追逃追赃中良性循环理念的贯彻,要求前一个案件的进行对于以后案件产生正面的影响,这需要在立法上具有完善的追逃追赃立法,实践中每个案件都必须严格依法进行,充分尊重对方国家主权,执行中体现互惠、互利、简便原则,使对方充分认可、信任中国的刑事司法制度,而这实际上就是良性循环理念在立法和司法上的体现。②

在人权保障的透明性方面,有一个特殊的制度必须进行详细的说明,这就是我们刑事诉讼法建构的"刑事缺席审判制度"。如果对刑事缺席审判制度的透明性和人权保障性进行详细的说明和论证,本来致力于"助力"境外追逃的刑事缺席审判制度有可能成为境外追逃的"阻力"。对外逃人员做出缺席有罪判决并宣告对其判处刑罚不代表反腐败和国际追逃工作的完结。单纯为宣示意义进行缺席审判并不是修法的初衷,也绝非反腐败斗争的目标。适用缺席审判这一特别刑事程序,应当以外逃人员最终回国接受刑罚或回国接受审判为目标,以为外逃人员归国创造条件和提供便利为宗旨。③

客观地讲,适度的刑事缺席审判制度在一定情况下具有积极意义,当被告人因某些合理的阻碍原因(如在国外患有严重疾病

---

① 黄风:《程慕阳避难申请仍面临法律难题》,《法制日报》2015 年 7 月 18 日,第 7 版。

② 张磊:《境外追逃追赃量刑循环理念的界定与论证》,《当代法学》2018 年第 2 期。

③ 郭晶:《缺席审判与引渡追逃的紧张关系及突破》,《吉林大学社会科学学报》2019 年第 6 期。

不能远途旅行,在因特定的外国法原因不能接受引渡,在境外因其他犯罪正在服刑或受到羁押,等等)而不能亲自出庭受审时,缺席审判可以使相关的诉讼活动不被延误或者搁置,有可能有助于公正司法的实现。问题的关键是:对于这种"适度的"缺席审判制度来说,被告人对审判的缺席应当是其自愿决定的,并且被告人在做出该决定时知晓相关的刑事诉讼活动正在进行,知晓放弃出席庭审可能给自己带来的法律后果。①

针对外逃贪腐人员的缺席审判所面临的最大挑战是被请求国对我们的缺席审判从事实到证据、从实体到程序的审核,这才是境外追逃过程中确立缺席审判的"死穴"和"命门"。而我们针对缺席审判的各种程序规定和救济措施只是针对国内的缺席审判而言,并没有考虑到服务于境外追逃追赃的缺席审判对于程序和权利保障的特殊要求。如果忽视了这点,本来助力境外追逃追赃的缺席审判就有可能成为阻力。所以,我们应当根据不同国家的要求有针对性和选择性地适用缺席审判,并且应当按照我们缺席审判的标准和被请求国对国际刑事司法合作的请求应当达到的证明标准和诉讼程序的标准的双重标准进行。与此同时,从理念上不能过度依赖缺席审判,而应当积极拓展其他更为科学和合法的境外追逃追赃途径。

《刑事诉讼法》为了助力境外追逃追赃增设"刑事缺席审判",目的是通过对外逃他国或地区的贪腐人员缺席审判,确立其构成犯罪的判决或裁定,从而利用这种判决向被请求国提出外逃资产的返还。但我们应当明白缺席审判制度确立的初衷是什么,是为了境外

---

① 黄风:《对外逃人员缺席审判需注意的法律问题》,《法治研究》2018 年第4 期。

追逃,还是境外追赃,还是二者兼备。对于境外追逃来说,缺席审判之后将外逃人员定罪量刑,法律层面上的正义得到实现,但由于被告人没有被抓获而无法实际对其执行所判刑罚,那么这种法律层面的正义的价值如何衡量。对于境外追赃,需要分析在没有刑事缺席审判制度的情形下,能否实现境外追赃。如果已经有境外追赃的机制,在增设刑事缺席审判制度之后,境外追赃工作是否一定会取得显著的提高,刑事缺席审判是否必然助力境外追赃工作,还是有可能成为境外追赃的阻力。简而言之,我们需要评估刑事缺席审判制度对于境外追逃追赃来说,究竟是一种助力还是一种阻力,从而我们才能科学建构和实施此种制度,本节对此进行分析。

一、刑事缺席审判的初衷及其程序架构

全国人大常委会《关于〈中华人民共和国刑事诉讼法(修正草案)〉的说明》,对于"建立刑事缺席审判制度"的理由进行了说明:党中央高度重视反腐败和国际追逃追赃工作及相关法律制度建设。党的十八大以来,国际追逃追赃工作取得重大进展,得到人民群众的广泛拥护。根据中央统一部署,2016 年 7 月,法制工作委员会提出了关于建立刑事缺席审判制度的研究报告。中央纪委建议在配合监察体制改革修改刑事诉讼法时,对刑事缺席审判制度做出规定。拟在刑事诉讼法第五编特别程序中增设"缺席审判程序"一章,从而开启了刑事缺席审判制度助力境外追逃追赃的制度设计。

被告人参加诉讼的权利最早可以追溯到盎格鲁·撒克逊法律,从那时起如果被告人没有到庭,任何法庭不得对控告进行裁判。①

---

① James G.Starkey,Trial in Absentia,*St. John's Law Review*,Issue 4 Volume 53,Summer 1979,Number 4,p.722.

之所以在奉行被告人直接参与诉讼原则的情形下,构建刑事缺席审判,有学者指出了由于各种原因导致被告人长期不能直接参加诉讼时的弊端:(1)会迟延刑事诉讼程序,延长诉讼周期,增加诉讼成本,导致诉讼不经济,同时,这种情况还可能为被告人或其辩护人所利用,作为拖延刑事诉讼程序的手段。(2)诉讼程序的迟延同样可能影响司法公正的实现,"迟来的正义非正义"。因为随着时间的流逝,有的证据可能灭失,证人对案情的记忆可能淡化,从而导致案件事实真相无法查明,影响法院做出公正判决。(3)诉讼程序的迟延还会影响刑罚威慑功能的发挥。

对由于被告人不能直接参加诉讼从而导致诉讼长期不能进行弊端的分析,是从另一个侧面论证了刑事缺席审判的正当性。也有学者从正面论证了建立刑事缺席审判的正当性和积极性,主要包括四个方面:(1)积极追回腐败资产的需要;(2)提高腐败犯罪案件诉讼效率,节约诉讼成本的需要;(3)与《联合国反腐败公约》有关要求相衔接的需要;(4)严厉惩治腐败犯罪、维护司法权威的需要。① 在这种背景之下,我们提出了缺席审判的制度建构,根据《中华人民共和国刑事诉讼法》的规定,本书认为我国刑事缺席审判主要包括以下五个方面的内容:

一是缺席审判的适用范围。缺席审判目前主要适用于贪污贿赂等犯罪案件。对于贪污贿赂等犯罪案件,犯罪嫌疑人、被告人潜逃境外,监察机关移送起诉,人民检察院认为犯罪事实已经查清,证据确实、充分,依法应当追究刑事责任的,可以向人民法院提起公诉。人民法院进行审查后,对于起诉书中有明确的指控犯罪事实的,应当决定开庭审判。缺席审判的案件由犯罪地或者被告人

---

① 彭新林:《腐败犯罪缺席审判制度之建构》,《法学》2016 年第 12 期。

居住地的中级人民法院组成合议庭进行审理。

二是缺席审判的告知程序。鉴于境外追逃追赃案件中的犯罪嫌疑人身处其他主权国家或地区,因此,人民法院适用缺席审判程序,应当保证犯罪嫌疑人和被告人的基本诉讼权利。即需确认犯罪嫌疑人和被告人是否愿意回国接受审判,这需要有一个告知程序。人民法院应当通过有关国际条约规定的或者外交途径提出的司法协助方式,或者被告人所在地法律允许的其他方式,将传票和人民检察院的起诉书副本送达被告人。传票和起诉书副本送达后,被告人未按要求到案的,人民法院应当开庭审理,依法做出判决,并对违法所得及其他涉案财产做出处理。

三是缺席审判中辩护权的保障。缺席审判最后诟病的就是犯罪嫌疑人和被告人不能直接参与刑事诉讼程序,尤其是庭审,在我们实行庭审实质化的今天,犯罪嫌疑人和被告人不能直接参与审判,不能直接行使刑事辩护权,并不单单是实体审判结论是否正当的问题,更重要的是诉讼的辩护权没有得到有效保障。也正因为如此,人民法院缺席审判案件,被告人有权委托辩护人,被告人的近亲属可以代为委托辩护人。被告人及其近亲属没有委托辩护人的,人民法院应当通知法律援助机构指派律师为其提供辩护。

四是缺席审判判决上诉权的保障。刑事缺席审判由于被告人不能直接参与庭审,不能行使自我辩护权。程序上的缺陷有可能导致实体判决的错误,因此,应当赋予被告人及其近亲属提起上诉的权利。人民法院应当将判决书送达被告人及其近亲属、辩护人。被告人或者其近亲属不服判决的,有权向上一级人民法院上诉。辩护人经被告人或者其近亲属同意,可以提出上诉。同时也规定了检察院的抗诉权,人民检察院认为人民法院的判决确有错误的,应当向上一级人民法院提出抗诉。

五是缺席审判后归案的诉讼程序。刑事缺席审判毕竟是被告人没有直接参与诉讼的程序，所以，在实体和程序上都应当采取事后的救济和保障程序，从而保障在"外逃贪官归来"按照常规诉讼程序进行，确保实体保障和程序保障的不缺席。缺席审判后贪官归案的诉讼程序分为两种情形，一种是在缺席审判程序进行中贪官归来。此种情形下的程序保障是：在审理过程中，被告人自动投案或者被抓获的，人民法院应当重新审理。另一种是在缺席审判的判决或裁定发生法律效力后贪官归来的。此种情形下的程序保障是：罪犯在判决、裁定发生法律效力后归案的，人民法院应当将罪犯交付执行刑罚。交付执行刑罚前，人民法院应当告知罪犯有权对判决、裁定提出异议。罪犯对判决、裁定提出异议的，人民法院应当重新审理。依照生效判决、裁定对罪犯的财产进行处理确有错误的，应当予以返还、赔偿。

二、缺席审判可能成为境外追逃追赃"助力"之分析

1. 对接《联合国反腐败公约》资产返还方式助力境外追逃追赃

缺席审判助力境外追逃追赃的最有力的法律支持来自《联合国反腐败公约》。《联合国反腐败公约》第54条规定了通过没收事宜的国际合作追回资产的机制，包括三种机制，为依照本公约第55条就通过或者涉及实施根据本公约确立的犯罪所获得的财产提供司法协助，各缔约国均应当根据其本国法律：（1）采取必要的措施，使其主管机关能够执行另一缔约国法院发出的没收令。（2）采取必要的措施，使拥有管辖权的主管机关能够通过对洗钱犯罪或者对可能发生在其管辖范围内的其他犯罪做出判决，或者通过本国法律授权的其他程序，下令没收这类外国来源的财产。

(3)考虑采取必要的措施,以便在因为犯罪人死亡、潜逃或者缺席而无法对其起诉的情形或者其他有关情形下,能够不经过刑事定罪而没收这类财产。其中第三种机制就是非常典型的"刑事缺席审判",这也是诸多学者认为刑事缺席审判能够助力境外追赃的"大杀器"和国际支持,并且认为有了《联合国反腐败公约》这种国际性规范性法律文件作为支撑自然不会存在问题。

建立刑事缺席审判制度可以有效打击外逃贪官,维护国家利益。在我国,贪官逃往西方发达国家的现象不断发生,而解决贪官外逃问题的有效途径,就是将其引渡回国进行审判。但是,由于政治、经济、文化等各方面的因素,我国与西方发达国家之间签订引渡条约的极少。在目前"死刑犯不引渡""政治犯不引渡""酷刑风险不引渡"等世界通行原则下,我国成功引渡外逃贪官的案例较少。在不能将外逃贪官引渡回国的情况下,如果中止审判法院就不能做出生效的判决,也就无法追回贪官带到境外的赃款,给国家利益造成严重的损害。《联合国反腐败公约》第57条第3款第2项规定,对于该公约所涵盖的任何犯罪的所得,请求国欲向被请求国主张返还逃到该国的贪官携带去的巨额赃款,请求国必须提供生效判决的文书,被请求国才能根据该生效判决,没收贪官带到其境内的赃款,并将所没收的财产返还请求国。当然,被请求国也可以放弃对生效判决的要求,如果被请求国坚持要求请求国提供法院的生效判决,请求国则必须提供,否则就无法实现合作,追回有关财产。在我国由于现行刑诉法没有建立刑事缺席审判制度,无法向被请求国提供生效判决文书,因而就很难通过该《公约》规定的资产追回机制实现追赃的目的,维护国家利益。因此,要保证能够向贪官逃往国提供生效判决文书,追回有关赃款,有效打击外逃贪官,维护国家利益,就有必要建立刑事缺席审判制度。①

2.确立诉讼权利放弃机制助力境外追逃追赃

被告人如果在诉讼过程中潜逃,公安机关或检察机关采取一切必要措施经过较长时间仍不能抓获的,法院可以对被告人进行缺席审判。也就是说,对于较为严重的刑事案件,出庭既是被告人的诉讼权利,也是被告人的诉讼义务,如果被告人故意逃避法庭审判,就应当承担缺席审判而限制其诉讼权利的不利后果,同时,还要承担可能被判有罪而遭受的财产处罚等后果,从而防止被告人故意逃避审判的行为发生。②

尽管《公民权利和政治权利国际公约》并没有规定被告人出庭权的例外,但《公民权利和政治权利国际公约》第14条第3款关于"在判定对他的任何刑事指控时,人人完全平等地有资格享受以下的最低喜爱年度的保证"规定,并不是绝对禁止缺席审判。《公民权利和政治权利国际公约》第14条第3款第(4)项规定:到庭受审,及亲自答辩或由其选任辩护人答辩;未经选任辩护人者,应告以有此权利;法院认为审判有此必要时,应为其指定公设辩护人,如被告无资力酬偿,得免付之。人权事务委员会承认,在被告人自愿放弃其权利的情况下允许进行缺席审判。根据联合国人权事务委员会的解释,在被告人已经及时地被传唤,并被告知对其指控的诉讼程序后,如果其不出庭或不愿继续出庭,则被视为其放弃了出庭权,可以对其进行缺席审判。③

就犯罪嫌疑人和被告人的人权来说,随着刑事诉讼的发展,法

---

①　邓思清:《刑事缺席审判制度研究》,《法学研究》2007年第3期。

②　邓思清:《刑事缺席审判制度研究》,《法学研究》2007年第3期。

③　张吉喜:《论刑事缺席审判的适用范围——比较法的视角》,《中国刑事法杂志》2007年第5期。

律赋予其诉讼权利的数量不断增加,许多原来为犯罪嫌疑人和被告人的诉讼义务,也变为其诉讼权利,如如实回答讯问的义务,现在被许多国家转变为犯罪嫌疑人和被告人的沉默权,被告人出庭接受审判的义务,转变为被告人出庭参与审判的权利等。因此,在人权保障理论的影响下,现代许多国家都将被告人出庭参与审判活动从一项诉讼义务变成了一项诉讼权利。被告人出庭参与审判活动可以通过对裁判制作过程和裁判结果的积极影响,使其人格尊严和自主意识得到体现和保障。可见,被告人出庭参与审判活动虽不是发现案件真相的最有效方法,却是被告人自我防御和实现程序公正的最有效方式。虽然被告人出庭参与审判活动是实现自我辩护、维护自己合法权利的有效手段,但是,在某些情况下,被告人参与刑事审判往往存在许多不利的因素,不利于对其权利的保护。一方面,被告人出席审判,在庭审中站在被告席上,在社会公众面前展示自己"可能"不光彩的一面,并且也有损被告人的人格尊严。另一方面,在被告人未被羁押的情况下,如果要求被告人出席审判活动,被告人必然会为此付出一定的时间和费用,这会给被告人的权益带来一定的损失,甚至影响被告人的正常生活。因此,现代许多国家为了体现对被告人人格尊严和主体地位的尊重,更全面有效地保护被告人的合法权利,尊重被告人自主选择是否出庭的权利,在被告人不愿出庭的情况下,建立了刑事缺席审判制度。由此可见,刑事缺席审判制度的建立是人权保障理论的深化和发展,同时人权保障理论又为各国建立刑事缺席审判制度提供了有力的理论支撑。①

---

① 邓思清:《刑事缺席审判制度研究》,《法学研究》2007 年第 3 期。

3.确立诉讼效率优先原则助力境外追逃追赃

有学者指出,在法治全球化的今天,有效追回外逃资金、堵住贪官后路,无疑是遏制腐败犯罪的重要一环。但实践中,在抓捕贪腐、追缴赃款过程中,由于缺席审判制度的缺乏,跨境反腐工作常常显得捉襟见肘。比如,我们要求他国协助引渡人、没收财产,但他国法律往往将法院生效判决作为合作的前提。一面要追回国家财产,请求配合协助;一面又因被告人缺位,拿不出有效判决。这样的尴尬,令我国的协助要求屡屡碰壁。①

在刑事诉讼中设立缺席审判制度,无疑对打击腐败犯罪、提高司法效率乃至保护被害人的权益都有着重要价值。因为针对腐败犯罪所设置的刑事缺席审判制度,其关注的重点并非如何将被告人绳之以法,而是如何快速有效地追回腐败犯罪所涉及的资产,它将被告人的诉讼参与权与被害人的财产赔偿权放在一个天平上衡量,而不是像传统司法理念那样将国家的追诉权与被告人的诉讼权对立起来。从被告方而言,尽管有危害诉讼权利之嫌,但此种诉讼风险乃被告人自己造成的。因为权利本身亦具有可处分的性质,在刑事诉讼中,如果通过一定的方式,已经给予犯罪嫌疑人,被告人行使出席法庭审判的机会,而当事人自己却执意不为,此即可视为其自愿放弃该权利。同时。从国际人权规定来看,因被追诉人自己放弃本应享有的诉讼权利所带来的"不利",并不违背国际人权公约的要求。根据联合国《公民权利和政治权利国际公约》的法定解释和监测机构——联合国人权事务委员会在"审理"有关"案件"中所发表的意见,在被告人已经被给予一切必要的通

---

① 夏锦文、邱飞:《论我国刑事缺席审判制度的建构——以〈联合国反腐败公约〉资产追回机制为切入点》,《南京师大学报(社会科学版)》2006 年第 6 期。

知,但被告人自己却决定不出席的情况下,进行审判并不违背联合国《公民权利和政治权利国际公约》的规定。①

所以,我们可以根据诉讼效率原则和被告人自愿放弃诉讼权利建构缺席审判制度。缺席审判制度建立后,即可对外逃人员进行定罪量刑,而后根据判决书或裁定书,向外逃人员提出追逃或追赃的请求。实体上我们提供了判决被告人构成犯罪的判决书或裁定书,程序上我们依照双方之间刑事司法合作的规则提出,实体和程序的完备,再加上《联合国反腐败公约》对缺席审判的规定和认同,多方合力从而助力境外追逃追赃的实现。

三、缺席审判可能成为境外追逃追赃"阻力"之分析

单纯从理想的处罚角度看,刑事缺席审判制度的初衷是好的。因为通过缺席审判,毕竟是通过了审判程序确定被告人有罪,从而其财产也就可以认定为犯罪所得及其收益,自然也就可以按照刑事诉讼法规定的没收程序进行没收,从而让刑事诉讼法规定的没收程序在法治的轨道内进行,表面上符合了法治。这也是认为刑事缺席审判能够助力境外追逃追赃的主要原因。

但是,刑事缺席判决程序所要解决的是被告人的刑事责任问题,尽管也可能有附带民事问题需审理,但仍是一种刑事诉讼程序。被告人虽然在审判中缺席,但同样是诉讼活动的主角,他在诉讼程序中以特殊方式的参与仍然是必不可少的。在审理定罪量刑问题时,法院应当遵守刑事诉讼法规定的各项基本原则,确保犯罪嫌疑人、被告人各项诉讼权利的行使,并且严格遵守刑事诉讼的举

---

① 夏锦文、邱飞:《论我国刑事缺席审判制度的建构——以〈联合国反腐败公约〉资产追回机制为切入点》,《南京师大学报(社会科学版)》2006 年第 6 期。

证规则和证明标准,以证据确实、充分并对所认定事实已排除合理怀疑作为定罪量刑的条件。因而,相对于特别没收程序,刑事缺席审判是一种更加复杂、困难、法律要求更为严格的诉讼程序。①

这是单纯从国内的视角分析得出的结论。实际上,分析刑事缺席审判是否真的能够助力境外追逃追赃,需要从被请求国的角度和视角进行分析。如果被请求国完全认同我们的刑事缺席审判,那么,无疑刑事缺席审判切实能够助力境外追逃追赃。但事实上可能并不能如我们所愿。境外追逃是通过引渡等措施将外逃人员追回国内追究其刑事责任。所以,外逃人员归国是评价境外追逃是否成功的关键因素。缺席审判只是对未到案的被告人进行审判,并不包含将被告人追逃到案的含义。② 针对外逃人员,缺席审判与引渡可以说是两个不兼容甚至相互抵触的制度,由于世界上多数国家不接受针对外逃人员的缺席审判制度,依据在缺席审判中做出的定罪判决提出的引渡请求遭遇到普遍拒绝,因而在引渡合作中,保留缺席审判制度的国家往往面临这样的抉择:或者坚持缺席审判并放弃同相关国家开展引渡合作的机会,或者选择开展引渡合作并自认缺席审判不具有"已决案"的效力。③

按照我们国家以往的境外追逃追赃的实践,被请求国对我们提出的境外追逃追赃请求会提出方方面面的要求和审核。不仅在国际刑事司法合作中对缺席审判非常挑剔,从世界范围内考察,大

① 黄风:《刑事缺席审判与特别没收关系辨析》,《法律适用》2018 年第23 期。
② 张磊:《刑事缺席审判与境外追逃措施的协调适用》,《中国刑事法杂志》2020 年第 4 期。
③ 黄风:《刑事缺席审判与特别没收程序关系辨析》,《法律适用》2018 年第23 期。

多数国家在国内对缺席审判的适用也持非常谨慎的态度。虽然不少国家规定了缺席审判制度,但是大多数国家规定其只适用于轻罪案件。① 美国《联邦刑事诉讼规则》第43条"禁止对在审判开始时没有出庭的被告人进行缺席审判",即如果被告人没有出席过法庭审判,便不能对其进行缺席审判。《德国刑事诉讼法典》第232条将此种情形下的缺席审判限定在轻微犯罪案件(以被告人可能被单处或者并罚一百八十个日额以下的罚金、保留处刑的警告、取消驾驶资格、追缴、没收、销毁或者废弃处分为限)中。《法国刑事诉讼法典》第410条和第544条也将此种情形下的缺席审判限定在轻罪案件和违警罪案件。② 被告人参加针对自己的审判活动从而能够全面地为自己进行辩护被认为是最基本的权利,被写入《公民权利和政治权利国际公约》。美国联邦最高法院认为,只有在法官和被告人面对面以及审判行为在被告人在场的情形下的审判才是一个公正的审判。欧盟人权法院也持类似的观点。被告出席自己的审判活动是最基本的权利,既包括他有权利聆听,同时也是验证其供述真实性以及将被告人的供述和被害人的陈述的比较。③

在引进缺席审判制度时,我们应当认真研究该制度在当今社会的演进趋势,用其所长,避其所短,使之与我国刑事法制的基本价值取向和国际法人权保障的基本原则相吻合。关于定罪量刑的

---

① 张小玲:《问题与误读:刑事缺席审判制度质疑》,《政法论坛》2006年第5期。

② 张吉喜:《论刑事缺席审判的适用范围——比较法的视角》,《中国刑事法杂志》2007年第5期。

③ Gardner, Maggie, "Reconsidering Trials in Absentia at the Special Tribunal for Lebanon: An Application of the Tribunal's Early Jurisprudence", *George Washington International Law Review*, (2011), 43, p.100.

缺席审判不同于关于违法所得没收程序中的"缺席审判",前者针对的是被告人并判定其刑事责任问题,后者则对物不对人,只判定财物的性质和归属问题;前者是不折不扣的刑事诉讼,后者则具有比较鲜明的民事诉讼特征。在针对外逃人员采用缺席审判程序问题上,应当坚持刑事诉讼的最低保障标准,将外逃人员知晓针对其本人的刑事诉讼情况确定为基本条件。归纳起来,上述对刑事诉讼的知晓基本上可涵盖以下五种情形:(一)犯罪嫌疑人、被告人在逃匿期间通过其亲属、辩护律师、我国外交或领事机构、外国主管机关获得了关于刑事诉讼的通知或文书。(二)犯罪嫌疑人、被告人因在境外患有严重疾病、正在服刑或受到羁押等原因无法直接参加我国的刑事诉讼,表示愿意接受或者请求进行缺席审判。(三)犯罪嫌疑人、被告人因所在地国家的法律限制(如不引渡本国国民、不存在引渡条约关系等)不能接受引渡,表示愿意接受或者请求进行缺席审判。(四)有证据证明犯罪嫌疑人、被告人在境外拒绝接受向其转递、送达的诉讼通知或文书。(五)有证据证明犯罪嫌疑人、被告人在境外有意躲避或者销毁、隐匿向其转递、送达的诉讼通知或文书。①

所以,不加限制的刑事缺席审判有可能成为境外追逃追赃的阻力,笔者认为可能表现为以下三个方面:

1.缺席审判会导致被请求国对缺席审判诉讼事实、证据的全面审核

通常认为,当刑事诉讼启动后,被告人逃亡的,通常会被认为自然失去了参加诉讼的权利。但是最近联邦最高法院开始讨论弃

---

① 黄风:《对外逃人员缺席审判需注意的法律问题》,《法治研究》2018 年第4 期。

权的规则,同时规定了放弃宪法规定的能够确保审判公正以及确保能够发现实施的过程的可能性的权利的严格条件和规则,只有达到这些规则和限制,才能认为是有效和真实的放弃。[1] 放弃宪法规定的权利不仅需要自愿的,而且必须是明知和故意的,并且行为人具备相应的行为能力理解放弃的可能后果。[2] 而当被告人已经成为逃亡者时,如果证明行为人放弃权利的自愿性和故意性就较为困难。如此就需要我们采取切实有效的缺席审判之前的告知程序。人民法院应当通过有关国际条约中规定的司法协助方式或者受送达人所在地法律允许的其他方式,将传票和人民检察院的起诉书副本送达被告人。需要证明的是被告人是否真实收到我们的告知程序,而且收到告知程序之后是否自愿和故意放弃自己的诉讼权利,这些因素都会成为被请求国审核的情形。

而且即便在刑事缺席审判中,完全按照最严格的标准和程序进行,完全保障了被告人除自我辩护之外的其他权利,但是依然不能避免判决结果的不公正性,因为在刑事缺席审判中,难以避免和克服检察官以及法官的先入为主。因为,缺席审判的情形下,在检察官和法官内心往往采取的是有罪推定,否则将不会提请和实施缺席审判。所以,在这种情形之下,适用缺席审判的案件,被告人被判无罪的可能性并不非常乐观。

也正因为如此,缺席审判制度会导致国际刑事司法协助被请求国对缺席审判的诉讼事实、证据和程序的审核。境外追逃追赃主要是通过引渡、遣返和劝返实现的,而犯罪所得及其收益的没收主要是通过与被请求国的犯罪所得及其收益分享机制来实现的。

---

[1] See Schneckloth v.Bustamonte,412 U.S. 218,235-37(1973).

[2] James G.Starkey,Trial in Absentia,*St. John's Law Review*,Issue 4 Volume 53,1979,p.734.

但是缺席审判之后,我们需要明白缺席审判最终的结果是什么。通过缺席审判,我们确定了犯罪嫌疑人构成犯罪,相应地其财产属于犯罪所得及其收益,想当然的也就可以与被请求国进行分享。实际上这里可能存在误解。如果经过缺席审判制度认定了行为人构成了刑事犯罪,再向其他国家提出追逃追赃的司法合作,将不再是为了刑事审判,而是为了刑罚执行。在境外追逃追赃的目的是为了刑事审判的前提下,被请求国可能只会审核我们提出的犯罪嫌疑人、被告人所涉嫌的犯罪事实和犯罪证据,重点在事实以及证据的标准和证明力。而在缺席审判的情形下,被请求国就会全面审核整个刑事诉讼程序,包括刑事诉讼的事实、证据和程序。即使行为人没有经过缺席审判,仅仅是我国存在缺席审判程序本身,就可能被其他国家作为质疑我国司法制度是否公正的理由。在非法移民遣返过程中,有可能对于我国的司法制度做出偏颇的评价,从而大大降低遣返我国外逃人员的可能性。①

2. 缺席审判会导致被请求国对缺席审判诉讼程序的全面审核

在美国,《宪法第五修正案》规定的正当程序条款和《宪法第六修正案》规定的"应当告知控制的性质和原因"是公正审判的关键组成要素。如果被告人是被降低标准的保障公正审判制度定罪的,那么这种判决将会被推翻。② 缺席审判制度会给予被请求国审核缺席审判的权力和把柄。因为在刑事司法协助过程中,存在拒绝提供刑事司法协助的情形。如果被请求国认为请求国的刑事

---

① 张磊:《刑事缺席审判与境外追逃措施的协调适用》,《中国刑事法杂志》2020 年第 4 期。

② Marcil, John R. Absent Showing of Prejudice, Indictment and Conviction of Criminal Defendant by Unlicensed Prosecutor May Stand, *St. John's Law Review*, Vol. 64: Iss. 3, 2012, p.686.

诉讼证据和程序存在问题的话,就会让被请求国以一种不正当的刑事追诉为由拒绝追逃追赃请求,这样的话就会导致境外追逃追赃工作非常难以开展。因为,缺席审判制度会让被请求国认为整个刑事诉讼程序没有实现对被告人或者犯罪嫌疑人辩护权利的保障,因为被告人没有进行最后陈述,律师也无法通过会见犯罪嫌疑人和被告人从而进行实质有效的辩护。缺少了被告人的辩护和最后陈述以及律师的有效辩护,就无法确定定罪量刑是否正当、是否科学。

在法院对案件进行缺席审理过程中,境外的被告人及其律师也可能提出一些新的取证要求或证据线索,并且有意无意地为调查取证尤其是境外调查取证制造一些困难或麻烦,这种情况有时候会造成刑事审判程序旷日持久;还有一些外逃人员则可能出于一种更为恶劣的心理,希望借助缺席审判程序与中国司法机关打一场诉讼战和宣传战,他们会不惜花重金聘请最好的律师,相互串通,混淆视听,利用各种媒体、互联网和宣传机器,把自己打扮成无辜者和受迫害者。[1]

比如,缺席审判的较为重要的制度就是提前告知程序,实际上,提前告知程序在实践中都履行和实施得较好,都通过公告或其他方式进行了告知。但是,与此同时,告知程序存在问题的是,进行缺席审判的法庭和法官不仅要明确告知被告人要进行缺席审判,而且要明确告知被告人不在法定日期到庭参加诉讼将会被视为弃权,以及缺席审判所可能导致的后果。[2] 类似规定的还有荷

---

[1]　黄风:《刑事缺席审判与特别没收程序关系辨析》,《法律适用》2018 年第23 期。

[2]　James G.Starkey, Trial in Absentia, *St. John's Law Review*, Issue 4 Volume 53, Summer 1979, Number 4, p.745.

兰。荷兰承认缺席审判,但司法实践认为法定告知是缺陷审判的法定条件,只有经过了法定告知才能进行缺席审判。但是,一个有效的法定告知并不意味着或证明被告人已经接收到相关的信息并且知晓缺席审判的日期。必须要求司法机关将相关的法定告知送达被告人本人,如果不能送达本人应当留在被告人的住所或由其亲属签收。[①] 即,荷兰刑事诉讼法对于告知程序注重其实质的告知效果而不是形式的告知文件和程序。

被告人得到公正审判的权利决定了任何可能伤害决定公正审判制度的行为都应当被特别考虑。任何潜在的不正当都应当根据宪法上的无害原则进行考量。最起码的,无论被告人是否有证据证明有罪,但必须考量确保公正的制度的变化是否会导致偏见。[②]所以,被请求国就有权拒绝你所提出的引渡请求。如此看来,我们所确立的缺席刑事审判是否一定能够有利于和促进我们的境外追逃追赃还需要认真研究,至少需要结合境外追逃追赃的具体实践和国外的刑事诉讼制度进行有针对性的研究和建构,而不能完全囿于国内的思考和一厢情愿进行制度设计。

而且,我们对外逃贪腐人员通过刑事缺席审判进行判决,还存在着一个判决和裁定的结论受到审核的问题。国际公约对于缺席判决的承认和执行提出了更高的要求。如《关于刑事判决国际效力的欧洲公约》第 23 条、24 条就对缺席判决的承认与执行规定了

---

① Evert F Stamhuis, In absentia trials and the right to defend: the incorporation of a European human righes principle into the Dutch Criminal justice system, *Victoria University Law Review*, 1999, p.717.

② Marcil, John R. (2012) Absent Showing of Prejudice, Indictment and Conviction of Criminal Defendant by Unlicensed Prosecutor May Stand, *St. John's Law Review*, Vol. 64; Iss. 3, Article 12, p.691.

较为严格的程序:被请求国应当向被缺席判决者直接送达请求国的请求文件,该人有权针对缺席判决提出异议,并有权选择是由请求国还是被请求国主管机关对该异议进行审理。这说明,在承认与执行刑事缺席判决问题上,被请求国有权对判决书所涉及的实质问题,也就是请求国法院定罪量刑的事实依据和法律依据进行全面审查。① 按照中国现行刑法对贪污罪和受贿罪的量刑标准,诸多外逃人员的贪腐数额都非常巨大,那么他们被判处的刑罚将有可能是无期徒刑甚至有可能是终身监禁。如此一来,不仅要审核诉讼制度,而且会审核我们的裁判结论是否是酷刑或不适当的刑罚。对逃匿者实行缺席审判并没有得到多数国家的认可,英美法系国家中,庭审的对抗式是刑事诉讼控告制的基本体现,对逃匿者的缺席审判会被认为违反"正当程序"原则。②

3. 缺席审判不利于外逃贪腐犯罪共同犯罪的处理

我们构建的刑事缺席审判缺席并不是从轻微案件进行试点并逐渐扩大适用范围的,而是直接适用于境外追逃追赃的贪腐案件。涉及被告人诉讼权利保障的重大制度调整没有从轻微案件到重大刑事案件,没有从单纯国内使用扩展到适用于境外追逃追赃的国际适用,本身可能存在较大问题。因为,被告人到庭参见诉讼,一方面能够对自己的犯罪行为进行供述,从而有利于法庭查明案件事实,实现对被告人的定罪量刑。另一方面,被告人到庭参见诉讼的过程中,也会对相关的共同犯罪人的犯罪行为进行供述,同时,也能向司法机关提供本人掌握的他人的犯罪事实或犯罪线索,这

---

① 张磊:《刑事缺席审判与境外追逃措施的协调适用》,《中国刑事法杂志》2020 年第 4 期。

② 张磊:《刑事缺席审判与境外追逃措施的协调适用》,《中国刑事法杂志》2020 年第 4 期。

样就能实现对共同犯罪人的惩罚,同时也能实现对其他犯罪人的惩罚。而缺席审判却无法实现上述目标。除此之外,不能忽视外逃贪腐犯罪的案件特征。贪腐犯罪和普通的街头犯罪不同,最为根本的就是它存在对向犯和共同犯罪的问题。如果缺席审判,可能就无法确定在贪腐犯罪中对向犯和共同犯罪的问题,而且无法给犯罪嫌疑人和被告人自首立功的机会。外逃贪污受贿人员往往知晓多人的贪污行为,直接参见庭审,能够提供这些人员的信息。同时,受贿罪和行贿罪是典型的对合犯,只要存在受贿罪就必然存在行贿的行为,所以,外逃人员的受贿行为必然对应着一系列的行贿行为。如果采取缺席审判,那么,外逃人员所对应的行贿人和行贿行为就不能直接得到证实,而需要国内司法机关另行进行侦查和起诉,这样就不利于对犯罪集团和共同犯罪以及对对合犯的惩罚。

四、缺席审判成为境外追逃追赃助力所应当进行的限定

刑事缺席审判客观上确实没有让被告人直接参与到诉讼程序和行使自我辩护权,容易造成实体和程序的不公。由于缺席判决不仅实际上难以得到其他国家的承认和执行,而且还可能对于引渡、非法移民遣返、异地追诉产生不利影响,所以缺席审判应当定位于境外追逃难以成功情况下的不得已措施。只要相关追逃措施还有一定的成功可能,就不应当仓促启动缺席审判。只有在短时间内追逃难以成功,或者希望非常渺茫,才可以考虑启动缺席审判程序。① 故此,有学者提出为实现诉讼的公正性和充分保护被告

---

① 张磊:《刑事缺席审判与境外追逃措施的协调适用》,《中国刑事法杂志》2020 年第 4 期。

人的诉讼权利,应当从以下四个方面进行建构:(1)严格适用范围。(2)明确适用条件。(3)规范适用程序。包括准备程序、公告程序、审判程序和撤销程序。(4)健全救济措施。包括应赋予缺席被告人裁判异议权和缺席被告人近亲属独立的上诉权。① 但是这些制度都只是针对国内的缺席审判制度建构而言,并没有注意到境外追逃追赃过程中对于诉讼权利的保障,并没有对被请求国所可能提出的各种诉讼事实、诉讼证据和诉讼程序等方面进行回应。对于缺席审判,鉴于缺席审判本身在制度上存在的和诉讼权利保障理念的冲突,以及在境外追逃追赃过程中被请求国对被追逃人员权利的挑剔性保障,必须在以下四个方面进行限定:

1. 缺席审判应当具有针对性,限定适用范围

缺席审判适用范围应当有所限定,应当具有针对性,即应当针对被请求国国内的刑事诉讼法中是否有缺席审判制度,如果被请求国有相应的缺席审判制度,那么我们就可以针对性地采取缺席审判,从而将判决书提交给对方的主管机关,从而实现境外追逃追赃。此时,境外追逃追赃的目标能否实现,完全取决于被请求国的审核。因此,我们的缺席审判和刑事司法合作请求都需要严格遵守被请求国的法律,至少应当符合被请求国的要求。

对于那些在国际法缺乏研究的国家而言,了解现有规则、尊重现有规则、改良现有规则是他们所同时面临的任务。境外追逃追赃是在他国境内追回我国外逃人员和外流资金,如果不熟悉当地法律法规和通行的国际规则,追逃追赃根本是寸步难行。所以,我们必须加强对于被追逃国当地法律法规和有关国际规则的研究,特别是我国腐败分子外逃的主要目的国(如美国、加拿大、澳大利

---

① 彭新林:《腐败犯罪缺席审判制度之建构》,《法学》2016 年第 12 期。

亚、新西兰、新加坡等)和世界主要国家(如英国、法国、德国等)的
相关法律和制度,同时了解和掌握国际社会反腐败追逃追赃的最
新立法规定和司法动态,针对被请求国出现的新情况、新问题提早
准备,尽早熟悉,有针对性地开展追逃追赃工作。另一方面,严格
遵守被请求国的法律制度,实际上也是遵守该国国家司法主权的
重要体现。只有严格遵守对方法律制度,才能赢得他国的尊重,并
在以后的追逃追赃合作中提供更为全面和深入的合作。①

　　我国在关于国际刑事司法合作的立法中对刑事缺席审判持保
留或拒绝的态度。我国《引渡法》第 8 条(8)项将"请求国根据缺
席判决提出引渡请求的"规定为拒绝引渡的原因之一,同时规定:
只有当"请求国承诺在引渡后对被请求引渡人给予在其出庭情况
下重新审判机会"时,才能作为例外加以考虑。不仅如此,在我国
与外国缔结的双边引渡条约对缺席审判也多有保留规定,例如,
《中国和法国引渡条约》第 3 条(6)项将"请求方根据缺席判决提
出引渡请求,并且请求方没有保证在引渡后重新进行审理"规定
为"应当拒绝引渡的理由"。这里简单列举我们和其他国家签订
的双边引渡条约中有关缺席审判而拒绝引渡的规定,从而对于
缺席审判对于境外追逃的助力或阻力可以有一个简单的判断②。

---

　　①　张磊:《境外追逃追赃良性循环理念的界定与论证》,《当代法学》2018 年
第 2 期。
　　②　(1)中国和柬埔寨第 3 条(6)项:如果请求方的判决为缺席判决,被判定
有罪的人没有得到有关审理的充分通知或未得到安排辩护的机会,而且已经没有
机会或者将没有机会使该案件在其出庭的情况下得到重新审理。(2)中国和突尼
斯第 3 条第 1 款(6)项:引渡请求是基于在请求方境内做出的缺席判决,且请求方
法律又不允许被请求引渡人进行上诉从而使其在出庭的情况下获得重审。(3)中
国和老挝第 3 条(7)项:请求方根据缺席审理提出引渡请求。但请求方承诺在引
渡后对被请求引渡人给予在其出庭情况下进行重新审理的机会的除外。(4)中国

　　对于刑事缺席审判更是如此。如果被请求国国内法律也规定
有缺席审判制度或认可缺席审判制度,那么我们就存在通过缺席
审判的空间,就可以有针对性对潜逃该国的外逃人员适用缺席审
判,从而实现境外追逃追赃。相反,如果被请求国完全反对缺席审
判,我们就不能按照国内的思维依然进行缺席审判,而是应当选择
符合被请求国法律的追逃追赃方式。

和阿拉伯联合酋长国第 3 条第 1 款(7)项:请求国提出的引渡请求基于缺席审
理,且请求国未承诺引渡后重新进行审理。(5)中国和阿塞拜疆第 3 条(8)项:
请求方根据缺席判决提出引渡请求,并且没有保证在引渡后重新进行审理。
(6)中国和西班牙第 3 条(7)项:请求方根据缺席判决提出引渡请求,并且没有
保证在引渡后重新进行审理。(7)中国和安哥拉第 3 条(8)项:请求方根据缺席
判决提出引渡请求,并且没有保证在引渡后重新进行审理。(8)中国和阿尔及
利亚第 3 条(8)项:请求方根据缺席审理提出引渡请求。但请求方承诺在引渡
后对被请求引渡人给予在其出庭情况下进行重新审理的机会的除外。(9)中国
和葡萄牙第 3 条第 1 款(7)项:请求方根据缺席审理提出引渡请求。除非请求
方承诺,被请求引渡人在引渡后有权利和机会对其定罪进行上诉,或者在其出
庭的情况下进行重新审理。(10)中国和法国第 3 条(6)项:请求方根据缺席判决
提出引渡请求,并且请求方没有保证在引渡后重新进行审理。(11)中国和墨西哥
第 3 条(6)项:请求方根据缺席判决提出引渡请求,并且没有保证在引渡后重新进
行审理。(12)中国和波斯尼亚和黑塞哥维那第 3 条(7)项:请求方根据缺席审理
提出引渡请求,但请求方保证被请求引渡人有机会在其出庭情况下对案件进行重
新审理的除外。(13)中国和澳大利亚第 3 条(8)项:请求方根据缺席判决提出引
渡请求,并且没有保证在引渡后重新进行审理。(14)中国和印度尼西亚第 3 条
(6)项:请求方根据缺席审理提出引渡请求,除非请求方保证在引渡后,被请求引
渡人有权在其出庭的情况下进行重新审理。(15)中国和伊朗第 6 条(7)项:请求
方根据缺席审理提出引渡请求。但请求方承诺在引渡后对被请求引渡人给予在
其出庭情况下进行重新审理的机会的除外。(16)中国和阿富汗第 3 条(7)项:请
求方根据缺席审理提出引渡请求。但请求方保证被请求引渡人有机会在其出庭
情况下对案件进行重新审理的除外。(17)中国和塔吉克斯坦第 3 条(7)项:请求
方根据缺席审理提出引渡请求。但请求方保证被请求引渡人有机会在其出庭情
况下对案件进行重新审理的除外。

2. 缺席审判是备选方案而不是首选方案

即便确立了针对境外追逃追赃的刑事缺席审判,我们也需要确立一个观念,即通过缺席审判实现境外追逃追赃并不是境外追逃追赃的首选方案,更不是唯一方案。也就是说,即便是《联合国反腐败公约》规定了缺席审判制度,但这并不是强制性的规定,而只是一种建议,而且是需要各国结合特定的情形进行分析,除此之外也规定了其他明确的不违背法律精神的资产返还途径,比如直接提起民事诉讼、双方之间就资产返还进行协商或犯罪收益的分享机制等。

因为《联合国反腐败公约》也意识到缺席审判并不是一个完全保障被请求权力的制度。所以构建了刑事缺席审判应当理解为是将我们的境外追逃追赃途径增加了一种方式,而不能认为是唯一的路径。笔者认为,我们应当将其描述为"积极利用《联合国反腐败公约》实现拓宽我们境外追逃追赃的路径"。而且即便是不通过上述方式实现境外追逃追赃,也希望能够给予被请求国非常明确的判决或裁定或有效法律文书,但也不见得一定是缺席审判的判决或裁定。因为,《联合国反腐败公约》中"生效判决"相对应于我国法院所作的法律文书,应作广义理解,即不仅包括"判决",而且还应当包括"裁定",如一审中被告人死亡时法院做出的裁定,二审维持一审法院生效判决的裁定、死刑复核的裁定等。这是因为,在我国诉讼中,无论是"判决"还是"裁定",都是由司法机关(法院)而不是行政机关做出的,具有法律意义上的终局性。就此意义而言,我国法院做出的"裁定"也应当属于公约规定的"生效判决"。因此,只要我国法院通过法定程序做出终局性的法律文书,无论这个程序是审判程序,还是其他程序,都符合公约精神。这也意味着我们在缺席审判之外,还有其他合理选择的可能性。①

而且《联合国反腐败公约》规定了较为丰富的境外追逃追赃的途径和方法,并不将缺席审判作为唯一一种或首选的追逃追赃途径。《联合国反腐败公约》第 53 条规定了直接追回财产的措施。各缔约国均应当根据本国法律:(1)采取必要的措施,允许另一缔约国在本国法院提起民事诉讼,以确立对通过实施根据本公约确立的犯罪而获得的财产的产权或者所有权;(2)采取必要的措施,允许本国法院命令实施了根据本公约确立的犯罪的人向受到这种犯罪损害的另一缔约国支付补偿或者损害赔偿;(3)采取必要的措施,允许本国法院或者主管机关在必须就没收做出决定时,承认另一缔约国对通过实施根据本公约确立的犯罪而获得的财产所主张的合法所有权。所以,即便不建构缺席审判制度,依然有合法途径进行境外追逃追赃。

3.避免缺席审判成为境外追逃追赃主管机关懒政的温床

在犯罪嫌疑人、被告人潜逃境外的情况下,采取一切可能的法律手段挤压外逃人员在境外的生存空间,最大限度地降低犯罪所造成的损害,极尽一切可能获取相关外国在追逃追赃方面的国际合作。缺席审判在我国刑事诉讼中的引入,应当理解为是增加了一种惩治身处境外的犯罪嫌疑人、被告人的法律手段,但它不能够影响或者取代其他法律措施特别是那些更为简便易行法律措施的地位和作用,也不宜为图省事而将刑事缺席审判与特别没收程序简单地"合二为一"。②

---

①　张小玲:《问题与误读:刑事缺席审判制度质疑》,《政法论坛》2006 年第 5 期。

②　黄风:《刑事缺席审判与特别没收程序关系辨析》,《法律适用》2018 年第 23 期。

　　境外追逃追赃工作难度极大,不仅需要对案件事实有充分的了解,还需要和被请求国的主管机关进行沟通、协助和合作,并且需要对被请求国的实体法和程序法以及各种诉讼规则进行研究,难度自然很大。而且即便是我们探索出了通过劝返实现境外追逃,依然需要主管机关前往外逃人员潜逃国和外逃人员进行沟通,详细解释我们的劝返政策,从而实现外逃人员能够自愿回国接受审判。劝返在境外追逃中发挥着一举三得的功效:(1)对追逃方来说,以比较经济和快捷的方式实现了追逃目的。(2)对追逃躲藏地法域来说,化解了外国逃犯带来的麻烦,维护了本地的安宁。(3)对在逃人员来说,获得了被认定为自首、受到宽大处理的机会。近年来,接受劝返者在被追回的逃匿人员中的比例不断上升。①

　　黄风教授建议,最高人民法院和最高人民检察院尽快以司法解释的形式明确和细化逃往境外人员自首的特殊认定标准,使我国宽严相济的刑事政策在涉外刑事司法和国际刑事合作中得到充分贯彻,并要具有较强的针对性、可操作性和连贯性,使我国司法机关和政府主管机关在开展“劝返”工作时更加有据可依,使向那些顾虑重重的外逃人员所做出的宽大承诺更加具有可信性和有效性,从而感召、鼓励更多的外逃人员回国投案。具体而言,除在自由状态下自愿回国或者接受规劝自愿回国的情况外,笔者建议在相关司法解释中明确规定:在境外处于引渡、遣返非法移民、刑事追诉程序中的在逃人员,无论是否受到羁押或者被限制人身自由,只要在相关法律程序终结前表示自愿接受引渡或者遣返,从而使得境外相关审查程

---

　　①　黄风:《建立境外追逃追赃长效机制的几个法律问题》,《法学》2015 年第3 期。

序终止、简化或者提前完成，确保了引渡、遣返或者移交的实现，并且回国后如实供述其主要犯罪事实的，应当视为自首。①

而一旦确立了缺席审判，那么这时就只需要在国内对外逃人员进行缺席审判并定罪审判即可，相应的对外逃人员的境外追逃就显得不是那么必须。再加上，境外追逃的难度加大，导致国内的执法机关和司法机关往往选择相对容易的措施，而不愿拓展新的思路。在缺席审判之前，劝返是一种非常好的境外追逃思路，而且不仅能实现境外追逃，而且能同时实现境外追赃。因为，劝返是经过我们的劝说，外逃人员自愿回国接受法律审判，自然也就实现了对他所携带和转移资金的追赃工作。但是，劝返需要国内工作人员付出巨大的努力。而一旦有了缺席审判，自然就会选择工作量相对容易和大幅度减少的缺席审判，而不再探索新的境外追逃追赃途径。不仅如此，还会抵消劝返的效果。因为，如果我们将外逃人员进行了缺席审判，那就无法通过自首等刑事政策劝说外逃人员归国接受审判。

4. 按照境外对刑事司法合作的挑剔性诉讼标准确立缺席审判的诉讼标准

《联合国反腐败公约》第 14 条规定：在对任何人就本条所适用的任何犯罪进行诉讼时，应当确保其在诉讼的所有阶段受到公平待遇，包括享有其所在国本国法律所提供的一切权利和保障。切实保障外逃人员在缺席审判中的诉讼权利和诉讼地位，注重对于诉讼的实施和证据的更严格证据标准的审核。因为，针对外逃人员的缺席审判不仅要按照刑事诉讼法规定的诉讼程序、证据标

---

① 黄风：《建立境外追逃追赃长效机制的几个法律问题》，《法学》2015 年第 3 期。

准、裁判标准等保障被告人的权利,而且还要按照被请求国对于诉讼请求或资产返还的判决书对诉讼程序、证据标准、证明标准和裁判标准进行。

境外追逃追赃工作对象在国外,但基础在国内。追逃追赃能否取得被请求国的支持与配合,一个关键问题就在于被请求国对于中国刑事法治制度的评价问题,而其中我国是否严格依照我国法律追究外逃人员刑事责任,是否充分保障外逃人员的各项权利,将在很大程度上影响对方对于我国刑事司法的评价。所以,我们一定要严格遵守本国刑事法律制度追究外逃人员刑事责任,严格依法提出追逃追赃刑事司法协助请求,只有这样才能为追逃追赃的顺利开展奠定基础。[1]

我们的刑事缺席审判并不是在轻微案件实施的基础上逐渐过渡到贪腐犯罪,也不是从单纯的国内案件逐渐过渡到需要刑事司法合作的境外追逃追赃案件,而是直接适用于境外追逃追赃的贪腐案件。可以说,即便是针对单纯的完全不涉及刑事司法合作的刑事案件缺席审判,也有可能在适用范围、告知程序、辩护权保障、缺席审判后的诉讼救济等方面出现争论,也无法预测检察官和法官在刑事缺席审判中的权力任性。而现在,我们直接越过不涉及刑事司法合作的针对普通刑事犯罪的刑事缺席审判的实验和试点,在没有完全掌握缺席审判可能出现的各种问题的前提下,直接在境外追逃追赃案件中适用缺席审判,等于是赤裸裸的将我们刑事缺席审判中可能出现的问题展示给境外追逃追赃的被请求国,并接受被请求国的全方位审核。

---

[1]　张磊:《境外追逃追赃良性循环理念的界定与论证》,《当代法学》2018 年第 2 期。

　　也就是说,对外逃人员的缺席审判需要受到刑事诉讼法对普通被告人权利保障标准和被请求国对刑事司法协助过程中人权保障标准的双重要求。如此一来,适用刑事缺席审判的案件事实、证据、证明标准和裁判的说理等都需要达到一个较高的标准。例如,我们对于刑事诉讼定罪的标准是只需要达到"案件事实清楚、证据确实充分"即可,而国外有些国家对于定罪的证明标准要求的不仅要"案件事实清楚、证据确实充分",而且要"排除一切合理怀疑"。如此,在缺席审判的证明标准就不能简单达到"案件事实清楚、证据确实充分",而是需要达到"排除一切合理怀疑"的程度。所以,被请求国的法律法规也是我国追逃追赃国际合作的重要依据。在开展追逃追赃合作中,我们还需要提前了解该国的相关法律规定,特别是我国外逃人员的主要目的地国美国、加拿大、澳大利亚和新西兰等,只有做到知己知彼,才能够底气十足,游刃有余。① 我们对外逃人员的缺席审判才会得到被请求国的认可和采纳。

　　在进行刑事立法或确立刑事诉讼制度的时候,不仅要考虑实体和程序之间的协调,还要考虑国内和国际之间的协调。不能以国内视野来考虑国际视野范围之内的问题。以国内的视野考虑国际问题,在国际范围之内可能会导致一个源源不断的问题,这种问题的弊端是非常值得思考。因为,即便是在没有缺席审判制度的情形之下,我们提出引渡和遣返等刑事司法协助请求,还会在刑事诉讼证据类型、证明标准和证明力方面受到被请求国的审核,更何况我们构建的是容易让对方抓住"口舌"的没有全面保障被告人辩护权的缺席审判制度。

---

　　① 张磊:《从"百名红通人员"归案看我国境外追逃的最新发展》,《法律适用》2020 年第 10 期。

初衷是服务和便利境外追逃追赃的刑事缺席审判制度在实践中切实保障被告人和犯罪嫌疑人的辩护权得到有效实现,同时,也需要保证缺席审判的过程中各个阶段的诉讼程序符合法律规定,遏制检察机关和审判机关的权力任性。更为重要的是,服务于境外追逃追赃的缺席审判如何达到被请求国对于诉讼程序和诉讼标准的要求。

而我们针对缺席审判的各种程序规定和救济措施的规定,只是针对国内的缺席审判而言,或者说只是缺席审判确立所必然配套的措施。针对外逃贪腐人员的缺席审判所面临的最大挑战和最大危险是在刑事司法协助和刑事合作中,贪腐人员藏身国对我们缺席审判的从事实到证据、从实体到程序的审核,这才是境外追逃追赃过程中确立缺席审判的"死穴"和"命门"。如果我们能够保证缺席审判经得起被请求国的上述审核,从而接受和认可我们的缺席审判程序和裁决结果,那么就可以构建并实践缺席审判制度。如果不能做到这一点或者对此没有信心,那么构建和实践缺席审判就是在给境外追逃追赃"添堵",非但不是助力境外追逃追赃,反而成为境外追逃追赃的阻力。

通过缺席审判科处的刑罚会给移民法遣返带来麻烦。那些不接受刑事缺席审判制度的国家不仅不会把缺席审判中的定罪量刑视为外国人在境外涉嫌"严重的非政治犯罪"的根据,反而可能以刑事缺席审判不符合刑事诉讼最低保障标准为理由怀疑存在"司法不公"或者"政治迫害"的情形,从而考虑乃至接受外逃人员的庇护申请,甚至对其给予特别保护。① 缺席审判启动之后,我们要

---

① 黄风:《刑事缺席审判与特别没收程序关系辨析》,《法律适用》2018 年第23 期,

根据各种追逃措施与缺席审判之间的兼容程度,妥善选择适用追逃措施,推动境外追逃的继续进行,要谨慎适用非法移民遣返和异地追诉。非法移民遣返和异地追诉(驱逐出境)的开展,都以被请求国对于我国司法制度的评价为前提,由于我国的缺席审判很可能被部分国家不接受,所以在我国已经启动缺席审判的前提下,应当谨慎适用异地追诉和非法移民遣返。①

第八节　注重法治国家形象的宣传

拓展与发达国家的刑事司法合作关系,更加需要树立和维护我国依法治国的法治形象,提高国际社会对我国刑事司法制度和人权保障制度的信任度。尤其在刑事诉讼中,必须充分确保犯罪嫌疑人、被告人的诉讼权利,切实遵守公正司法的各项准则和证据规则,严格控制死刑的适用并在立法上逐步减少适用死刑罪名。以《国际刑事司法协助法》为依据广泛开展国际刑事司法合作,担当起一个大国在打击跨国有组织犯罪、恐怖犯罪、腐败犯罪中的国际合作责任,努力使我国与发达国家的追逃追赃合作朝着互惠、双赢的方向稳健发展。②

应当努力改善法治状况。在国际之间的司法合作过程中,国家的法治状况是影响合作的无形因素。这一点在引渡和遣返过程中体现尤为明显。赖昌星之所以可以一直赖在加拿大不归,很大一个问题并不是我们的境外追逃工作没有做好,而是加拿大方对

---

① 张磊:《刑事缺席审判与境外追逃措施的协调适用》,《中国刑事法杂志》2020 年第 4 期。

② 黄风:《反腐败国际追逃合作:困难、问题与对策》,《人民论坛》2015 年第17 期。

我们的法治状况没有认同。在赖昌星案件中作为专家证人的杨诚教授曾经指出：我出庭作证时，双方质证的核心问题，并非赖昌星涉嫌犯罪的事实或者"远华案"的真相，而是中国的法律特别是刑事司法制度是否公正，是否符合有关刑事司法的人权标准。最终归结为一个问题，即赖昌星是否难民，被遣送回国是否会受到按照国际司法人权标准认为是基本公道的处理，是否会判死刑。所以赖昌星案件在一定程度上来说，是将中国的刑事司法改革在加拿大的法庭上按照国际人权标准和西方的法制观念进行一场严肃的对抗性的评估。① 并且在赖昌星遣返前风险评估申诉案件胜诉的判决书中，可以看到西方社会和国家对中国刑事法治的不认同和不信赖。

中国刑事法治总体形象是我国国际形象的有机组成部分。只有树立了自由、公正、保障人权的刑事法治总体形象，才会有良好的国家形象。刑事司法协助更是迫切要求刑事法治要获取国际认同，并且也是检验我国刑事法治有没有获取国际认同的最好途径。一个国家最大的发展动力在于国民对政府、对法律的认同。当国内民众形成对中国刑事法治的认同时，他们就会影响和感染国际社会，从而形成对中国刑事法治的认同。黄风教授指出，实际上，许多欧美国家的执法部门和法律事务部门已经意识到与中国建立正常的引渡合作关系的必要性，但提到本国的议会（国会），那些负责引渡条约签订和谈判的外国主管官员便会面露难色。因为，在那里仍然存在比较浓厚的对中国法律制度的怀疑和不信任气氛。这种怀疑和不信任又来自敌对势力的煽动和"冷战"思维的参与影响，同时也起因于一些议员对中国目前发展和进步状况缺

---

① 杨诚：《赖昌星案件中的国际反腐合作》，《法制与社会》2006 年第 4 期。

乏全面的和深入的了解，容易受到一些错误的、片面的或者过时的信息和成见的误导。

国际社会对中国刑事法治不认同，很大程度上来源于我们国内民众对我国刑事法治的不认同。因为我们同国外进行刑事司法协助次数是有限的，因而国际社会通过直接司法协助方式来了解中国刑事法治的机会很少，其对中国的刑事法治认同与不认同，主要是通过间接国内民众对刑事法治的认同程度而得出的一个主观判断。中国民众对刑事法治的不认同会经过媒体表现出来，而国际社会就是通过这些相应的报道来判断中国刑事法治的状况，并在此基础上建构中国刑事法治的状况从而确立对中国刑事法治的认同程度。因此就要求我们的刑事法治首先应当获得国内民众的认同和赞许。当国内民众达到一种完全认可程度时，也就是我们获得国际社会认同的时刻。

需要注意的是，我们应当进一步健全和完善我国的社会主义与法治，加强对人权的法律保护，在对外交往和国际合作中树立良好的法治形象。与此同时，也应当采取各种宣传方式对我们的制度建设和法治进步进行宣传，让西方社会更加公正和全面地了解我国的社会和法治进步状况，特别是在人权保护方面的进步状况。应当注重介绍和宣传我国刑事立法和司法工作的成功和有益的经验，尤其是保障司法公正性和独立性的立法，利用各种机会和手段澄清外界对我国法律和司法制度的误解。

同时，也要加强同西方国家的交流与宣传。适当的宣传对于扭转他国对我国法治形象的偏见具有重要作用。我们应当同美国、加拿大等西方国家开展多方位的交流与宣传，使其全面了解我国刑事立法和司法工作的进步状况，特别是被我们追逃回国的赖昌星、高山、胡星等回国之后所受到的公正对待，澄清国际社会对

我国刑事法治的误解。比如,党的十八届四中全会以后我国政府
就及时向国际社会宣传对于依法治国方略的全面部署,引起外媒
的广泛报道与肯定,对于向世界展现我国刑事法治建设成绩,完善
国际法治形象,具有重要的作用。①

为了促使境外追逃的顺利开展,中央追逃办公布了已经归案
"百名红通人员"后续工作的进展情况,以促使仍在境外的外逃人
员积极回国,2017年5月10日,中央追逃办公布了已归案的40名
"百名红通人员"后续工作进展情况。截至2017年5月8日,已归
案的40名"百名红通人员"中,已做出判决的15名,做出不起诉
决定的2名,撤案1名,法院已审理但尚未宣判的9名,移送审查
起诉或正在侦查的13名。北京师范大学刑事法律科学研究院教
授黄风指出:从目前公布的案件情况看,不论是已审理的还是正在
审理的案件,从归案到起诉、审理、判决都经历了一段不短的时间,
平均在6个月到1年左右,这说明我国司法机关对案件均进行了
认真的调查,这有利于查清案件事实、客观准确做出判决。

中央纪委驻中国社会科学院纪检组副组长高波表示,用如此
公开透明的方式向全社会公开如此大规模的外逃人员归案后的最
新进展,这在国际追逃史上尚属首次。这充分体现了中央一追到
底的决心和毅力,也体现了高度自信,我们愿意将这些信息公之于
众、接受国内外各界的监督。②

在实践中,中国的许多外逃人员为对抗遣返大打"迫害"或
"酷刑"这两张牌,甚至不惜借助或者投靠境外敌对势力,抹黑中

---

① 张磊:《腐败犯罪境外追逃追赃的反思与对策》,《当代法学》2015年第
3期。

② 《中央追逃办公布40名已归案"百名红通人员"后续情况》,《人民日报》
2017年5月11日,第11版。

国的刑事司法制度和人权保障制度。要想把遣返非法移民变为引渡的替代措施,不但需要赢得遣返国对中国刑事诉讼活动的理解和认可,而且需要让遣返国对中国的刑事司法制度和人权保障制度抱有基本的信任。2011 年 2 月加拿大联邦法院驳回了中国在逃人员曾汉林要求延迟执行遣返的申请,认定曾汉林关于回国后会受到迫害和酷刑的说法没有合理根据。这是一项具有重大意义的司法判例。因而,赖昌星等外逃人员的成功遣返是中加两国司法互信不断增进的结果,而这种互信的巩固还需要我们继续改革和完善中国的刑事司法制度和人权保障制度。①

---

① 黄风:《境外追逃的四大路径》,《人民论坛》2011 年第 11 期。

结　　语

　　境外追逃是一个新课题,也是一个越来越重要的课题。一方面是我们原有境外追逃人数的基数较大,再加上依然有犯罪人在犯罪后潜逃他国的发生。两部分数量的叠加造成我们境外追逃的形势将比较严峻。境外追逃应当从三个方面进行展望:

　　第一,我们应当明白主权国家对于境外追逃司法合作的态度转变。尽管从本质上说境外追逃司法合作是司法层面的合作和协作问题,不应当受到双方之间的政治模式、意识形态、文化差异等的影响,应当按照法律的运作程序进行。但是,事实上这种理想化的状态并不多见,在多数情形下,司法合作还是会受到政治冷热的影响,当然从整体上看这种情形有所好转。国家都意识到自己不能成为"避罪天堂",成为"避罪天堂"不仅对于本国的国内安全无益,而且还会导致国际社会的谴责和鄙视。所以原本较受潜逃犯罪分子青睐的瑞士、加拿大等国都宣称自己不是"避罪天堂"。这种国际大背景的变化也有利于我们境外追逃尤其是利用遣返实现境外追逃的进行。

　　第二,我们应当积极追踪和参与国际社会对境外追逃司法合作的推动工作。国际社会意识到对于犯罪分子的跨境潜逃需要共同努力进行合作打击。国际社会通过了一系列有关境外追逃国际合作的规范性文件和框架协议。《联合国反腐败公约》第四章专门规定了针对腐败犯罪的"国际合作",对于"国际合作""引渡""被判刑人移管""司法协助""刑事诉讼的移交""执法合作"进行了专门的规定。第五章专章规定了"资产的追回",包括"预防和加测犯罪所得的转移""直接追回财产的措施""通过没收事宜的国际合作追回资产的机制""没收事宜的国际合作""资产的返还和处分"以及"双边和多边协定和安排"等。同时第六章对于"技术援助和信息交流"进行了规定,在培训和技术援助、有关腐败的资料的收集、交流和分析等方面促进各国在反腐方面的能力以及合作能力。再比如《联合国打击跨国有组织犯罪公约》第 16 条规定了有组织犯罪分子的"引渡",第 17 条规定了"被判刑人的移交",第 18 条规定了"司法协助",第 27 条规定了"执法合作",第 29 条规定了"培训和技术援助"等。还有如《二十国集团反腐败境外追逃追赃高级原则》等多边公约,这些专门规定境外追逃追赃的国际公约和多边公约都为我们境外追逃提供了请求司法合作的法律依据。

第三,应当对境外追逃的探索和实践进行总结,分析现有的各种境外追逃措施的优劣。我国在国际司法协助中积累了不少经验和做法,及时总结这种典型案件中出现的法律问题和呈现的证据规则,对今后办理此类案件具有很好的指引作用,但当前的碎片化、个案化状态显然"事倍功半"。具体包括相关国家的有关司法制度规范性文件(尤其是诉讼程序规范和证据规则、证据材料要求等)以及法院和行政机关的裁决文书。具体个案中涉及的典型性、代表性法律问题,具有"先例"性质的裁决理由,尤其是法庭对具有"先例性"案件诉讼争点的分析,应由分散的个案经验、法律问题逐步形成为有体系性的类案做法和法理研究,进一步完善我国的刑事司法协助制度。① 首先要对我们原有的境外追逃措施进行评估,比如对于引渡,尽管引渡受到诸多原则和制度的约束,但其依然是最为主要的境外追逃措施。我们应当积极同其他国家缔结引渡条约,尤其是同我们境外追逃压力较大的国家。其次,我们应当对最近发展的"劝返"措施进行总结和分析,对"劝返"的程序以及之后的法律后果进行规范化、法治化,为其设定明确的法律依据,从而能够成为国际社会所认可或借鉴的境外追逃措施。最后,我们应当大力研究利用遣返实现境外追逃。对其他国家遣返的法律依据和法律程序进行研究,发现其中有利于遣返和阻碍遣返的各种因素,研究其遣返程序中证据的种类、证据标准以及证明标准。

① 黄风、赵卿:《从"程慕阳案"看移民法遣返的证据规则》,《法学》2017年第2期。

参 考 文 献

一、著作类：

1. ［意］龙布罗梭:《犯罪人论》,黄风译,中国法制出版社 2005 年版。

2. ［意］贝卡利亚:《论犯罪与刑罚》,黄风译,中国法制出版社 2003 年版。

3. ［英］克莱尔·奥维、罗宾·怀特:《欧洲人权法:原则与判例》,何志鹏、孙璐译,北京大学出版社 2006 年版。

4. ［德］汉斯·海因理希·耶赛克、托马斯·魏根特:《德国刑法教科书》,许久生译,中国法制出版社 2001 年版。

5. ［美］威廉·奥尔森:《国际关系理论与实践》,中国社会科学出版社 1989 年版。

6. ［英］詹宁斯·瓦茨:《奥本海国际法:(第一卷第二分册)》,中国大百科全书出版社 1998 年版。

7. ［意］恩里科·菲利:《实证派犯罪学》,郭建安译,中国人民公安大学出版社 2004 年版。

8. ［美］罗伯特·阿克塞尔罗德:《合作的进化》,吴坚忠译,上海世纪出版集团 2007 年版。

9. ［美］奈杰尔·S.罗德雷:《非自由人的人身权利——国籍法中的囚犯待遇》,毕小青、赵宝庆译,生活·读书·新知三联书店 2006 年版。

10. ［法］阿兰图·海纳:《我们能否共存——既彼此平等又互有差异》,商务印书馆 2005 年版。

11. ［美］M.谢里夫·巴西奥尼:《国际刑法导论》,赵秉志等译,法律出版社 2006 年版。

12. 中共中央纪律检查委员会、中共中央文献研究室:《习近平关于党风廉政建设和反腐败斗争论述摘编》,中央文献出版社、中国方正出版社 2015 年版。

13. 司法部司法协助外事司、司法部司法协助交流中心:《中华人民共和国国际司法合作条约集》,中国方正出版社 2005 年版。

14. 黄风:《引渡问题研究》,中国政法大学出版社 2006 年版。

15. 黄风:《中国引渡制度研究》,中国政法大学出版社 1997 年版。

16. 黄风、赵琳娜:《国际刑事司法合作:研究与文献》,中国政法大学出版社 2009 年版。

17. 马进保:《国际犯罪与国际刑事司法协助》,法律出版社 1999 年版。

18. 胡建淼:《比较行政法》,法律出版社 1998 年版。

19. 贾宇:《国际刑法学》,中国政法大学出版社 2004 年版。

20. 张景:《国际刑法综述》,人民法院出版社 2004 年版。

21. 但伟:《偷渡犯罪比较研究》,法律出版社 2004 年版。

22. 黄肇炯:《国际刑法概论》,四川大学出版社 1992 年版。

23. 莫洪宪:《加入〈联合国打击跨国有组织犯罪公约〉对我国的影响》,中国人民公安大学出版社 2005 年版。

24.《左传·庄公十二年》。

25.《第 17 届国际刑法学会大会文献汇编》,中国人民公安大学出版社 2005 年版。

26.《列宁全集》第 4 卷,人民出版社 1984 年版。

27. 刘国福:《出入境权研究》,中国经济出版社 2006 年版。

28. 高铭暄、马克昌:《刑法学》,北京大学出版社、高等教育出版社 2005 年版。

29. 秦一禾:《犯罪人引渡诸原则研究》,中国人民公安大学出版社 2007 年版。

30. 赵秉志:《中国区际刑法问题专论》,中国人民公安大学出版社 2005 年版。

31. 赵秉志、何超明:《中国区际刑事司法协助探索》,中国人民公安大学出版社 2003 年版。

32. 徐军华:《非法移民法的法律控制问题》,华中科技大学出版社 2007 年版。

33. 卞建林、杨宇冠:《联合国刑事司法准则撮要》,中国政法大学出版社 2003 年版。

34. 赵永琛:《国际刑事司法协助研究》,中国检察出版社 1997 年版。

35. 高燕平:《国际刑事法院》,世界知识出版社 1999 年版。

36. 周湘雄:《英美专家证人制度研究》,中国检察出版社 2006 年版。

37. 王秀梅:《国际刑事法院研究》,中国人民大学出版社 2002 年版。

38. 齐文远、马代华:《国际犯罪与跨国犯罪研究》,北京大学出版社 2004 年版。

39. 马长生:《国际公约与刑法若干问题研究》,北京大学出版社 2004 年版。

40. 张智辉:《国际刑法问题研究》,中国方正出版社 2002 年版。

41. 黄芳:《国际犯罪国内立法研究》,中国方正出版社 2001 年版。

42. 成良文:《刑事司法协助》,法律出版社 2003 年版。

43. 陈光中、[加]丹尼尔·普瑞方廷:《联合国刑事司法准则与中国刑事法制》,法律出版社 1998 年版。

44. 陈光中:《〈公民权利和政治权利国际公约〉与我国刑事诉讼》,商务印书馆 2005 年版。

45. Wendy Chan, *Crime, deportation and the regulation of immigrants in Canada?* Crime, Law & Social Change, 2005.

46. Dennis Broeders and Godfried Engbersen, The Fight Against Illegal Migration: Identification Policies and Immigrants'Counterstrategies, *American Behavioral Scientist*, Aug 2007, vol. 50.

47. Richard plender, *basic documents on international migration law*, martinus nijhoff publishers, 2007.

48. Elspeth guild, paul minderhoud, *immigration and criminal law in European union*, martinus nijhoff publishers, 2007.

49. Hemme Battjes, *European Asylum Law and International Law*, Martinus Nijhoff Publishers, 2006.

50. John Scalia Marika F.X.Litras, Immigration Offenders in the Federal Criminal Justice System, Bureau of Justice Statistics Special Report, 2000

51. Susan Street, *Immigration*, Ashgate Publishing Company, 2005.

52. Ryszard Cholewinski, Richard Perruchoud, Euan Macdonald, *International Migration Law: Developing Paradigms and Key Challenges*, T. M, C. Asser Press, 2007.

53. Elspeth Guild, Paul Minderhoud, *Immigration and Criminal Law in the European Union: The Legal Measures and Social Consequences of Criminal Law in Member States on Trafficking and Smuggling in Human Beings*, Martinus Nijhoff

Publishers,2007.

54. Christine Van Den Wyngnert,*International Criminal Law*,Kluwer Law International 2000.

55. Richard B.Lillich,*International human rights:problems of law,policy,and practice*,Aspen Publishers,2006.

56. Beigbeder,Yves,*International justice against impunity :progress and new challenges*,Martinus Nijhoff Publishers,2005.

57. Cassese, Antonio, *International criminal law*, Oxford University Press,2003.

58. Colin Harvey,Dissident Voices,Refugees,Human Rights and Asylum in Europe,*Social & Legal Studies*,2000,vol. 9.

59. Atle Grahl-Madsen,The European Tradition of Asylum and the Development of Refugee Law,*Journal of Peace Research*,Jan 1966,vol. 3 .

60. Heather Mac Donald, Crime & the Illegal Alien : The Fallout from Crippled Immigration Enforcement, *Backgrounder published by Center for Immigration Studies*,June 2004.

61. Commission of the European Communities,Communication from the Commission on Policy priorities in the fight against illegal immigration of third-country nationals,July 2006.

62. John Z.Wang,Illegal Chinese Immigration into the United States:A Preliminary Factor Analysis, *International Journal of Offender Therapy and Comparative Criminology*,Jun 2001,vol. 45.

二、论文类：

1. 黄风:《论引渡的非常规替代措施——由"袁宏伟案"说起》,《法商研究》2008 年第 2 期。

2. 黄风:《中华人民共和国国际刑事司法协助法（立法建议稿)》,《法学评论》2008 年第 1 期。

3. 黄风:《国际刑事司法协助制度的若干新发展》,《当代法学》2007 年第 6 期。

4. 黄风:《英国〈2002 年犯罪收益（追缴)法〉中的刑事没收制度》,《中国司法》2007 年第 6 期。

5. 黄风:《我国主动引渡制度研究:经验、问题和对策》,《法商研究》2006

年第 1 期。

6. 黄风:《加拿大引渡制度简介》,《中国司法》2006 年第 8 期。

7. 黄风:《国际引渡合作规则的新发展》,《比较法研究》2006 年第 3 期。

8. 黄风:《关于追缴犯罪所得的国际司法合作问题研究》,《政治与法律》2002 年第 5 期。

9. 黄风:《国际刑事司法合作的新近发展》,《法制日报》2009 年 3 月 6 日。

10. 黄风:《反腐败国际追逃合作:困难、问题与对策》,《人民论坛》2015 年第 17 期。

11. 黄风:《试论检察机关在境外追逃中的作用》,《人民检察》2008 年第 12 期。

12. 黄风:《程慕阳避难申请仍面临法律难题》,《法制日报》2015 年 7 月 18 日。

13. 黄风:《携手追逃让"天网"更显威力》,《人民日报》2015 年 5 月 11 日。

14. 黄风:《刑事缺席审判与特别没收程序关系辨析》,《法律适用》2018 年第 23 期。

15. 黄风:《建立境外追逃追赃长效机制的几个法律问题》,《法学》2015 年第 3 期。

16. 黄风、赵卿:《从"程慕阳案"看移民法遣返的证据规则》,《法学》2017 年第 2 期。

17. 赵秉志:《死刑不引渡原则探讨——以中国的有关立法与实务为主要视角》,《政治与法律》2005 年第 1 期。

18. 赵秉志:《关于我国刑事法治与〈联合国反腐败公约〉协调的几点初步探讨》,《法学杂志》2005 年第 1 期。

19. 赵秉志:《香港与外国签订的刑事司法协助协议研析》,《法学家》2003 年第 4 期。

20. 赵秉志:《中国内地与港澳特别行政区刑事管辖权合理划分论纲》,《法学家》2002 年第 4 期。

21. 赵秉志:《逐步废除死刑论纲》,《法学》2005 年第 1 期。

22. 赵秉志:《中国现阶段死刑制度改革的难点与对策》,《厦门大学法律评论》2006 年第 1 期。

23. 赵秉志:《中国死刑替代措施论要》,《学术交流》2009 年第 9 期。

24. 赵秉志、王秀梅：《国际恐怖主义犯罪及其惩治理念》，《江海学刊》2002 年第 4 期。

25. 赵秉志、张磊：《习近平反腐败追逃追赃思想研究》，《吉林大学社会科学学报》2018 年第 2 期。

26. 赵秉志、黄芳：《区际刑事司法协助法律研讨会综述》，《中国刑事法杂志》2002 年第 4 期。

27. 赵秉志、张磊：《赖昌星案件法律问题研究》，《政法论坛》2014 年第 4 期。

28. 赵秉志、于志刚：《当代国际刑法问题学术研讨会综述》，《法学家》2000 年第 6 期。

29. 王秀梅、朱贝妮：《反腐败追逃追赃域外追诉探讨》，《法学杂志》2019 年第 4 期。

30. 王秀梅、宋玥婵：《新时代我国反腐败追逃的经验与完善——聚焦于"百名红通"》，《北京师范大学学报(社会科学版)》2018 年第 5 期。

31. 田晓萍：《我国引渡外逃经济罪犯的法律障碍和对策——以赖昌星遣返为视角》，《行政与法》2007 年第 5 期。

32. 贾鸾：《由余振东案看引渡与遣返》，《中国监察》2006 年第 24 期。

33. 杨诚：《赖昌星案中的国际反腐合作》，《法制与社会》2006 年第 4 期。

34. 杨中旭：《中美遣返非法移民协定的务实突破》，《中国新闻周刊》2006 年第 14 期。

35. 陈国庆：《遣返贪官须进行观念和制度调整》，《党政干部文摘》2005 年第 10 期。

36. 福恩特斯：《中美司法合作切断贪官外逃路，美联邦调查局高官称——"中国贫官来一个遣返一个"》，《决策探索》2005 年第 3 期。

37. 高铭暄、王俊平：《中国关注的国际刑事法院问题》，《人民检察》2007 年第 7 期。

38. 高铭暄、王秀梅：《当代国际刑法的新发展》，《法律科学》2006 年第 2 期。

39. 高铭暄、王秀梅：《国际刑法的历史发展与基本问题研究》，《中国刑事法杂志》2001 年第 1 期。

40. 高铭暄、王秀梅：《我国区际刑事管辖冲突的内涵及解决原则》，《法律科学》1999 年第 6 期。

41. 高铭暄：《略论中国刑法中的死刑替代措施》，《河北法学》2008 年第

2 期。

42. 李希慧:《论死刑的替代措施——以我国刑法立法为基点》,《河北法学》2008 年第 2 期。

43. 张磊:《境外追逃追赃良性循环理念的界定与论证》,《当代法学》2018 年第 2 期。

44. 张磊:《腐败犯罪境外追逃追赃的反思与对策》,《当代法学》2015 年第 3 期。

45. 张磊:《境外追逃中的引渡替代措施及其适用——以杨秀珠案为切入点》,《法学评论》2017 年第 2 期。

46. 张磊:《刑事缺席审判与境外追逃措施的协调适用》,《中国刑事法杂志》2020 年第 4 期。

47. 周晓勇:《论国际远程视像合作》,《人民检察》2008 年第 21 期。

48. 阿儒汗:《贪污贿赂案件境外追逃程序和证据要求》,《人民检察》2008 年第 12 期。

49. 曾献文:《检察机关要走向境外追逃第一线》,《检察日报》2008 年 7 月 18 日。

50. 张爱宁:《难民保护面临的国际法问题及对策》,《政法论坛》2007 年第 6 期。

51.《逮捕令考验德美关系》,《光明日报》2007 年 2 月 2 日。

52. 刘远:《论刑罚的不可避免性》,《法学家》2003 年第 3 期。

53. 郭晶:《缺席审判与引渡追逃的紧张关系及突破》,《吉林大学社会科学学报》2019 年第 6 期。

54. 邓思清:《刑事缺席审判制度研究》,《法学研究》2007 年第 3 期。

55. 彭新林:《腐败犯罪缺席审判制度之建构》,《法学》2016 年第 12 期。

56. 张吉喜:《论刑事缺席审判的适用范围——比较法的视角》,《中国刑事法杂志》2007 年第 5 期。

57. 夏锦文、邱飞:《论我国刑事缺席审判制度的建构——以〈联合国反腐败公约〉资产追回机制为切入点》,《南京师大学报(社会科学版)》2006 年第 6 期。

58. 张小玲:《问题与误读:刑事缺席审判制度质疑》,《政法论坛》2006 年第 5 期。

后　记

本书是以我的博士论文为基础修改而成。利用遣返实现境外追逃是一个全新的课题,也是一个具有较强实践价值的课题。对该问题全面深入的研究,不仅能服务于境外追逃的实践需要,而且能服务于培养涉外法律人才的教学需要。博士论文通过答辩之后,一直保持对利用遣返实现境外追逃问题的关注、追踪和研究,期待能有较为深入的研究。然而,由于本人才疏学浅,对利用遣返实现境外追逃所涉及的诸多问题也可能只是管中窥豹,并且也多是基于理论上的分析。对能否服务于境外追逃的实践以及涉外法律人才的培养,内心尚存忐忑。

在本书交付出版之际,衷心感谢对我个人成长和书稿完成给予帮助、指导、关怀的家人、老师和朋友。感谢我的导师黄风教授。黄老师引领我进入一个崭新的刑法领域——国际刑法,而且是国际刑法中与司法实践接触最为紧密的"境外追逃"。黄老师对学术前沿和实践需要的前瞻性是我对该课题持续追踪和研究的不竭动力。黄老师渊博的学识、严谨的学术态度、敏锐的学术洞察力以及强大的学术原创力,能成为黄老师的学生,我倍感自豪。为能在黄老师的指导下夺得研究"境外追逃"这样一个先机,感到荣幸万分,同时也深知压力巨大。在论文的写作过程中,从主题范围选定到论文题目拟定、从结构调整到内容修改,黄老师都付出了诸多心血。在书稿后期的修改过程中,也曾就诸多问题请黄老师再给讲解,感谢黄老师!

感谢北京师范大学刑事法律科学研究院的诸位老师,他们在我求学以及工作期间给予我的关心、指导和帮助,感谢他们!

感谢南开大学法学院的各位领导和诸位同事。他们在教学、科研、生活方面给予的诸多指导和帮助,使我完成了从学生到老师的转变,使我能够慢慢地有了现在教学和科研的发展。

感谢我的家人、同学、朋友以及我带的各位研究生,正是他们给了我最真挚的亲情、友情和帮助,也正是他们的鼓励和支持,让我感受到温暖和力量,从而能够潜心教学和科研!

感谢人民出版社姜冬红老师细致严谨的编辑工作,从而显著提升了本书的整体质量。

由于本人学识水平有限,书中肯定有不少疏漏甚至肤浅的认识,敬请学界前辈、同仁多多指正,不胜感激!

王强军

2009 年 5 月 16 日首记于北京师范大学

2021 年 10 月 18 日补记于南开大学

责任编辑：姜冬红

图书在版编目（CIP）数据

利用遣返实现境外追逃问题研究/王强军 著. —北京：
　人民出版社，2021.12
ISBN 978－7－01－024414－3

Ⅰ. ①利…　Ⅱ. ①王…　Ⅲ. ①国际刑法-司法协助-研究
　Ⅳ. ①D997. 9

中国版本图书馆 CIP 数据核字（2021）第 275870 号

利用遣返实现境外追逃问题研究
LIYONG QIANFAN SHIXIAN JINGWAI ZHUITAO WENTI YANJIU

王强军　著

人 民 出 版 社 出版发行
（100706　北京市东城区隆福寺街 99 号）

北京汇林印务有限公司印刷　新华书店经销

2021 年 12 月第 1 版　2021 年 12 月北京第 1 次印刷
开本:880 毫米×1230 毫米 1/32　印张:8.875
字数:207 千字

ISBN 978－7－01－024414－3　定价:29.00 元

邮购地址 100706　北京市东城区隆福寺街 99 号
人民东方图书销售中心　电话（010)65250042　65289539